V&R

Reinhard Feldmeier (Hg.)

# Wiedergeburt

Vandenhoeck & Ruprecht

Biblisch-theologische Schwerpunkte
BAND 25

Bibliografische Information Der Deutschen Bibliothek

Die Deutsche Bibliothek verzeichnet diese Publikation in der
Deutschen Nationalbibliografie; detaillierte bibliografische Daten
sind im Internet über <http://dnb.ddb.de> abrufbar.

ISBN 3-525-61584-1

Umschlagabbildung:
Schmetterlinge © akg-images.

© 2005 Vandenhoeck & Ruprecht, Göttingen / www.v-r.de
Alle Rechte vorbehalten. Das Werk und seine Teile sind urheber-
rechtlich geschützt. Jede Verwertung in anderen als den gesetzlich
zugelassenen Fällen bedarf der vorherigen schriftlichen Einwilligung
des Verlages. Hinweis zu § 52a UrhG: Weder das Werk noch seine
Teile dürfen ohne vorherige schriftliche Einwilligung des Verlages
öffentlich zugänglich gemacht werden. Dies gilt auch bei einer
entsprechenden Nutzung für Lehr- und Unterrichtszwecke.
Printed in Germany.
Satz: Satzspiegel, Nörten-Hardenberg
Druck und Bindung: Hubert & Co., Göttingen

Gedruckt auf alterungsbeständigem Papier.

# Inhalt

Hinführung . . . . . . . . . . . . . . . . . . . . . 7

Diskurse um „Wiedergeburt" zwischen Reinkarnation, Transmigration und Transformation der Person. Versuch einer systematisch-religionswissenschaftlichen Orientierung . . . . . . . . . . . . . . . . . . . 11
*Andreas Grünschloß*

Wiedergeburt in der religiösen Welt der hellenistisch-römischen Zeit . . . . . . . . . . . . . . . . . . . . 45
*Frances Back*

Wiedergeburt im 1. Petrusbrief . . . . . . . . . . . 75
*Reinhard Feldmeier*

Wie viel Weltfremdheit gehört zur Wiedergeburt? Ein Versuch, Nietzsches „Fluch auf das Christentum" ein wenig Segen abzugewinnen . . . . . . . . . . 101
*Martin Hailer*

Zur neuen Welt kommen. Überlegungen zur theologischen Logik der Metapher „Wiedergeburt" . . . . . 149
*Wolfgang Schoberth*

Transformationsmotive in Science Fiction und Fantasy 165
*Martin Engelbrecht*

Heilwerden aus Gottes Zukunft – Wiedergeburt in der Erfahrung der Seelsorge . . . . . . . . . . . . 209
*Ingrid Schoberth*

Herausgeber- und Autorenanhang . . . . . . . . . 247

## *Hinführung*

Wiedergeburt ist ein einigermaßen drastisches Bild: Ein einmaliger Vorgang – eben die Geburt – soll wiederholt werden. Das Bedeutungsspektrum dieses Bildes reicht von der Erneuerung des Bisherigen bis zu seiner völligen Überwindung. Liegt der Akzent vor allem auf der Wiederholung der Geburt, so ist die Pointe der Metapher die Erneuerung oder Wiederherstellung eines früheren Zustandes. Wendungen wie „Ich fühle mich wie neugeboren", oder „Eine neue Liebe ist wie ein neues Leben" prädizieren eine (meist momentane) belebende Selbsterfahrung des Subjektes. Diese umgangssprachliche Verwendung unterstreicht meist explizit durch ein „wie" die Uneigentlichkeit dieser Redeweise. Wiedergeburt kann aber auch im kulturellen, gesellschaftlichen oder politischen Bereich die Wiederherstellung eines für besser gehaltenen früheren Zustandes bezeichnen (Renaissance/renascimento; die „Wiedergeburt Schlesiens" etc). Wird die erneute Geburt dagegen als Konkurrenz zur ersten und der durch sie konditionierten Daseinsbedingungen verstanden, so liegt der Akzent auf dem neuen Ursprung und damit auf der Überwindung des bisherigen Daseins. Hier wird von der Wiedergeburt häufig ohne die abschwächende Vergleichspartikel gesprochen. Das Bild der neuen Geburt ist hier mehr als nur ein Bild; es ist gegenüber der „eigentlichen Rede" sogar „eigentlichere Rede", weil dem „Wiedergeborenen" die Teilhabe an einer ihm sonst entzogenen Wirklichkeit ermöglicht wird und er sich daraufhin als ein anderer verstehen kann; Wiedergeburt ist die Neukonstitution durch ein göttliches Gegenüber. In diesem Sinn wird in den Beiträgen der Theologen von der Exegese über die Systematik bis zur praktischen Theologie hier die Bedeutung der Rede von der Wiedergeburt untersucht.

Den Anstoß für diese interdisziplinäre Studie gab ein vom DAAD und dessen brasilianischer Partnerorganisation CAPES geförderter Austausch von Wissenschaftlern und Wissenschaftlerinnen der Universitäten Göttingen, Bayreuth und Heidelberg auf der deutschen sowie der Escola Superior de Teologia in São Leopoldo auf der brasilianischen Seite. Herausgefordert durch das in vielem unserer säkularisierten mitteleuropäischen Welt entgegen gesetzte religiöse „Klima" Brasiliens, in dem Religion so viel selbstverständlicher ist als bei uns, stellte sich für die deutschen Theologen auch die Frage nach dem „Transzendenzbezug" des christlichen Glaubens, seiner „Weltfremdheit". Die Rede von der Wiedergeburt schien dafür besonders geeignet, weil sie eben diesen radikalen Neuanfang mit der Biografie der Glaubenden verbindet.

Eine besondere Herausforderung war dabei eine Tatsache, die ebenfalls mit der Erfahrung von kulturellen Differenzen zu tun hat: Während die Rede von der Wiedergeburt in unserer eigenen Vergangenheit (Pietismus) teilweise außerordentlich populär war und es in der außereuropäischen Gegenwart auch heute noch ist (der derzeitige Präsident der USA, George Bush, macht Wahlkampf mit der Selbstbezeichnung „reborn Christian"), ist sie in der gegenwärtigen deutschen Theologie und Verkündigung geradezu als Merkmal fundamentalistischer Orientierung stigmatisiert und tabuisiert. Die mit der Rede von der Wiedergeburt ausgedrückten Heilsvorstellungen und religiösen Sehnsüchte bleiben freilich virulent, wie der Beitrag zur Rezeption der Wiedergeburtsvorstellungen in der Science Fiction Literatur zeigt. Insofern ist es auch ein Anliegen dieses Bandes, die Chancen und Risiken dieser verdrängten Metapher abzuwägen und sie so wieder für die Sprache von Theologie und Verkündigung zu erschließen.

Wer von Wiedergeburt spricht, steht allerdings vor der Schwierigkeit, dass dieses Wort im gegenwärtigen Sprachgebrauch zumindest zweideutig ist. Wiedergeburt kann auch die Wiedereinkörperung einer mehr oder weniger konstanten personalen Identität in eine neue Daseinsform bezeichnen. In der abendländischen Tradition wird diese Form der

Wiedergeburt auch als Seelenwanderung oder Reinkarnation bezeichnet. Was sich freilich auf den ersten Blick so klar unter- und aufteilen lässt, ist bei näherem Zusehen sehr viel komplexer, wie der anschließende „Versuch einer systematisch-religionswissenschaftlichen Orientierung" zeigt, der die so verwirrend vielfältigen Vorstellungen von Wiedergeburt (einschließlich der religiösen Metapher) in den verschiedenen Kulturkreisen und zu unterschiedlichen Zeiten (Seelenwanderung, Reinkarnation, Transmigration etc.) zu systematisieren versucht, ohne fundamentale Unterschiede durch eurozentrische Axiome (etwa die in der abendländischen Tradition weitgehend selbstverständlich vorausgesetzte Personenkonstanz eines monolithischen Seelenbegriffs) auszublenden.

Göttingen, März 2004 *Reinhard Feldmeier*

# Diskurse um „Wiedergeburt" zwischen Reinkarnation, Transmigration und Transformation der Person

## Versuch einer systematisch-religionswissenschaftlichen Orientierung

ANDREAS GRÜNSCHLOSS

Bekanntermaßen hat das Thema „Wiedergeburt" während des letzten Jahrhunderts eine zunehmende Konjunktur in den westlichen Industriegesellschaften erfahren, die ihren Niederschlag nicht nur in entsprechender neureligiöser Erbauungsliteratur, sondern auch in akademischen Publikationen zum Thema gefunden hat.[1] Nicht zuletzt aufgrund der komplexen, auf mehreren kulturellen und religiösen Ebenen beobachtbaren Wirkungsgeschichte von *Theosophie* und *Anthroposophie* wurde der meist in einseitig exotisierender[2] Weise mit

---

1 Vgl. im deutschsprachigen Raum v. a. die jüngeren Arbeiten von Bergunder, Michael: Wiedergeburt der Ahnen. Eine religionsethnografische und religionsphänomenologische Untersuchung zur Reinkarnationsvorstellung, Münster/Hamburg 1994; Sachau, Rüdiger: Westliche Reinkarnationsvorstellungen, Gütersloh 1996; ders.: Weiterleben nach dem Tod? Warum immer mehr Menschen an Reinkarnation glauben, Gütersloh 1998; Schmidt-Leukel, Perry (Hg): Die Idee der Reinkarnation in Ost und West, München 1996; Zander, Helmut: Geschichte der Seelenwanderung in Europa. Alternative religiöse Traditionen von der Antike bis heute, Darmstadt 1999; ferner bereits die ältere Publikation von Hummel, Reinhart: Reinkarnation. Weltbilder des Reinkarnationsglaubens und das Christentum, Mainz/Stuttgart 1988.

2 Diese rein „orientalistische" Lokalisierung des Reinkarnationsgedankens (vgl. auch das ausführliche Schomerus-Zitat in Anm. 3) unterschlägt seine stetige, zumindest unterschwellige Präsenz im „Abendland" seit der Antike, sowie die eigenständig „westliche" Traditionsbildung zum Reinkarnationsgedanken im Sinne einer Läuterung und finalen Höherentwicklung der Seelen; vgl. hierzu die Materialsamm-

Asien und hier v. a. mit dem *Buddhismus* assoziierte Reinkarnationsgedanke zunächst in alternativen religiösen („esoterischen") Diskursen breit rezipiert. Im Kontext pluralistischer Industriegesellschaften sind Reinkarnationsvorstellungen allerdings längst bis in die (vermeintlich) monolithisch und traditionell christlich geprägten Milieus hinein diffundiert.[3] Die Zustimmung zur Reinkarnationshypothese soll in der deutschsprachigen Öffentlichkeit mittlerweile zwischen 15 % und 25 % betragen[4] (in den USA häufig noch höher). Hierbei lässt sich die in der Neuzeit bereits bei Lessing greifbare Vorstellung einer Erziehung, Entwicklung und Läuterung der Person als das charakteristische Element *westlicher* Reinkarnationsvorstellungen identifizieren, das später in den Systemen des Kardecschen Spiritismus, der Theosophie und der Anthroposophie programmatisch entfaltet wurde: Reinkarnation wird Evolution, wird zur „neuen Chance" – im Gegensatz zu vielen dominanten indischen Perspektiven auf „Wiedergeburt" *(punarjanma)* als trostlose Verstrickung in ein schmerzhaftes „Immer-wieder-Sterben" *(punarmrityu).*[5] Sogar Pasto-

---

lung in Zanders umfassender Publikation zur Geschichte der Seelenwanderung in Europa sowie die Beiträge von Bischofberger und Bochinger in Schmidt-Leukel: Idee der Reinkarnation.

3 Bereits 1929 schreibt der Hallenser Theologe Hilko Wiardo Schomerus zu Beginn seines Aufsatzes „Der Seelenwanderungsgedanke im Glauben der Völker", ZSTh 6 (1929), 209–277 (hier 209): „In Sachen der Weltanschauung und der Religion herrscht in unserer Zeit eine große Unsicherheit, die sicherlich nicht viel geringer sein wird als in Rom während der ersten Jahrhunderte unserer Zeitrechnung. Und wie diese Unsicherheit damals die Römer dazu verleitete, fremden Weltanschauungen und fremden Kulten, namentlich denen des Orients, große Sympathien entgegenzubringen, so macht sie auch viele unserer Zeitgenossen geneigt, ihr Ohr den Lehren fremder Völker zu leihen. Zu den von auswärts importierten Gedanken und Ideen, mit denen bei uns weite Kreise liebäugeln, und zwar nicht nur diejenigen, die sich der Theosophie einer Anni[e] Besant und der Anthroposophie eines Rudolf Steiner angeschlossen haben oder für den Buddhismus schwärmen und agitieren, gehört nicht zuletzt der Gedanke der Seelenwanderung. Sollte es etwa zu begrüßen sein, wenn dieser Gedanke bei uns Fuß fassen würde? Oder sollte es als ein Unglück bewertet werden müssen?"
4 Vgl. z. B. Sachau: Westliche Reinkarnationsvorstellungen, 134ff.
5 Dies bedeutet nicht, dass es z. B. im Buddhismus keine auf Fortschritt

rinnen und Pastoren sehen sich hierzulande, z. B. in der seelsorgerlichen Praxis am Krankenbett, bisweilen mit überraschenden Nachfragen zu vermeintlich biblischen bzw. altchristlichen Reinkarnationsvorstellungen konfrontiert.

## 1. Einführung zum semantischen Problemhorizont „Wiedergeburt"

Auf den ersten Blick scheint der Begriff „Wiedergeburt", ebenso wie sein semantisches Pendant in dem Fremdwort *Palingenese*, auf einen klar umgrenzten Themenbereich zu verweisen: die Vorstellung mehrerer, in der Regel irdischer Existenzen ein und derselben Person bzw. ihrer „Seele", die durch eine Form der „Seelenwanderung" oder „Wiederverkörperung" *(Reinkarnation* oder *Ensomatose* bzw. *Metensomatose)* entstehen, wie sie in ganz unterschiedlichen Religionstraditionen vom Hinduismus über traditionale Religionen bis hin zu alternativen Religionstraditionen des Westens und modernen Ausprägungen von Theosophie und Esoterik anzutreffen ist. Doch ist bei näherem Hinsehen gar nicht so deutlich, *wer* eigentlich jeweils *wie* und *wo* „wiedergeboren" wird. Fraglich ist nämlich, ob bei diesem Geschehen die geistige *Personkonstanz* einheitlich erhalten bleibt (abgesehen von Erinnerungen an frühere Geburten), ob also die *eine* Person oder nur Teile der Person (des Selbst/der Seele) einer späteren Reinkarnation unterliegen, während wieder andere Teile einer starken Transformation unterworfen sind (unterschiedliches Nachtodschicksal einzelner Personbestandteile) und inwiefern daher überhaupt von einer durchgängigen „Identität" des/der Wiedergeborenen gesprochen werden kann.[6] Dieses Problem tritt in der klassischen Ausprägung

---

und Entwicklung hin entfalteten Vorstellungen im Kontext der Wiedergeburtslehre gibt; aber sie bleiben *vorläufig* gegenüber dem endgültigen Heilsziel. Vgl. Schmidt-Leukel: Idee der Reinkarnation, 29ff.

6 Vgl. hierzu Bergunder, Michael in seinem Aufsatz „Reinkarnationsvorstellungen als Gegenstand von Religionswissenschaft und Theologie", ThLZ 126 (2001), 702–720, in dem er u. a. kurz auf das – seit John

der buddhistischen Wiedergeburtskonzeption besonders deutlich zutage, da sie wegen der *anatta*-Anthropologie einen unzerstörbaren Personkern (Selbst/Seele) ablehnt:[7] Kann im frühen Buddhismus eigentlich von Wiedergeburt im Sinne von Wiederverkörperung gesprochen werden, wenn doch kein (seelisches) „Etwas" existiert, das als Integrationseinheit der Person *wieder* geboren würde? Zwar geschieht aufgrund des karmischen Kausalnexus stets „wieder Geburt", aber jedes neue menschliche „Daseinsgebilde"[8] kann dann nur noch über einen ausgesprochen abstrakten und prozessual atomisierten Zusammenhang mit („seinen"?!) früheren Leben in Verbindung gebracht werden.[9]

Schon hier wird deutlich: Das Thema „Wiedergeburt" provoziert zwangsläufig die Frage nach den jeweils zugrun-

---

Locke v. a. in angloamerikanischen Publikationen erörterte – philosophische „Problem der personalen Identität" im Kontext von Wiedergeburtsvorstellungen eingeht und aufzeigt, „welche Probleme damit verbunden sind, in logisch widerspruchsfreier Form die Reinkarnation eines ‚Ichs' zu denken, das seine personale Identität (auch im juridischen Sinne) beibehält" (702f).

[7] Mit großer Wahrscheinlichkeit gehört die anthropologische Vorstellung von der „Seelen"- bzw. *âtman*-losigkeit der empirischen Person zu den tatsächlich auf den *historischen* Buddha zurückführbaren Überlieferungsbestandteilen der frühbuddhistischen Tradition, mit denen der Buddha implizit und explizit gegen die *âtman*-Theoretiker upanischadischer Prägung polemisiert hat. Ein paradigmatischer Text aus dem Pâli-Kanon findet sich in der „Lehrrede vom Nicht-Selbst" *(Samyutta-Nikâya* 22.59.62), die sich antithetisch auf Seelenvorstellungen wie in der *Brihad-Âranyaka-Upanishad* 4.5 zu beziehen scheint; vgl. hierzu die Ausführungen bei Meisig, Konrad: Klang der Stille – Der Buddhismus, Freiburg i. Br. 1995, 56–62.

[8] Diese für die buddhistische Distanzierung vom „Ich-Wahn" ausgesprochen charakteristische Wortprägung stammt aus der Feder des deutschen Buddhisten Nyanaponika; vgl. seine Darstellung zur buddhistischen Achtsamkeitsmeditation: Geistestraining durch Achtsamkeit, Konstanz [4]1989, 55.

[9] Folglich hat die Lösung des Problems, wie die neue, genuin buddhistische *anatta*-Lehre letztlich mit der religionsgeschichtlich übernommenen Vorstellung multipler Existenzen kohärent zusammengebracht werden kann, die weitere buddhistische Traditionsgeschichte immer wieder in Atem gehalten und zu neuen Lösungs- und Konsolidierungsversuchen geführt.

de liegenden anthropologischen Identitätskonstruktionen, denn in vielen Kulturen fallen die Persongrenzen nicht einfach mit der Existenz des Körpers zusammen; sie lassen sich aber auch nur selten in monolithischen Seelen-Begriffen fassen, wie sie etwa für abendländische Kontexte mit ihrer Auffassung von der individuellen Subjekthaftigkeit der Person bedeutsam wurden (vgl. in diesem Sinne bereits den antiken Begriff der *Metempsychose).* Sie konnten daher leicht auf anderskulturelle Sachverhalte projiziert und für angeblich selbstverständlich erachtet werden:[10] Für lange Zeit lautete der einschlägige Oberbegriff in der deutschen Sprache daher „Seelenwanderung"; er wurde erst in jüngerer Zeit nachhaltig vom Reinkarnationsbegriff verdrängt.[11] Gegen derartige, auf gleichsam monadische „Seelen" fixierte Betrachtungsweisen spricht, dass nicht nur die religiösen Anthropologien eines Rudolf Steiner oder die des alten Ägypten *multiple Bestandteile der Person* – mit entsprechend unterschiedlichen Nachtodschicksalen – voraussetzten,[12] sondern auch viele andere Kulturen eben von mehreren mit der empirischen Person unterschiedlich eng zusammenhängenden Lebensein-

---

10 Vgl. hierzu den Abschnitt „Mündliche Kulturen. Europäische Projektionen in Sachen Seelenwanderung" bei Zander: Seelenwanderung, 15ff.
11 Vgl. Bergunder: Wiedergeburt, 360: „Man beachte in diesem Zusammenhang, daß im deutschsprachigen Raum ursprünglich allgemein von Seelenwanderung (Metempsychosis) gesprochen wurde, was ganz explizit auch die tierische Reinkarnation mit einbezog. Das Wort Reinkarnation kommt anscheinend vom Englischen her ins Deutsche, wobei die deutschen Übersetzungen theosophischer Werke, aber auch der Sprachgebrauch der anthroposophischen Bewegung einen entscheidenden Einfluß gehabt haben dürften. Inzwischen hat der Begriff Reinkarnation die ‚Seelenwanderung' bzw. ‚Metempsychosis' fast gänzlich abgelöst und vor allem in englischen Publikationen werden auch die indischen Wiedergeburtsvorstellungen unter ‚reincarnation' zusammengefaßt. Trotzdem ist m. E. eine implizite Tendenz zur Beschränkung des Begriffes Reinkarnation auf die menschliche Wiedergeburt erhalten geblieben, die dieses Wort als besonders geeignet erscheinen läßt, auch für die Reinkarnationen in indigenen Religionen angewendet zu werden."
12 Vgl. z. B. Assmann, Jan: Tod und Jenseits im alten Ägypten, München 2001, v. a. 116ff: „Der Tod als Dissoziation: Die Person des Toten und ihre Konstituenten."

heiten[13] oder Bestandteilen einer Gesamtpersönlichkeit ausgehen.[14] Viele traditionale Kulturen sehen darüber hinaus überindividuelle und kollektive Identitäten (Clan, Totem, Ahnen) beteiligt, wenn es um die Analyse der Person und ihrer Bestandteile geht; außerdem trifft man hier vielerorts auf eine spezielle Ausprägung der Wiedergeburtsvorstellung, die mit der Ahnenverehrung zusammenhängt (sog. „Ahnenreinkarnation"; dazu unten mehr). Die kulturwissenschaftliche Beschäftigung mit dem kulturell und religiös Fremden hat daher erst in einem allmählichen, mühsamen Selbstrelativierungsprozess viele eurozentrische Holzwege hinter sich gelassen, die lange Zeit den Blick auf die gänzlich anders gearteten Personkonzeptionen vieler nichtwestlicher Kulturen verstellt haben.

Der Begriff „Wiedergeburt" evoziert nicht nur die oben ausgeführte Assoziation an mehrere aufeinander folgende (irdische) Existenzen „derselben" Person, sondern kann durchaus auch die Vorstellung einer einmaligen, tief greifenden *Umgestaltung der Persönlichkeit* im Rahmen religiöser Evidenzerfahrungen, Einweihungen oder Erleuchtungen im Verlauf einer Lebensbahn bezeichnen (und genau dies ist das Thema der meisten nachfolgenden Beiträge zu diesem Band). Im Kontext des Christentums wäre hier z. B. an die durch eine „Geisttaufe" bzw. eine persönliche Bekehrungsbegegnung mit Jesus Christus gleichsam „neu geborenen" Gläubigen (vgl. die sog. „Born Again Christians") zu denken, sowie an paradigmatische religiös-konfessorische Formulierungen

---

13 Manche Ethnien der v. a. in Westchina lebenden *Miao* gehen beispielsweise von drei Hauptseelen (analog zu chinesischen Traditionen von Körper- und Hauchseele) und sieben Nebenseelen aus. Während die erste Hauptseele im Himmel in ein paradiesisches Toten- und Ahnenreich gelangt, verbleibt die zweite im Grab (d. h. in der Nähe des Körpers) und die dritte kehrt in das Haus des Verstorbenen zurück, und zwar unter das Dach. Damit verbinden sich uneinheitliche Reinkarnationsvorstellungen; die Nebenseelen scheinen sich zu einem Schattendasein zu verflüchtigen. Vgl. Höfer, András u. a.: Die Religionen Südostasiens, Stuttgart 1975, 217–222.

14 Vgl. z. B. für die multiplen „Seelen"-Bestandteile im aztekischen Mesoamerika McKeever Furst, Jill Leslie: The Natural History of the Soul in Ancient Mexico, New Haven/London 1995.

im Zusammenhang von Konversionserfahrungen (Religionswechsel). Darüber hinaus wird man in vielen religiösen Traditionen der Welt nur durch speziell hierfür rituell inszenierte Stationen von „Tod" und „Wiedergeburt" zum initiierten Vollmitglied der Gemeinschaft – einer Altersklasse, eines Clans, einer Ethnie oder einer Geheimgesellschaft. In all diesen Beispielen wird das semantische Feld des „Sterbens" und „Wieder-geboren-Werdens" offenbar nicht unmittelbar wörtlich, sondern eher *metaphorisch* benutzt, um die besondere Transformation eines Menschen zu bezeichnen – eine Transformation, die allerdings nicht nur ein individuelles Erlebnis markiert, sondern die durch entsprechende gesellschaftlich tradierte rituelle Narrative und performative Akte des Kultes mitunter höchst dramatisch inszeniert, visualisiert und somit für alle kollektiv verbindlich realisiert werden kann.[15]

Der Begriff „Wiedergeburt" ist daher mindestens zweideutig (vgl. in der Antike analog griech. *palingenäsía*). Abgesehen von der – bereits angesprochenen – Person- und Identitätsproblematik im Kontext der jeweils zugrunde liegenden religiösen Anthropologien müssen für das Oberthema „Wiedergeburt" aus systematisch-religionswissenschaftlicher Perspektive daher einige unterschiedliche Bedeutungsdimensionen von „Wiedergeburt" klassifikatorisch präzisiert und auseinander gehalten werden. Dies wird nachfolgend in fünf systematisch orientierenden Schritten geleistet – allerdings ohne damit irgendeinen Begriffsrealismus im Stile alter „Religionsphänomenologien" beschwören zu wollen: Es ist allerdings nach wie vor sinnvoll und wichtig, empirisch verantwortete Beschreibungen von religiösen Sachverhalten aus unterschiedlichen Religionskulturen in bestimmten begrifflichen

---

15 Die klassische Studie zur rituellen Abfolge von „Tod" und „Wiedergeburt" im Kontext von sog. „Passageriten" *(passage rites)* des Lebens wurde 1909 von dem Flamen Arnold van Gennep verfasst: Les rites de passage, Paris 1909. Das Buch wurde erst 1986 ins Deutsche übersetzt (als: Übergangsriten, Frankfurt a. M. 1986), obwohl sich Begriff und Strukturschema der „Übergangsriten" als metasprachliches Konzept in der Ethnologie und Religionswissenschaft längst international durchgesetzt und bewährt hatten.

Klassen zu ordnen. – Zum Thema Wiedergeburt (im Sinne von Reinkarnation) existiert mittlerweile eine Reihe hilfreicher Publikationen, die in letzter Zeit vor dem Hintergrund der aktuellen Diskussionen um das Reinkarnationsthema in westlichen Industriegesellschaften entstanden sind: Im deutschen Sprachraum sind hier vor allem die jeweils umfassend angelegten, systematisch und empirisch-historisch orientierten Sichtungsversuche zum Thema von Michael Bergunder und Helmut Zander hervorzuheben, denen die nachfolgenden Ausführungen viel verdanken.[16]

## 2. Fünf systematische Grunddimensionen zum anthropologischen Thema „Wiedergeburt"

Zentral ist die bereits eingeführte Grundunterscheidung zwischen Wiedergeburt als „Wiederverkörperung" im *wörtlichen* Sinn (→ 1) und der eher *metaphorischen* Verwendung des Wortfeldes „Wiedergeburt" zur Bezeichnung von besonderen, die Person nachhaltig transformierenden spirituellen Ereignissen (→ 5): Inhaltlich ließe sich hier also zwischen einer *postmortalen* „Reinkarnation" in einem umfassenden, weiten Sinn (d. h. multiple, aufeinander folgende Existenzen derselben Person, in welcher konkreten Weise auch immer) und zwischen einer *intramundanen* „Transformation" der Person während des Lebens unterscheiden. – Im Zusammenhang der ersten, „wörtlichen" Bedeutung als postmortale Wiederverkörperung der Person (Personsubstanz, Seele) lassen sich allerdings weitere wichtige Spezialfälle von Wiedergeburt/Reinkarnation klassifikatorisch unterscheiden (→ 2–4). Neben der „Reinkarnation" in einem engeren Sinn, d. h. Wiedergeburt im Sinne wiederholter Existenzen als Mensch (→ 1), lässt sich einerseits die ganz eigenständige Konzeption der „Säuglingsreinkarnation" (→ 2) ausgrenzen; ebenso sind die vielfältigen Formen der „Ahnenreinkarnation", die sehr häufig – wenn auch nicht ausschließlich – in schriftlosen (sog. „tradi-

---

16 Vgl. oben, Anm. 1.

tionalen" oder „indigenen") Kulturen anzutreffen sind, eigenständig zu thematisieren (→ 3); und schließlich ließen sich noch einmal solche Vorstellungen gesondert behandeln, deren Wiedergeburtskonzeptionen über die rein menschliche Existenzsphäre hinausgehen und daher im eigentlichen Sinn als „Transmigration" zu bezeichnen wären (vgl. die schematische Übersicht). – Über diese primär anthropologische Dimension hinaus gehende, *kosmologische* Varianten von „Wiedergeburt", nämlich als Neuentstehung der ganzen Welt im Rahmen von zyklischen Erneuerungen oder einer endzeitlichen Neuschöpfung (u. ä.) wären gesondert im Kontext religiöser Kosmologien zu thematisieren und bleiben daher im Folgenden unberücksichtigt.

---

**Systematische Differenzierungen**

*postmortal*                           „Wiedergeburt"                     *intramundan*
                                    *anthropologisch*
als *Reinkarnation* ←—————→ als *Transformation*
(wörtliche Bedeutung)                          (metaphor. Bedeutung)

| Reinkarnation im engeren Sinn<br>Direkte Wiedergeburt als Mensch | Spirituelle Neugeburt d. Person<br>(Erleuchtung, Konversion o.ä.) |
|---|---|
| Spezialfall Säuglingsreinkarnation<br>(Wiederg. gestorbener Kleinkinder) | Ritueller Tod & Neugeburt bei<br>Übergangsriten (z.B. Initiation) |
| Spezialfall Ahnenreinkarnation<br>(Wiederg. nur vermittelt über Ahnenreich) | |
| Variante Transmigration<br>(transformierende Wanderung in andere<br>Daseinsbereiche: z.B. Tier, Pflanze) | |

*kosmologisch*    Neugeburt/Neuschöpfung der gesamten Welt (u.U. zyklisch)

---

Ich muss allerdings betonen, dass diese begrifflichen Differenzierungen nicht einmal im akademischen Sprachgebrauch übereinstimmend benutzt werden: Die Begriffe „Seelenwanderung", „Reinkarnation", „Transmigration" und „Wiedergeburt" überschneiden sich vielfältig und werden von vielen Autoren durchaus synonym gebraucht. Über Begriffe kann man bekanntlich streiten. Mir geht es aber in erster Linie um die sachliche und systematische Differenzierung der Bedeutungsebenen des Wortfeldes „Wiedergeburt", die aus Umfanggründen allerdings nur mit wenigen Beispielen illustriert werden kann; die hier vorgeschlagene Begriffswahl lehnt sich dabei an die von mir als besonders einleuchtend empfundenen und empirisch verantworteten Differenzierungsversuche von Michael Bergunder an.[17]

## 2.1 Reinkarnation im engeren Sinn – die Wiedergeburt als Mensch

Der Begriff „Wiedergeburt" meint also im wörtlichen Sinn die Abfolge von mehreren (mindestens zwei, bis hin zu unzähligen) aufeinander folgenden Existenzformen eines menschlichen Lebewesen bzw. einer Person: d. h. weitere (wiederholte) irdische Existenzen des Menschen jenseits des einen irdischen Lebens. In terminologischer Hinsicht wären daher die Bezeichnungen „Wiederverkörperung" oder „Reinkarnation" am deutlichsten. Allerdings ergeben sich im Einzelfall sogar hier begriffliche Schwierigkeiten, besonders bei der Anwendung auf den Sonderfall der (früh)buddhistischen Wiedergeburtsvorstellung, die den karmisch bedingten Entstehenszusammenhang wiederholter Geburten ursprünglich abstraktprozessual und nachdrücklich ohne ein „sich verkörperndes" oder „inkarnierendes" Persönlichkeitssubstrat konzipiert hat.[18] Demgegenüber ist in vielen Diskursen des – nachvedi-

---

17 Vgl. hierzu in Bergunder: Wiedergeburt, den systematischen Ertrag in Teil III, und hier v. a. zu den begrifflichen Abgrenzungen (343ff), zur Begriffswahl (356ff) und zu den danach folgenden Einzelcharakterisierungen von Ahnenreinkarnation, Säuglingsreinkarnation und anderen Reinkarnationsvorstellungen (361–402).
18 Vgl. zum Pâli-Kanon Schmidt-Leukel, Perry: Die Bedeutung des Todes für das menschliche Selbstverständnis im Pali-Buddhismus, St. Ottilien 1984; sowie einführend Vogel, Claus: Tod und Jenseits nach der Lehre

schen[19] – klassischen und modernen Hinduismus (und analog auch in der Jaina-Tradition) von einer unvergänglichen Seelensubstanz die Rede (das „Selbst" *âtman*; der „Bekörperte" *dehîn, sharîrin*; der „Geist" *purusha*, der „Lebendige" *jîva*, etc.), die das eigentliche Lebensprinzip *(jîvâtman)* und den transzendenten Persönlichkeitskern im Strom von Karma und Wiedergeburt darstellen: „Gleichwie der Mensch abgenutzte Kleider ablegt und andere, neue anzieht, so legt der Bekörperte [= Geist, Seele] die abgenutzten Körper ab und geht in andere, neue ein", lautet die berühmte Stelle aus der *Bhagavadgîtâ* (BhG 2.22).[20]

---

des Buddha, in: H.-J. Klimkeit (Hg), Tod und Jenseits im Glauben der Völker, Wiesbaden 1978, 145–157. Anders gelagert ist der Sachverhalt in späteren Straten der buddhistischen Traditionsbildung, in denen sich wieder eine zunehmende Hypostasierung des „Bewusstseins" (vgl. die Konzeption des „Speicherbewusstseins") hin zu einer Art „Seele" beobachten lässt. Dies zeigt sich besonders in den typischen Stationen der nachtodlichen „Zustände" bis hin zu einer neuen „Inkarnation" des Bewusstseins, wie sie in den tibetischen Traditionen vom *Bardo thos grol* (im Westen häufig als sog. „tibet[ani]isches Totenbuch" bezeichnet) dokumentiert sind. Vgl. Back, Dieter Michael: Eine buddhistische Jenseitsreise: das sogenannte „Totenbuch der Tibeter" aus philologischer Sicht, Wiesbaden 1979; sowie einführend Sagaster, Klaus: Grundgedanken des tibetischen Totenbuches, in: Klimkeit, Tod und Jenseits, 175–189.

19 Bekanntermaßen ist die Vorstellung zyklischer Reinkarnationen in der *vedischen* Zeit noch nicht anzutreffen: dort ist vielmehr das indogermanische Dreiweltenmodell inklusive eines Totenreichs der Ahnen vorherrschend, wobei die damit verbundene Praxis der Ahnenverehrung bis in heutige Formen des Hinduismus *die* zentrale kultische Relevanz besitzt. Die Reinkarnationsvorstellung ist erst in den frühen *Brihadâranyaka-* und *Chândogya-*Upanischads nachweisbar; Transmigrationsvorstellungen treten hier erst in einem zweiten Schritt auf den Plan. Eine Übersicht über die religionsgeschichtliche Entwicklung indischer (vedischer und hinduistischer) Nachtodschicksale bietet Meisig, Konrad: Hinduistische Vorstellungen vom Leben nach dem Tode, in: Adel Th. Khoury (Hg.), Weiterleben nach dem Tode? Die Antwort der Religionen, Freiburg i. Br. 1985, 10–60.

20 Obwohl in diesem Textzusammenhang des zweiten Gesangs der BhG nicht deutlich wird, ob die angedeutete Geist/Seelenkonzeption speziell upanischadisch-vedântisch, monistisch oder im Sinne der Sâmkhya-Philosophie und ihrem Geist-Materie-Dualismus zu verstehen ist – oder eben bewusst unspezifisch bleibt.

Das unendliche Drama von Geborenwerden und Wiedersterben auf eine endgültige „Befreiung" *(moksha)* hin zu durchstoßen, ist zwar das erklärte Ziel sowohl der hinduistischen als auch der buddhistischen Wiedergeburtsdiskurse, faktisch wird aber ein „Zwei-Wege-Modell" vertreten, das zum einen eine *vorläufige*, im Hinduismus auch die Welt der Ahnen als Zwischenstufe einschließende, Kreisläufigkeit des Lebens postuliert, innerhalb derer sich ein allmählicher Auf- oder Abstieg in der Qualität der Wiedergeburten ereignet.[21] Das *endgültige* Heilsziel zielt andererseits darauf, diese vorläufigen Ideale „besserer" Wiedergeburten auf eine abschließende Befreiung hin zu durchbrechen;[22]

---

21 Die klassischen Vorlagen hierzu finden sich für den Hinduismus zunächst in den bereits erwähnten beiden Upanischads. Der Entstehungsprozess der Wiedergeburtslehre (Fünf-Feuer-Lehre, Wasser-Kreislauf-Lehre, etc.), kann hier nicht im Einzelnen entfaltet werden. Grundsätzlich lässt sich festhalten, dass die frühvedische Vorstellung vom Ahnenreich allmählich um die bereits ethisierende Konzeption eines Totenreiches unter Vorsitz des Totengottes Yama (zugleich der Richter über die Toten) erweitert wird und sich schließlich mit der allmählich entstandenen Lehre von der „Wiedergeburt" alles Lebendigen verbindet, die wiederum mit einer endgültigen, transzendenten Erlösungsvorstellung kontrastiert wird. Faktisch können diese pluralen Vorstellungskomplexe jeweils eine starke Eigendynamik im Frömmigkeitsvollzug entfalten. Die rituelle Praxis heutiger Hindus ist jedenfalls immer noch stärker von Ahnenvorstellungen und -verehrung geprägt als vom vermeintlich so typischen Reinkarnationsdenken; vgl. hierzu Bergunder: Reinkarnationsvorstellungen, 707–713, sowie Michaels, Axel: Der Hinduismus. Geschichte und Gegenwart, München 1988, 148ff („Tod und Leben nach dem Tod", mit ausführlicher Darstellung der Sterberiten, sowie Toten- und Ahnenrituale). Eine breite Entfaltung der postmortalen „Reise" der Seele findet sich im *Garuda-Purâna*: vgl. die kommentierte Übersetzung von Abegg, Emil: Der Pretakalpa des Garuda-Purana. Eine Darstellung des hinduistischen Totenkultes und Jenseitsglaubens, Berlin ²1956.
22 Von Spiro, Melford: Buddhism and Society. A Great Tradition and its Burmese Vicissitudes, Berkeley/London ²1982, stammt die aufschlussreiche Beobachtung, dass sich die religiöse Ausrichtung burmesischer Buddhisten vorwiegend in einen auf bessere Wiedergeburt bezogenen – und daher von ihm so genannten – „kammatischen" (nach dem Pâli-Wort *kamma* statt Sanskrit *karma*) Buddhismus bezieht, während der „nibbanische" (d. h. auf die endgültige Erlösung, *nibbâna* bzw. *nirvâna*, bezogene) Buddhismus fast ausschließlich dem Mönchtum vorbehalten

dafür muss aber in der Regel erst einmal eine Wiedergeburt mit möglichst guten „Start-" oder „Absprungbedingungen" erreicht werden, oder man konzentriert sich – im Rahmen von *Bhakti*-Frömmigkeit bzw. analogen *Amida*-Traditionen – auf die gläubige Verehrung einer Gottheit bzw. einer numinosen Heilsgestalt, die den Karmanexus in gnädiger Zuwendung (evtl. auch mit ihrer Verdienstübertragung) durchbrechen hilft.

Reinkarnationsvorstellungen sind auch in Europa belegt. Frühe antike Konkretisierungen werden gemeinhin bei Pythagoras (6. Jh. v. Chr.) bzw. in der pythagoreischen Schule gefunden – zumindest werden sie dort wirkungsgeschichtlich greifbar.[23] So wird Pythagoras in der Spätantike z. B. von Porphyrius (3. Jh. n. Chr.) überhaupt die „Erfindung" der Wiedergeburtsvorstellung nachgesagt.[24] Angeblich habe er sich sogar an seine früheren Existenzen, bis hinein ins Tier- und Pflanzenreich, erinnern können: Demnach hätte Pythagoras gemäß dem hier vorgeschlagenen Sprachgebrauch nicht nur die Reinkarnation, sondern auch eine betonte Transmigration vertreten (obgleich die Möglichkeit pflanzlicher Wiedergeburten in der Antike – vgl. bereits bei Plato – rasch wieder aus dem Blick geriet). Empedokles, der sich

---

bleibt. Es handelt sich hier um eine typische Lösung des am Pâli-Kanon orientierten Theravada-Buddhismus, die in mancher Hinsicht eine buddhistische Parallele zum hinduistischen „Zwei-Wege-Modell" darstellt.
23 Vgl. Zander: Seelenwanderung, 58ff.
24 *Vita Pythagorae* 18 (nach der Übersetzung von K.-F. Geyer; zitiert bei Zander: Seelenwanderung, 61) „Am meisten wurden jedoch folgende Lehren bei ihnen [den Pythagoräern] bekannt: erstens, dass er behauptete, die Seele sei unsterblich; zweitens, dass sie sich ändere, indem sie in andere Lebewesen eingehe; außerdem, dass das Entstehende nach gewissen Perioden erneut entstehe und dass es überhaupt nichts Neues gebe; schließlich, dass man alles Entstehende, das beseelt ist, als verwandt betrachten solle. Pythagoras scheint der erste gewesen zu sein, der diese Lehren in Griechenland einführte." Herodot bezichtigt, ohne ihn namentlich zu nennen, Pythagoras als Urheber der Seelenwanderungsvorstellung in Griechenland, lokalisiert ihre „wahren" historischen Ursprünge allerdings in Ägypten („Zuerst haben diese Lehre die Ägypter aufgebracht"); vgl. Capelle, Wilhelm (Hg.): Die Vorsokratiker, Stuttgart 1968, 101.

mit seiner eigenen Transmigrationsvorstellung[25] und der daraus folgenden Kritik an der Tierschlachtung positiv an Pythagoras orientierte, rühmte jedenfalls die „Geisteskräfte", mit denen Pythagoras angeblich „mühelos" auf seine „zehn, ja zwanzig Menschenleben" zurückblicken konnte.[26] Hämisch spottete dagegen der sonst v. a. wegen seiner bissigen Kritik an anthropomorphen Gottesbildern bekannte Zeitgenosse Xenophanes über Pythagoras und seine alle Lebewesen überspannende Seelen- und Seelenwanderungslehre:

„Und – so erzählt man – einst sei er gerade vorbeigegangen, als ein Hund geschlagen wurde; da habe er Mitleid empfunden und das Wort gesprochen: ‚Hör' auf und schlag' [das Tier] nicht! Es ist ja die Seele eines befreundeten Mannes, die ich wiedererkannte, als ich das Winseln hörte'."[27]

Eine gewisse Verbreitung des Wiedergeburtsthemas, zumindest in gebildeten Zirkeln der Antike, lässt sich auch an derartig spöttischen Reaktionen ablesen. Lukian (2. Jh. n. Chr.), mithin das berühmteste „Lästermaul" der Antike, nimmt Wiedergeburtsvorstellungen ebenfalls aufs Korn – und zwar gezielt in seiner Satire „Der Hahn": Dort entpuppt sich ein sprechender(!) Hahn als reinkarnierter Mensch; allerdings ist er tatsächlich kein anderer als Pythagoras selbst, der mitt-

---

25 Vgl. Capelle: Vorsokratiker, 243–246.
26 Vgl. Capelle: Vorsokratiker, 101. – Der im ersten nachchristlichen Jahrhundert lebende Wundermann Apollonius von Tyana (von dem u. a. berichtet wurde, er habe die Vorinkarnationen anderer „erkennen" können) musste in der Darstellung gemäß Philostrats *Vita Apollonii* im längeren Gespräch über Reinkarnation mit weisen indischen Brahmanen (Buch III) eingestehen, dass er sich nur ungern an seine eigene „Vorexistenz" *(prôton sôma)* als ägyptischer Seemann erinnere, weil sie recht „unscheinbar" *(ádoxon)* sei (Buch III, Kap. 23f); vgl. die zweisprachigen Ausgaben Philostratus: The Life of Apollonius of Tyana, With an English Translation by F. C. Conybeare (277f), sowie Mumprecht, Vroni: Flavius Philostratus – Das Leben des Apollonius von Tyana: griechisch-deutsch, München u. a. 1983.
27 Zit. nach Capelle: Vorsokratiker, 100f. Vgl. auch die Ausführungen, Problemanzeigen und Literaturverweise bei Zander: Seelenwanderung, 58ff.

lerweile auf eine albern wirkende Reihe von Transmigrationen in tierische Existenzen zurückblicken kann.[28]

Konsolidiertere, wenn auch werkimmanent widersprüchliche Entfaltungen zur Wiedergeburtslehre finden sich bekanntlich bei Platon (einschließlich der für abendländische Leibfeindlichkeitstraditionen nachhaltigen Formel vom Körper als „Gefängnis der Seele"), wenngleich die platonische Akademie die Reinkarnationstopoi bald wieder fallen ließ. Die rationalen Kritiken – vgl. Aristoteles – an den problematischen Implikationen einer Transmigrationsvorstellung scheint den antiken Reinkarnationsdiskursen insgesamt stark zugesetzt zu haben; Transmigrationsideen werden daher zunehmend (auch im Platonismus) ausgeschieden. Die tatsächliche (auch volkstümliche?) Verbreitung von Reinkarnationsgedanken ist zwar schwer zu erheben, sie scheint im Gegensatz zu heutigem esoterischen Wunschdenken jedoch nicht sehr groß gewesen zu sein. Helmut Zander resümiert: „Am Ende der Antike war die Seelenwanderungslehre vermutlich nur noch ein Schatten ihrer selbst: Bildungswissen einer vergangenen Auseinandersetzung."[29] Größere religiöse Systembildungen mit Ausstrahlungskraft waren dagegen die antike Gnosis und der daran anschließende Manichäismus, die mit ihren kosmologisch breit angelegten Soteriologien u. a. auch die Reinkarnationsvorstellung integriert hatten.

In der Neuzeit gilt Gotthold Ephraim Lessing als bedeutendster Vertreter der Reinkarnationsidee, die er im programmatischen Kontext seiner „Erziehung des Menschengeschlechts" vorlegte: „Warum könnte jeder einzelne Mensch auch nicht mehr als einmal auf dieser Welt vorhanden gewesen sein? [...] Warum sollte ich nicht so oft wiederkommen, als ich neue Kenntnisse, neue Fertigkeiten zu erlangen geschickt bin?"[30] Diese optimistische Variante des Reinkarna-

---

28 Vgl. die kurze Darstellung und Quellenangaben bei Zander: Seelenwanderung, 93f.
29 Zander: Seelenwanderung, 119.
30 Zit. nach der zweibändigen Ausgabe von Stapf, Paul (Hg): Gotthold Ephraim Lessing – Werke, Band 2, München o. J. [~1975], 997 (= „Erziehung des Menschengeschlechts" §§ 94 + 96).

tionsdenkens auf der Basis des Individuums („ich") und im Sinne einer Entwicklung und Erziehung (ohne Transmigration!) fand großen Nachhall in gebildeten Kreisen. Wie bereits erwähnt, haben Allan Kardecs Spiritismus, die Theosophie Helena P. Blavatskys und Annie Besants sowie die davon abgespaltene Anthroposophie Rudolf Steiners diesen Duktus aufgegriffen und damit nachhaltig zur Verbreitung der Reinkarnationsidee beigetragen. Allerdings handelt es sich bei diesen optimistisch-evolutionär ausgerichteten europäischen Reinkarnationsdiskursen trotz mancher Unterschiede meist „um eine Verbindung westlich-christlicher Zielgerichtetheit auf das Ende der Zeit mit nicht-christlichen Zeitvorstellungen. Das Ergebnis ist eine Art Spirale mit esoterischen Konnotationen."[31] Die heutige Plausibilität der Reinkarnationsidee ist vermutlich darin zu sehen, dass sie an religiöse Überlieferungen und Ideale anknüpfen kann, grundsätzlich aber mit individualistischen, technizistischen und fortschrittsoptimistischen Idealen moderner Industriegesellschaften kompatibel bleibt und damit eine wichtige Brücke zwischen „Wissenschaft" und „Religion" zu schlagen vermag.[32]

Zeitgenössische, technokratisch-neomythologische Utopien wie die phantastischen Vorstellungen der Raelianer (bzw. ihrer gentechnologischen Firma „Clonaid"[33]), durch die Technologie des Klonens eine dezidiert sog. „wissenschaftliche Reinkarnation" bewerkstelligen zu können,[34]

---

31 Bochinger, Christoph: „Reinkarnationsidee und ‚New Age'", in: Schmidt-Leukel, Idee der Reinkarnation, 115–130 (hier: 130); vgl. Bochingers umfangreiche Studie: „New Age" und moderne Religion. Religionswissenschaftliche Analysen, Gütersloh 1995.
32 Die Überwindung des Grabens zwischen Wissenschaft/Technik und Religion/Spiritualität ist seit dem 19. Jh. das erklärte Programm theosophischer und esoterischer Diskurse – bis zu hin zu zeitgenössischen Ausprägungen des religiösen UFO-Glaubens (*Fiat Lux, Aetherius Society*, u.v.a.).
33 Vgl. den entsprechenden Internetauftritt unter www.clonaid.de.
34 Die Entfaltung dieser Vorstellung, die in letzter Zeit mehrfach durch die Presse ging, findet sich aus der Feder des Religionsgründers „Rael" (Claude Vorilhon) zunächst in der mehrfach aufgelegten Offenbarungsschrift: Die Botschaft der Außerirdischen [auch unter dem Titel: Das

entfalten daher den Reinkarnationsgedanken – ebenso wie die vielfältigen Wiedergeburtsdiskurse in der modernen Esoterik,[35] inklusive der esoterisch-therapeutischen Rückführungsexperimente (Reinkarnationstherapie), oder die bei der Church of Scientology und ihrer „religious technology" vorhandene Vorstellung von unzähligen, in einen Abgrund von Jahrmillionen intergalaktischer Existenzen zurückreichenden „früheren Leben"[36] in humanoider Form, die erst durch das scientologische „Auditing"-Verfahren wieder neu „erinnert" werden können.[37]

Da keineswegs alle Reinkarnationsvorstellungen die zusätzliche Annahme einer „Transmigration" in andere irdische Lebensformen (Tier, Pflanze) oder z. B. auch in unter- oder überirdische (himmlische) Existenzen einschließen und da die Vorstellung derartig veränderter Seins- und Wiedergeburtszustände zugleich eine tiefer gehende Transforma-

---

wahre Gesicht Gottes]. Fondation Raëlienne 1998, in der seine beiden Ursprungspublikationen *Le Livre qui dit la vérité* (1974) und *Les Extraterrestres m'ont emmené sur leur planète* (1975) mittlerweile zusammengefasst wurden.

35 Trotz der großen Variationsbreite und Uneinheitlichkeit modernesoterischer Traditionen gehört die Reinkarnationsvorstellung (inklusive einer „über" der materiellen Welt stehenden spirituellen Seelenkonzeption) zu einem nahezu allgegenwärtigen – wenn man so will – *„fundamental"* der Esoterik, obwohl andererseits viele literarisch aktive Repräsentanten des sog. „New Age" (Ferguson, Capra, Wilber) keine exponierten Reinkarnationsvorstellungen in ihren theoretischen Entwürfen entfaltet haben.

36 Der Begriff „Reinkarnation" wird von Hubbard/Scientology ausdrücklich abgelehnt, da er im Sprachgebrauch nicht deutlich genug die Möglichkeit nichtmenschlicher (z. B. tierischer) Wiedergeburten ausschließe. Die Scientologische Auffassung über „frühere Leben" knüpft hier vermutlich an bereits vorhandene Vorbehalte des theosophischen Diskurses gegenüber nichtmenschlichen Wiedergeburten an (ebenso wie an dessen topische Reverenz gegenüber dem Buddhismus).

37 Diese Vorstellung einer gleichsam „therapeutischen" Aufdeckung verschütteter Erinnerungen an irdische und außerirdische „frühere Leben" wird in Hubbard, L. Ron: Have You Lived Before this Life? Kopenhagen/Los Angeles 1989 (1960), ausführlich und mit „wissenschaftlichem" Anspruch entfaltet; vgl. die deutsche Übersetzung: Haben Sie vor diesem Leben gelebt? Eine wissenschaftliche Untersuchung. Eine Studie über den Tod und den Nachweis früherer Leben, Kopenhagen 1979.

tion der Person implizieren, die eine massive Identitätsproblematik entstehen lässt, können solche Transmigrationsvorstellungen klassifikatorisch besser einer gesonderten Kategorie (→ 4) zugeordnet werden. Faktisch kann (z. B. in Hinduismus und Buddhismus) die Reinkarnation/Wiedergeburt als Mensch im Vordergrund stehen, obwohl die Annahme einer Transmigration ebenfalls vorhanden ist (v. a. als negatives karmischen Nachtodgeschick); dagegen ist der Blick auf eine durch und durch belebte Mitwelt, die per Reinkarnation und Transmigration in das karmische Wiedergeburtsdrama eingebunden ist, in der Jaina-Tradition wesentlich stärker ausgeprägt: Sie ist dort der unmittelbare Motivationsgrund für die – noch radikaler als im Buddhismus – akzentuierte „nicht-schädigende" Ethik und Lebensführung der Jainas, da jede karmisch unheilsame Tat einen geradezu stofflichen „Ballast" erzeugt, der die Seelen kosmologisch in niedrigere Sphären und Existenzformen „herunterzieht".

## 2.2 Der Sonderstatus der Säuglingsreinkarnation

Es ist das Verdienst von Michael Bergunder, den Spezialfall der Säuglingsreinkarnation als eigenständige Klasse von Wiedergeburtsvorstellungen herausgearbeitet zu haben:[38] Die Säuglingsreinkarnation setzt zwar ebenfalls die Wiedergeburt eines Menschen in einem weiteren irdischen menschlichen Dasein voraus, ist aber dennoch als Sonderfall mit eigenständiger Form und Funktion anzusehen. Hierunter wird nämlich ausschließlich die (u. U. sogar mehrfache) Wiedergeburt eines früh gestorbenen Kindes bzw. Säuglings in einem späteren – meist dem direkt nachgeborenen – Kind derselben Mutter verstanden.[39] Diese Form weist schon insofern eine Eigenständigkeit auf, als sie unabhängig vom Vorhandensein einer alle Menschen/Lebewesen umfassenden Wiedergeburtslehre in unterschiedlichen religiös-kultu-

---

38 Vgl. Bergunder: Wiedergeburt, 288ff, 388ff und 411ff.
39 Vgl. Bergunder: Wiedergeburt, 392.

rellen Kontexten vorkommen kann(!) – also ganz analog zu den eigentümlichen Konzeptionen spezieller Jenseitssphären für kleine Kinder oder Säuglinge, die ebenfalls einen Sonderstatus im Rahmen der ansonsten geltenden Nachtodvorstellungen eines religiös-kulturellen Diskursfeldes einnehmen können (vgl. aztekischer „Säuglingsbaum", katholischer „Limbus" o. ä.).[40] Dabei ist unschwer zu erkennen, dass diese Form der Wiederkehr von bereits vorher gestorbenen Kindern derselben Mutter eine religiöse Form der Verarbeitung bzw. des *Copings*[41] darstellt, mit der diese erschütternden Erlebnisse frühen Kindersterbens (besonders in Kontexten mit hoher Kindersterblichkeit) mit Sinn „chiffriert" werden.[42] Will man mit Niklas Luhmann die Transformation „unerträglicher" Kontingenz in „tragbare" als wichtige *Funktion* religiöser Wirklichkeitsbewältigung begreifen, dann tritt diese Funktion im Zusammenhang der Säuglingsreinkarnation jedenfalls besonders deutlich zu Tage – eben als Verarbeitung der elterlichen Verzweiflung über den Tod

---

40 Eine komparative religionswissenschaftliche Untersuchung zur religiösen Verarbeitung des frühen Kindersterbens, zu den damit verbundenen rituellen und kognitiven *Coping*-Strategien sowie zu den entsprechenden Konzeptionen von Nachtodschicksalen schiene mir ein lohnenswertes Unterfangen.
41 Vgl. für die zukunftsweisende Integration von psychologischer *Coping*-Theorie und religionswissenschaftlichen Fragestellungen v. a. Pargament, Kenneth I.: The Psychology of Religion and Coping. Theory, Research, Practice, New York/London 1997.
42 Vgl. die sprechenden Belege bei Bergunder: Wiedergeburt, 288ff. – Ich kann hier nur zwei kurze Beispiele anführen: das erste stammt von einer Frau aus Senegal, die bereits mehrere Kinder verloren hatte (vgl. 288): „Es ist Babacar [2,5 Jahre], der zu sterben wünscht. Er ähnelt zu sehr den anderen, die bereits weggegangen sind. Er hat denselben Blick an sich, dieselbe Art zu schreien. Wenn er schreit, ist es dasselbe. Er wird mit Koktar [3,5 Jahre] weggehen. Sie gehen immer zu zweit weg. Ich erwarte ihren Tod. Vielleicht wird er mit dem weggehen, den ich in meinem Bauch habe. Sie sind dasselbe Kind – sie sterben im selben Monat oder am selben Tag. [...] Moktar hat ein Zeichen. Sie sehen seine Beine. Er hat Wunden. Ibrahima, der im Alter von vier Jahren mit seiner Schwester Seynabou starb, hatte dieselben Wunden. [...]" – Vgl. für ein weiteres Beispiel die übernächste Anmerkung.

ihrer Kinder.[43] Meist sind hier widerstreitende Gefühle dokumentiert: einerseits die durch besondere Bestattungsformen und -orte oder durch Verstümmelungen des Kinderleichnams intendierte Verhinderung einer erneuten Wiedergeburt (die im Extremfall sogar bis zum Infantizid von Kleinstkindern reichen kann, wenn diese als „Wiedergekehrte" identifiziert wurden), und zwar aus Furcht vor einem erneuten frühen „Wieder-Sterben". An anderer Stelle äußern sich die Sehnsucht nach dem verlorenen Kind und der deutliche Wunsch, es diesmal hoffentlich „behalten" zu können: Daher werden auch hier vielfach besondere Kennzeichnungen an dem Leichnam vorgenommen, um das Kind bei seiner nunmehr ersehnten Wiederkehr identifizieren und rechtzeitig zum „Bleiben" auffordern zu können.[44] – Da die Säuglingsreinkarnation wenig bekannt sein dürfte, möchte ich zumindest noch ein illustratives Beispiel aus der afrikanischen Ethnie der *Lodagaa* etwas ausführlicher zitieren, dem man mit Bergunder zudem einen paradigmatischen Charakter für den gesamten Vorstellungskomplex der Säuglingsreinkarnation zusprechen kann:[45]

„Von Kindern, die jung sterben, glaubt man, daß sie es freiwillig tun. Sie sind eine unbedingte Gefahr und werden oft als Wesen der Wildnis *(kontome)* bezeichnet, die kommen, um die Mutter heimzusu-

---

43 Bergunder spricht daher von einem besonderen „seelsorgerlichen Charakter" dieser Vorstellung (Seelenwanderung, 393).
44 Die autobiografische Aussage eines Mende-Mannes hierzu lautete (Bergunder: Seelenwanderung, 290): „Ich bin einer von Ihnen. Sie machten einen Stengel durch mein Ohr. (Dieser Mann hatte ein Loch in seinem Ohrläppchen, von dem er behauptete, dass es niemand da hinein gestochen hätte.) Ich bin der neunte. Alle vorherigen starben, genauso wie der letzte nach mir. [...] Ich war ungefähr einen Monat alt, als ich starb, und als sie im Begriff waren, mich zu begraben, machten sie dieses Zeichen. Der Geist des toten Kindes ist nun zu mir zurückgekehrt. So war, als ich geboren wurde, das Zeichen an dem Ohr schon da. Wenn sie ein solches Zeichen an dir anbringen, wollen sie dich zurück haben, den selben Geist. Wenn das vorherige Kind stirbt, erreicht es *Ngewo* [das Land der Toten] und kehrt zurück im nächsten Kind."
45 Übers. von Bergunder: Seelenwanderung, 292 (engl. Original Jack Goody: Death, Property and the Ancestors: A Study of the Mortuary Customs of the Lodagaa of West Africa. Stanford/CA 1962, 150.

chen. Es ist nicht nur eine Frage, von ihnen los zu kommen, sondern, daß es auch für immer geschieht. Sie können nämlich diesen Trick des Geboren-Werdens und Sterbens eine Reihe von Malen wiederholen, um ihre Eltern zu ärgern. Einen Stock durch die Wiege zu treiben, ist ein Versuch zu verhindern, daß solch ein Kind wieder in den Bauch seiner Mutter geht und so ihr Gebären verdirbt *(dobo)*. Ein Kind, dessen älteres Geschwister gestorben ist, hält man für dieses ältere Geschwister selbst, obwohl nun nicht länger besessen von einem Geist. Es ist bekannt als ein *tshakuor* oder *lewa*, ,Einer, der zurückgekommen ist'." Es erhält einen besonderen Namen und wird meist „auf der Wange mit einem Schnitt gekennzeichnet, so daß es identifiziert werden kann, wenn es stirbt und doch noch ein drittes Mal wiederkehrt. Manchmal machen die Totengräber eine Serie von Schnitten auf den Körper so eines Kindes. ... Dann, wenn dieselbe Mutter wieder gebiert, sehen die Frauen, welche zuerst das Kind baden, nach dem Zeugnis seiner Male, und wenn sie eins entdecken, rufen sie: ,Er ist zurückgekommen, er ist zurückgekommen!' *(o le ba wa)*. Der beabsichtigte Effekt solcher Schreie ist der, daß man das wandernde Kind so beschämen möchte *(yongna vii)*, daß es auf der Erde bleibt. Denn man denkt, daß, wenn es erfährt, daß die anderen seiner gewahr geworden sind, es die Mutter nicht mehr heimsuchen wird. Wenn diese Maßnahmen nicht erfolgreich sind und ein dritter Tod erfolgt, wird der Körper nicht auf der Seite des Weges, der zum Haus der Mutter führt, begraben, sondern in einem der großen Ameisenhügel, welche verstreut sich im Busch befinden, so daß die Überreste des Kindes vollständig zerstört werden."

Die o. a. gegenläufigen emotionalen Tendenzen (Behalten vs. Abwehr des Kindes) kommen hier nebeneinander zum Ausdruck. Diese Vorstellung der Säuglingsreinkarnation ist durchaus weltweit anzutreffen – auch kontraintuitiv zu den im jeweiligen Kontext vorherrschenden Nachtodkonzeptionen (vereinzelt auch in Europa).[46] Ihre primär *tröstende Funktion* im Rahmen religiösen *Copings* ist besonders deutlich. Sie unterscheidet sich damit sowohl von „klassischen" Reinkarnationsvorstellungen, die meist mit einem ethischen Motivhorizont korrespondieren oder mit Vorstellungen einer allmählichen „Läuterung" oder „Erziehung" bzw. eines „Aufstiegs" der Seele einhergehen, aber auch vom besonde-

---

46 Vgl. die Beispiele bei Bergunder: Wiedergeburt, 414–416.

ren Komplex der Ahnenreinkarnation, da hierfür die Erlangung des speziellen Ahnenstatus (die Ahnwerdung) notwendig ist, der dem Säugling oder Kleinkind zwangsläufig versagt bleibt.

## 2.3 Der Spezialfall der Ahnenreinkarnation

Ein weiterer, weltweit verbreiteter Spezialfall postmortaler „Wiedergeburt" ist die eigenständige Form der Ahnenreinkarnation. Sie basiert auf der in vielen „traditionalen" und mündlich tradierten Religionskulturen (z. B. Afrikas oder Asiens) – aber bei weitem nicht nur dort – anzutreffenden Vorstellung von der nachtodlichen „Ahnwerdung" des Menschen, wobei die Beziehungen zwischen den Ahnen und den lebenden Menschen im einzelnen unterschiedlich dargestellt werden können. Ahnenreinkarnation bezeichnet die Vorstellung, dass einzelne Ahnen – also Verstorbene, die über den rituellen Ahnenstatus verfügen – in ihren späteren Nachkommen wiedergeboren werden können: „In den meisten Fällen ist es ein im weitesten Sinne Verwandter aus der Großelternoder Urgroßelterngeneration, der sich reinkarniert."[47] Die genaue Identität des Neu(wieder)geborenen wird vielfach divinatorisch-experimentell geklärt. Aber es existieren mitunter auch Vorstellungen einer geradezu *alternierenden Reproduktion* der Generationen zwischen dem jenseitigen Ahnendorf und der diesseitigen Welt. Vorstellungen der Ahnenreinkarnation können sich außerdem mit anderen Reinkarnations- und Transmigrationsvorstellungen verbinden (vgl. z. B. in Indien oder China), sind aber deutlich von einer „Wiederkehr" als Geist („Wiedergänger") oder einer „Auferstehung" einzelner Ahnen (oder Kulturheroen) zu unterscheiden. Die Ahnenreinkarnation geht meist davon aus, dass die über den Ahnenstatus verfügende Persönlichkeit in der Form einer *Simultanpräsenz* einerseits sowohl im jenseitigen Toten- bzw. Ahnenreich

---

47 Bergunder: Reinkarnationsvorstellungen, 706; vgl. die extensiven Belege und systematischen Folgerungen zur „Ahnenreinkarnation" in ders., Wiedergeburt, hier v. a. 97ff und 361ff.

existiert, als auch zugleich in der neuen diesseitigen Wiedergeburt; außerdem wird mitunter mit gleichzeitigen Mehrfachreinkarnationen desselben Ahns gerechnet. Die damit zusammenhängenden anthropologischen Vorstellungen können dabei sehr unterschiedlich ausgestaltet sein; die Identität des Menschen wird jedenfalls häufig durch eine Partizipation an transindividuellen Entitäten und Wesen konstruiert, die bis in die mythische Urzeit zurückreichen können (vgl. auch den Komplex des sog. Totemismus). Bergunder weist außerdem darauf hin, dass das sozial bedeutsame Konstrukt einer *corporate personality* über die Ahnenreinkarnation v. a. während der ersten Lebensphase wichtig ist (bzgl. Namengebung; erweiterte, „rituelle" Verwandtschaft mit den betreffenden Ahnen und ihren Clans bzw. Lineages), während spätestens mit dem Zeitpunkt der Initiation neue rituelle und soziale Bezüge für die betreffende Person hergestellt werden, hinter denen die reinkarnatorischen in ihrer Bedeutung zunehmend verblassen.

Die Ahnenreinkarnation erweist sich daher als *eine* Ausdrucksmöglichkeit neben anderen, die für alle Formen der Ahnenverehrung konstitutive vitale Beziehung zwischen der Welt der Lebenden und der Welt der Lebend-Toten auszudrücken: Das partizipatorische Handeln der jenseitigen Ahnen zielt im Diesseits weiterhin auf das Wohl und den Fortbestand der Gemeinschaft (umgekehrt besteht die Aufgabe der Lebenden z. B. in der Speisung und Bewahrung der Ahnen im kulturellen Gedächtnis), – und dies wird in der besonderen Vorstellung der Ahnenreinkarnation „handfest" konkretisiert: in Gestalt eines jungen Menschen, der als bewusste *Rückkehr* eines Ahns/einer Ahnin in die diesseitige Gemeinschaft willkommen geheißen wird. In Voraussetzung, Funktion und sozialer Bedeutung ist die Ahnenreinkarnation daher ganz anders akzentuiert als die (individuell tröstende) Form der Säuglingsreinkarnation, sie ist zugleich völlig verschieden von der ethisierenden Konsequenz und gleichsam ‚naturgesetzlichen' Karma-Kausalität der meisten Reinkarnations- und Transmigrationsvorstellungen.

## 2.4 Die Transmigration in andere Lebensformen und Seinsbereiche

Die Vorstellungen der Transmigration, d. h. einer über die rein menschliche Reinkarnation hinaus gehenden „Seelenwanderung" ins Tier- oder Pflanzenreich wurden bereits oben im Zusammenhang der Reinkarnationsvorstellungen (1) angesprochen. Sie drücken eine spezielle Zuspitzung der Reinkarnationsidee aus, die eine für das Thema personaler Identität nicht unproblematische Transformation der ‚Seele' (Personsubstanz) in ein gänzlich anderes Lebewesen beinhaltet (daran entzündete sich z. B. die heftige antike Kritik an Transmigrationsvorstellungen!). Die Transmigration kommt daher vielfach nahe bei ähnlich „transformierenden", weit über das speziell menschliche Dasein hinaus gehenden postmortalen Fortexistenzen in anderen Existenzebenen und Daseinssphären zu stehen: „Wiedergeburten" bzw. Fortexistenzen in unterschiedlichen unter-, außer- oder überirdischen Sphären, wie sie nicht nur in indischen Mythologien vorkommen (Himmel, Unterwelt, Totenreich, Geister- oder verschiedene Götterwelten). Weit verbreitet sind die mit einer vogelartigen (‚frei schwebenden') Vorstellung von ‚Seele' korrespondierenden Auffassungen von der Wiederkehr in Vögeln oder zumindest fliegenden Lebewesen. Im Kontext der vorkolonialen Nachtodkonzeptionen Mesoamerikas gab es bei den Azteken z. B. die Ansicht, dass die im Kampf gefallen Krieger, die zusammen mit den im Kindbett gestorbenen Frauen zunächst die herrliche solare Nachtodregion des „Hauses der Sonne am Himmel" *(ichan tonatiuh ilhuicac)* bewohnen, irgendwann in Gestalt von Kolibris und Schmetterlingen zur Erde zurückkehren können.[48] Seltener sind dagegen Transmigrationen ins

---

48 Sahagún berichtet im Abschnitt über „die Wohnorte der Toten" in seiner ethnografischen *Historia General*: „Und nachdem sie vier Jahre so verbracht haben, verwandeln sie sich in Vögel von glänzendem Gefieder: Kolibri, Blumenvögel, in gelbe Vögel mit schwarzer grubiger Vertiefung um die Augen, in kreideweiße Schmetterlinge, in Daunenfederschmetterlinge, in Schmetterlinge (groß) wie Trinkschalen, den Honig zu saugen, dort in ihrer Wohnung; und sie kommen hierher zur Erde, den Honig zu saugen aus allen Arten von Blumen [...]" (zit. nach der

Pflanzenreich. Anklänge daran finden sich manchmal auch in literarischer Form, z. B. im Motiv der Pflanze oder speziell des Baumes, der auf bzw. aus einem Grab wächst und in dem Teile der verstorbenen Person weiterleben.

Im „Wahren Buch vom südlichen Blütenland", einem Grundtext des religiösen Daoismus, erzählt Zhuang Zi eine Episode („Die vier Freunde") zum Thema Gleichmut angesichts der organisch-kosmologischen Zusammengehörigkeit von Geburt und Tod, Leben und Sterben:[49] Die Wiedergeburt als Mensch erscheint hierbei nur als eine von vielen anderen möglichen Optionen, denen man in der Stunde des Todes mit größtmöglicher Gelassenheit entgegensehen solle. Ein Sterbenskranker, der bereits innerlich abgeklärt mit den körperlichen Auswirkungen seiner schweren Krankheit umgegangen ist, antwortet auf die Frage, was der Schöpfer nach dem bevorstehenden Tod wohl aus ihm machen werde:[50]

„Wenn die Eltern dem Sohne gebieten, nach Osten oder Westen, nach Norden oder Süden zu gehen, so folgt er einfach ihrem Befehl. Die Natur ist für den Menschen mehr als Vater und Mutter; wenn sie meinen Tod beschleunigen will, und ich wollte nicht gehorchen, so wäre ich widerspenstig. Was kann man ihr denn vorwerfen? Wenn der große Gießer sein Metall schmelzt, und das Metall wollte aufspritzen und sagen: ‚Ich will, daß du ein Balmungschwert aus mir machst!', so würde der große Gießer das Metall für untauglich halten. Wenn ich, nachdem ich einmal Menschengestalt erhalten habe,

---

Ausgabe von Seler, Eduard: Einige Kapitel aus dem Geschichtswerk des Fray Bernardino de Sahagun, Stuttgart 1927, 301f.
49 Wilhelm, Richard: Dschuang Dsi. Das wahre Buch vom südlichen Blütenland, Düsseldorf/Köln 1982, 89f.
50 Wilhelm: Dschuang Dsi, 90. – Zuvor gefragt, ob ihm seine schmerzhafte Krankheit nicht sehr zusetze, meinte der Todkranke: „Nein, wie sollte es mir leid tun! Wenn er [der Schöpfer; A. G.] mich nun auflöst und meinen linken Arm verwandelt in einen Hahn, so werde ich zur Nacht die Stunden rufen; wenn er mich auflöst und verwandelt meinen rechten Arm in eine Armbrust, so werde ich Eulen zum Braten herunterschießen; wenn er mich auflöst und verwandelt meine Hüften in einen Wagen und meinen Geist in ein Pferd, so werde ich ihn besteigen und bedarf keines anderen Gefährten. Das Bekommen hat seine Zeit, das Verlieren ist der Lauf der Dinge. [...] Ich nahe mich jetzt dem Augenblick, den die Alten bezeichnet haben als die Lösung der Bande." (89)

nun sprechen wollte: ‚Wieder ein Mensch, wieder ein Mensch will ich werden!', so würde mich der Schöpfer sicher als untauglichen Menschen betrachten. Nun ist die Natur der große Schmelzofen, der Schöpfer ist der große Gießer: wohin er mich schickt, soll es mir recht sein. Es ist vollbracht; ich schlafe ein, und ruhig werde ich wieder aufwachen."

Transmigrationsvorstellungen können darüber hinaus mit weiteren kosmologischen Sphären verbunden werden, wenn die nachtodliche „Neugeburt" in einem ganz anderen – nicht-irdischen – Seinsbereich erfolgt: d. h. in anderen Welten/Planeten oder Dimensionen, höheren ätherischen Ebenen (o. ä.), auf denen gegebenenfalls eine weitere ‚spirituelle' Höherentwicklung stattfinden kann. Derartige spirituelle Fortschrittskonzeptionen – vgl. z. B. im Mormonentum oder im Spiritismus – haben ebenfalls eine nachhaltige Wirkungsgeschichte in alternativen Religionstraditionen des Westens hinterlassen.[51] In vielen derartigen Fällen kann die Wiedergeburtsidee – im Sinne aufeinander folgender postmortaler Existenzen – fast ununterscheidbar in die Vorstellung einer postmortalen ontologisch-spirituellen Transformation der Person/Seele übergehen. Ähnliche Transformationen der Personsubstanz (Deifikation/Apotheose, „Aufstieg", „Umwandlung", „Neugeburt" o. ä.) können aber nicht nur postmortal, sondern bereits während des Lebens stattfinden; vgl. im folgenden Abschnitt 5).

Von Transmigrationen und Reinkarnationen wäre die weit verbreitete und stark negativ assoziierte Seinsweise als nachtodlicher „Wiedergänger" oder Gespenst zu unterscheiden, die eigentlich nicht mehr unter das Thema „Wiedergeburt" fällt, sondern eine defizitäre Form des schattenhaften Weiterlebens – bzw. besser *Weitergeisterns* (ohne irgendeine Form der Neu*geburt*) – beschreibt.[52] Ob eine Vorstellung nachtod-

---

51 Unterschiede zu Reinkarnationslehren theosophischer Prägung, die von einem „höheren Selbst" ausgehen, sind meist in einer stärker subjekthaften Konzeption der Identität (als „Ich") feststellbar; mittlerweile haben aber schon längst starke Vermischungen im Spektrum der Esoterik stattgefunden.
52 Allerdings können im Kontext indischer Reinkarnationsvorstellungen

lichen Weiterlebens im Rahmen von Wiedergeburtsvorstellungen zu klassifizieren wäre oder nicht, hängt letztlich davon ab, ob das Weiterleben *diskontinuierlich*, als Geburt-artiger Übergang dargestellt wird oder nicht.[53] In der buddhistischen Kosmologie konnten dennoch alle möglichen postmortalen Existenzen wieder in das zyklische Modell unterschiedlicher „Wiedergeburten" eingeordnet werden. Tibetische Darstellungen zu diesem „Rad des Lebens" (*bhavachakra*; meist als Rollbild) gruppieren üblicherweise *sechs Nachtodregionen* kreisförmig um die drei (Karma und Wiedergeburt bewirkenden) Grundübel „Gier", „Hass" und „Unwissenheit"/„Verblendung" (jeweils dargestellt als Hahn, Schlange und Schwein): 1) die Wiedergeburt in der Welt der himmlischen Götter, 2) in der Welt der eifersüchtigen Gottheiten, 3) in der Welt der Menschen, 4) im Reich der Tiere, 5) in den (heißen und kalten) Höllenregionen des Unterweltgottes Yama, sowie schließlich 6) in der schrecklichen Welt der Hungergespenster. Nur die endgültige Erlösung in der Nachfolge des Buddha kann den befreienden Ausstieg aus diesem „Rad" der Verstrickung bewirken (vgl. Abbildung).[54]

---

solche Existenzen dem Geburtenkreislauf zugeordnet werden; daher kann auch von einer „Wiedergeburt" als *preta* (Pâli *peta*) gesprochen werden, z. B. in dem bereits erwähnten *Pretakalpa des Garuda-Purâna*: eine Auflistung der Taten, die zum Wiederdasein als Preta führen, findet sich dort 240ff (Abs. XII). Vgl. dazu aus frühbuddhistischer Perspektive das *Peta-Vatthu* des Pâli-Kanons, das eine Fülle von Beispielen „geisterhaften" Weiterlebens schildert (meist mit der ethisch-pädagogischen Intention, die Lebenden zum rechten Lebenswandel zu ermahnen); eine neuere deutsche Übersetzung (mit allerdings irreführendem Untertitel) findet sich bei Hecker, Hellmuth: Peta-Vatthu. Das Buddhistische Totenbuch, Stammbach-Herrnschrot 2001.

53 „Kontinuierlichere", nicht-reinkarnatorische Konstruktionsvarianten des Weiterlebens müssen dabei nicht immer nur auf typische *jenseitige* Ebenen der Fortexistenz zielen (Himmel, Hölle, Totenreiche, etc.; je nach konkreter Jenseitstopografie), sie können auch die heute ausgesprochen häufige, wenn auch stark abgeschwächte Form „intramundaner Postmortalität" annehmen, die ein *diesseitiges* „Weiterleben" in den Kindern oder „in der Erinnerung" thematisiert (ein zentrales Motiv vieler Todesanzeigen: „Du lebst fort in unserer Erinnerung" o. ä.).

54 Die schematische Skizze des *Bhavachakra* stammt aus der Medienmappe von Back, Dieter/Sonn, Wolfgang: Weltreligionen heute – Buddhis-

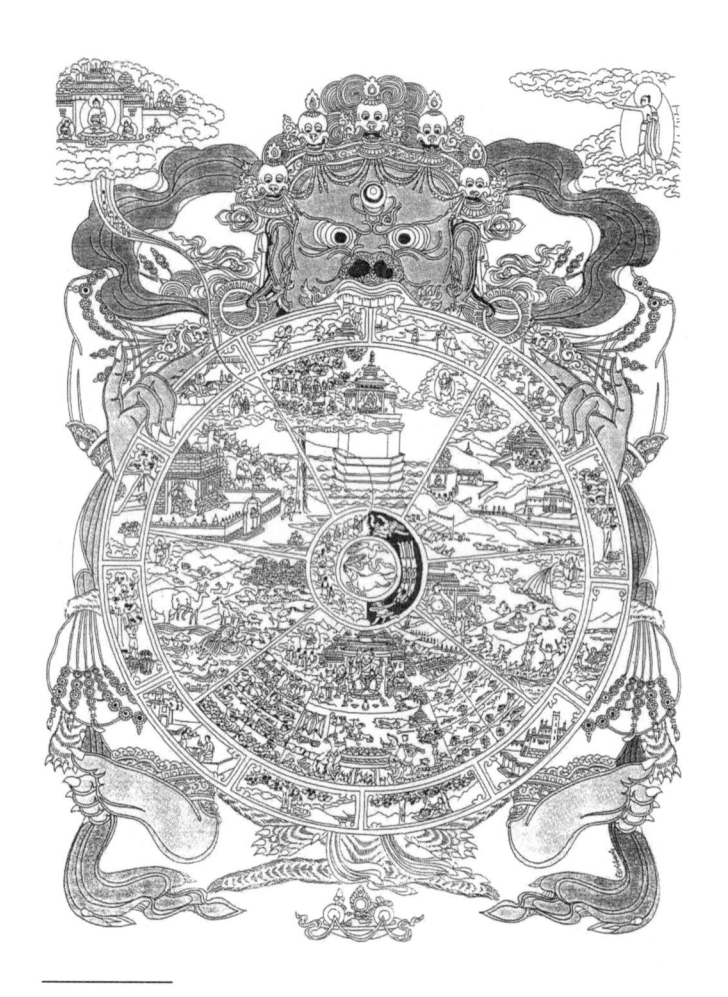

mus. Materialien für Schule und Erwachsenenbildung, Zürich/Köln 1983. Das „Rad des Lebens" wird in dieser Darstellung je nach Interpretation entweder vom Zeitdämon Mahakâla oder vom Totengott Yama (wie ein Spiegel) gehalten. Die Himmelsgötter sind oberhalb der Radnabe mit den drei Grundübeln dargestellt, die Höllen unterhalb; links von der Nabe befindet sich die Region der eifersüchtigen Götter, darunter die Welt der Tiere; rechts von der Nabe die Welt der Menschen, darunter die Region der Hungergeister. Eine feine Linie weist vom Zentrum zum Ausstieg ins *Nirvâna* (ganz oben links). Die Felder des äußeren konzentrischen Rings stellen die zwölf Glieder des Kausalnexus („Entstehen in Abhängigkeit") dar.

## 2.5 Wiedergeburt als Metapher spiritueller Transformation und Neukonstitution

In einem weit gefassten Sinn von „Wiedergeburt", wie er in den anderen Beiträgen des vorliegenden Bandes die zentrale Rolle spielt, wird mit dem Wortfeld und der ganzen Metaphorik von „Wiedergeburt" bzw. des „Sterbens" und „Neugeboren-Werdens" eine religiöse Erfahrungswirklichkeit beschrieben, der zufolge bestimmte Stationen oder Ereignisse innerhalb der irdischen Lebensbahn als herausragende „Stufen" oder „Übergänge" erscheinen, die dann als Neugeburt – bzw. als Abfolge von Tod und Wiedergeburt – interpretiert und erlebt werden. Neu- oder Wiedergeburt meint hier als Metapher eigentlich eine besondere spirituelle Transformation der Persönlichkeit, die eben keine erneute (postmortale) Geburt bzw. „Re-in-karnation" im wörtlichen Sinn impliziert, sondern eine *Neukonstitution der Person während des Lebens*, auch wenn die Dramatik des Sterbens und Neugeborenwerdens im rituellen Handeln mitunter sehr drastisch inszeniert werden kann.

(a) Zu diesem Komplex wären in erster Linie die weltweit anzutreffenden „Übergangsriten" *(rites de passage)* zu zählen – und zwar v. a. im Zusammenhang der sozialen Pubertät, die häufig als Altersklassen-Initiation ausgebildet ist.[55] In einem mitunter höchst dramatisch angelegten Prozess[56] „stirbt" die Persönlichkeit symbolisch-rituell und faktisch dem bisherigen Dasein als Kind,[57] sie wird während der darauf folgenden Umwandlungsphase („Betwixt and Between", V. Turner)[58] ei-

---

55 D. h., eine ganze Altersklasse von (mehr oder weniger) Gleichaltrigen wird dem Initiationsprozess gemeinsam unterworfen – im Gegensatz zu individuell arrangierten Initiationen (z. B. bei Mädchen häufig im Anschluss an die erste Regelblutung).
56 Mitunter werden die Kinder dem mütterlichen Lebensbereich in einem inszenierten Überfall entrissen.
57 Typisch sind z. B. Gesänge der Mutter, in denen die Trauer über den „Tod" des Kindes ausgedrückt wird.
58 Victor Turner hat seit seinem paradigmatischen Essay „Betwixt and Between: The Liminal Period of *Rites de Passage*," in: The Proceedings of

nem mehr oder weniger umfangreich ausgestalteten Initiationsprozess unterworfen, um schließlich als erwachsenes (Neu)Mitglied der Gemeinschaft „wiedergeboren" zu werden. Typisch ist hier die traditionelle indische Bezeichnung des initiierten höherkastigen männlichen Hindus als „Zweimalgeborener" (*dvija*; betrifft heute nur initiierte Brahmanen).[59] Aber auch die anderen drei paradigmatischen Übergangsriten des Lebens (Geburt, Heirat, Tod) spiegeln mehr oder weniger ausgeprägt die Metaphorik von Tod und Neugeburt beim Übergang von einem Status in den nächsten. Abgesehen von solchen innerhalb eines kulturellen Kontextes (bzw. Subkontextes) *allgemein* verbindlichen Übergangsriten im menschlichen Lebenszyklus spielt die Wiedergeburtsmetaphorik und -dramatik auch bei Einweihungen in bestimmte Stände oder Berufsgruppen, bei Initiationen in Geheimgesellschaften, bei schamanistischen Berufungen oder Religionswechseln häufig eine wichtige Rolle.[60]

(b) Daher können auch viele besonders herausragende spirituelle Erfahrungen des Individuums mit der Metaphorik des

---

the American Ethnological Society, Washington 1964, 4–20, mehrfach auf die besondere Bedeutung dieser Zwischen- und Umwandlungsphase hingewiesen und diese systematisch analysiert. Vgl. u. a. Turner, Victor: Das Ritual. Struktur und Anti-Struktur, Frankfurt a. M. 1989 (US-Original 1969).

59 Der Lehrer *(guru)* geht dabei mit dem Schüler „schwanger", der Schüler und Initiand *(brahmacarin)* wird aus dem Veda neu geboren.

60 Diese Thematik ist ethnografisch und religionshistorisch extensiv beschrieben und analysiert worden. Wie bereits oben erwähnt, hat sich van Genneps Strukturschema der Passageriten – als i. d. R. dreigliedrige Abfolge von Riten der Trennung („Tod"), der Umwandlung und der Wiederangliederung („Wiedergeburt") – interkulturell nachweisen lassen. Aus der Vielzahl der diesbezüglichen Literatur verweise ich hier nur auf die wichtigen Weiterführungen bei Victor Turner (siehe vorherige Anm.), sowie auf Mircea Eliade, der Initiations- und Übergangsriten explizit unter dem Thema „Wiedergeburt" verhandelt hat, u. a. in: Eliade, Mircea: Das Mysterium der Wiedergeburt. Versuch über einige Initiationstypen, Frankfurt a. M. 1988; vgl. ferner für terminologische Klärungsversuche Snoek, Joannes A.M.: Initiations. A Methodological Approach to the Application of Classification and Definition Theory in the Study of Rituals, Pijnacker 1987.

Sterbens und Wiedergeborenwerdens interpretiert und gegebenenfalls auch entsprechend rituell dramatisiert werden. Religiöse „Spitzenerlebnisse" und besondere Stationen des spirituellen Weges oder der meditativen Vervollkommnung können mit der Metaphorik einer Neugeburt bzw. Wiedergeburt erlebt und beschrieben werden. Die christliche Rede vom Wiedergeburtserlebnis durch die Geisttaufe bzw. durch eine persönliche Begegnung mit Jesus Christus, wie sie heutzutage v. a. in evangelikalen und pentecostalen Traditionen des Christentums besonders hervorgehoben wird, wäre hier anzusiedeln; aber z. B. auch die Selbstbezeichnung des Religionsstifters Mani als „Lebendiger" *(Mani hajja)*[61] nach seinem entscheidenden Berufungserlebnis. In solchen Fällen geht es um eine alles transformierende „Erleuchtung" oder zumindest entscheidende spirituelle „Alternative" (auch dieser Begriff partizipiert an der Wiedergeburtsmetaphorik!), die wegen ihrer die Person transformierenden Kraft eben als eine Art „Neugeburt" erfahren wird. So kann der Buddha gemäß dem *Aggaññasutta* zu seinen Wandermönchen sagen (DN 27.9/DN[PTS] III,84; Übers. O. Franke):

„Vâsettha, ihr wart von unterschiedlichem Stand, ihr hattet verschiedene persönliche und Abstammungs-Namen und gehörtet zu verschiedenen Familien, als ihr aus dem Haus in die Hauslosigkeit[62] gezogen seid. Auf die Frage ‚Wer seid ihr?' gebt ihr (jetzt) zu verstehen: ‚Wanderasketen des Sakya-Sohnes sind wir.' – Vâsettha, in wen Vertrauen *(saddhâ)* auf den Tathâgata[63] Eingang gefunden hat, in wem es Wurzeln geschlagen hat und unerschütterlich geworden ist, wem es von keinem Wanderasketen, Brahmanen, Gott, Mara, Brahmâ oder irgendjemandem in der Welt mehr zerstört werden kann, der darf sagen: ‚Ich bin der eigene (legitime) Sohn des Erhabe-

---

61 Davon leitet sich auch der Name „Manichäer" ab.
62 Buddhistischer Terminus technicus für die Nachfolge (gemäß der Buddha-Biografie) ins Wanderasketendasein. Der Beginn der männlichen Initiation in den Theravada-Ländern (z. B. Birma) wird entsprechend dieser Vorlage als „Auszug" aus der Familie ins Kloster gestaltet (typischer „Trennungsritus" gemäß van Gennep).
63 Häufiger Hoheitstitel des Buddha: Vollendeter (wörtl. „So-Gegangener" oder „Zur-Wahrheit-Gegangener").

nen, aus seinem Mund geboren, vom Dhamma[64] gezeugt, durch den Dhamma geschaffen, Erbe des Dhamma.' – Weshalb? Vâsettha, weil man den Tathâgata bezeichnen kann als den, dessen Körper die Lehre ist *(dhammakâya)*, der Brahmâ verkörpert *(brahmakâya)*, dessen Wesen mit dem Dhamma und Brahmâ identisch ist."

In der Retrospektive nach einer derartigen spirituellen „Neugeburt" erscheint das bisherige Leben daher oft wie ein träumender Schlaf, todesgleich oder gänzlich dem (Wieder-)Tod verfallen. Gegebenenfalls dokumentiert ein neuer Name, dass diese Transformation die ganze Person bzw. die *Identität* der Person in nachhaltiger Weise neu konstituiert; vgl. z. B. die berühmte Aussage bei Paulus „Nicht ich lebe, sondern Christus lebt in mir." (Gal 3,20a) Auch hier ereignet sich eine neue Identitätskonstitution: *Wer* genau ist nämlich das Subjekt dieser Aussage?

(c) In weitaus weniger dramatischer Form findet sich diese Metaphorik der „Wiedergeburt" auch ohne den eigens „religiös" akzentuierten Erfahrungsraum in der Alltagssprache widergespiegelt, wenn bestimmte Erlebnisse von Heilung, Stimmigkeit, Reinheit, überstandenem Stress oder gesunder Ganzheit beschrieben werden. Das Spektrum reicht dabei z. B. von der Internetwerbung für Schönheitsoperationen unter „www.wie-neugeboren.de" über die Auswirkungen von Saunabesuchen oder Heilfasten bis hin zu alltäglich-lapidaren Feststellungen nach dem Sport oder Duschen: „Jetzt fühle ich mich wie neugeboren". Der Unterschied zwischen solchen alltäglichen „Wiedergeburtserfahrungen" und dezidiert *religiös* gedeuteten „Spitzenerlebnissen" könnte als ein Kontinuum steigender Nachhaltigkeit oder transformativer Kraft des Erlebnisses beschrieben werden. Die dezidiert religiöse Re-Konstruktion der vorausgehenden Erfahrung erhöht bzw. „erhitzt" gleichsam die Bedeutung des Erlebnisses – im Sinne einer interpretierenden *Erfahrung mit der Erfahrung*: So werden manche der viel diskutierten sog. „Nahtoderfahrungen" von den Betroffenen z. B. im Nachhinein „religiös" und dabei

---

64 Pâli-Entsprechung für das Sanskritwort *dharma*: hier im Sinne von „Lehre".

manchmal auch im Sinne einer „Wiedergeburt" und somit als „zweite Chance" zum Leben gedeutet und verarbeitet.[65]

## 3. Schlussbemerkung

Wie bereits angedeutet, ließen sich diese unterschiedlichen Bedeutungsebenen von Wiedergeburt zur weiteren Präzisierung schließlich noch von anderen Vorstellungen des Weiterlebens im Jenseits oder von den Konzeptionen einer „Auferstehung" bzw. der Wiederkehr nach einer Phase der „Entrückung" (z. B. bei „verborgenen Heilsbringern" wie dem *Imâm Mahdi*) u. ä. abgrenzen. Unberücksichtigt blieben bei dem hier zugrunde gelegten *anthropologischen* Fokus außerdem die kosmischen „Wiedergeburten": z. B. Weltenbrand mit anschließender Neugeburt der Welt wie in indischen oder germanischen Mythologien, endzeitliche Neuschöpfung der Welt (vgl. christliche Apokalyptik) oder millenaristische Transformation der Welt wie in esoterisch-ufologischen Formen der Apokalyptik, etwa bei Fiat Lux oder dem Ashtar-Kommando mit seinen endzeitlichen „Channelings".[66]

Bei solchen grundsätzlichen Systematisierungsversuchen tritt das typische Problem komparatistischer Religions- und Kulturforschung zutage: Versucht man, die verschiedenen Dimensionen des Wiedergeburtsthemas einerseits religionsgeschichtlich zu kartographieren und dann systematisch-religionswissenschaftlich zu katalogisieren, dann zeigt sich recht schnell, dass in der religiösen Wirklichkeit der Menschen und Völker solche klassifikatorischen (oder gar typologischen) Raster nur selten in Reinform, sondern häufig gleichzeitig nebeneinander oder in gegenseitigen Überschneidungen und Durchdringungen existieren. Schon die o. a.

---

65 Vgl. Knoblauch, Hubert: Berichte aus dem Jenseits. Mythos und Realität der Nahtod-Erfahrung, Freiburg i. Br. 1999; Högl, Stefan: Nahtod-Erfahrungen und Jenseitsreisen. Der Blick auf die andere Seite der Wirklichkeit, Marburg 2000.
66 Vgl. Grünschloß, Andreas: Wenn die Götter landen ... Religiöse Dimensionen des UFO-Glaubens, EZW-Texte 153, Berlin 2000.

Grundunterscheidung zwischen Wiedergeburt als Reinkarnation und als Metapher für Transformation stößt wieder auf empirische Widerstände, wenn mit der Wiedergeburt z. B. eine kosmologisch andere Seinssphäre impliziert ist, oder wenn sich wie im Hinduismus *(a)* lineare Jenseitsvorstellungen gemäß dem indogermanischen Dreiweltenmodell (mit Himmel und Unterwelt als Nachtodsphären), *(b)* Transformationen im Rahmen der Ahnwerdung und allmählichen Deifikation mit *(c)* zyklischen Bildern von Reinkarnation und Transmigration und mit *(d)* Vorstellungen einer endgültigen Erlösung (bzw. Erlösungsregion) vermischen und immer wieder auf verschiedene Weise miteinander amalgamiert wurden, ohne einen allein- oder endgültigen Ausgleich zu schaffen. Insofern gilt auch für den hier vorliegenden Versuch einer allgemeinen systematischen Orientierung zum Thema „Wiedergeburt" die Grundregel aller kulturwissenschaftlichen Landkarten, so analytisch exakt und empirisch abgesichert sie auch zu sein vorgeben: „Map is not territory." Denn *wir* sind es, die in eine vielgestaltige, verschiedenkulturelle menschliche Erfahrungswirklichkeit unsere – jeweils individuell, kontextuell und diskursiv nahe liegenden und plausibel erscheinenden – interpretatorischen Schneisen schlagen.

# Wiedergeburt in der religiösen Welt der hellenistisch-römischen Zeit

FRANCES BACK

## 1. Einführung

Geburtstage sind aus unserer heutigen Perspektive in der Regel ein Anlass zum Feiern. Aber das hat man nicht immer so gesehen. Anfang des dritten Jahrhunderts nach Christus äußert sich der theologische Lehrer und christliche Schriftsteller Origenes in seinen Predigten zum Buch Levitikus auf folgende Weise zum Geburtstag: „Unter allen Heiligen findet man keinen, der an seinem Geburtstag ein Fest oder ein großes Gastmahl veranstaltet hätte; keinen findet man, der am Geburtstag seines Sohnes oder seiner Tochter fröhlich gewesen wäre; nur die Sünder freuen sich über eine solche Geburt [...]. Die Heiligen aber feiern nicht nur kein Fest an ihrem Geburtstag, sondern – erfüllt vom heiligen Geist – verfluchen sie diesen Tag."[1]

Wie kommt Origenes zu solch einer negativen Bewertung des Geburtstags? Der erste Teil seiner Äußerung bezieht sich, wie er im näheren Textzusammenhang erläutert, darauf, dass in der Bibel nur Geburtstagsfeiern von besonders grausamen Menschen erwähnt werden, die diesen Tag mit einem Blutvergießen begingen: der Geburtstag des Pharao in Gen 40,20 oder der des Herodes Antipas in Mk 6,21; Mt 14,6. Mit dem zweiten Teil nimmt er auf Jeremia und Hiob Bezug,

---

1 Origenes, In Leviticum, Homilia VIII,3: „[...] nemo ex omnibus sanctis invenitur diem festum vel convivium magnum egisse in die natalis sui, nemo invenitur habuisse laetitiam in die natalis filii vel filiae suae; soli peccatores super huiusmodi nativitate laetantur [...]. Sancti vero non solum non agunt festivitatem in die natalis sui, sed et Spiritu sancto repleti exsecrantur hunc diem."

die, wie Jer 20,14ff und Hi 3,3ff eindrucksvoll vor Augen führen, den Tag ihrer Geburt verwünschten.

Hinter der Abwertung des Geburtstags bei Origenes verbirgt sich aber mehr. Wie bereits der Wechsel vom Vergangenheitstempus zur Gegenwart in dem Zitat nahe legt,[2] will Origenes mit seiner Bemerkung über den Geburtstag nicht nur zurückschauend etwas über die biblischen Gestalten, sondern auch etwas für seine Zeit Gültiges sagen. In seinem Kommentar zum Matthäusevangelium erklärt er seine Position an einer Stelle näher. Daraus geht hervor, dass Leibfeindlichkeit der tiefere Grund für seine pessimistische Haltung zum Geburtstag ist: „Einer von unseren Vorgängern hat beobachtet, was in der Genesis über den Geburtstag des Pharao aufgeschrieben ist, und dargelegt, dass nur der schlechte Mensch, der liebt, was mit Zeugung zusammenhängt, Geburtstag feiert. Wir aber haben uns durch jenen Ausleger anregen lassen und gefunden, dass nirgendwo in der Schrift von der Geburtstagsfeier eines Gerechten die Rede ist."[3] Mit dem Hinweis auf den „Vorgänger" nimmt Origenes vermutlich auf den jüdischen Exegeten und Religionsphilosophen Philo von Alexandrien Bezug, bei dem man ein ähnlich negatives Urteil über den Geburtstag findet.[4] Später, im vierten und fünften Jahrhundert, äußern sich auch die christlichen Kirchenväter Ambrosius und Augustinus aus vergleichbaren Gründen kritisch zum Geburtstag. So erklärt Augustinus in einer seiner Predigten als Bischof von Hippo, dass sich der Bischof Cyprian von Karthago an seinem Geburtstag die Erbsünde zugezogen habe, während er an dem Tag seines

---

2 „Nemo [...] invenitur [...] convivium *egisse*" (keinen [...] findet man [...], der [...] ein Gastmahl veranstaltet hätte); „*habuisse* laetitiam" (fröhlich gewesen wäre); „non *agunt*" (sie feiern nicht), „sed [...] *exsecrantur*" (sondern sie verfluchen).
3 Origenes, Commentarii in Matthaeum X,22.
4 Vgl. Philo, Ebr 208f. Dort wird der Geburtstag als Tag der vergänglichen Geburt bezeichnet, die im Gegensatz zum „unvergänglichen Tag des ungewordenen Lichtes" steht: mit dem Geburtstag beginnt das „Sein zum Tod". Zu der Vermutung, dass Origenes an dieser Stelle Philo rezipiert vgl. Stuiber, A.: Art. „Geburtstag", RAC 9 (1976), 217–243 (226f).

Martyriums jegliche Sünde besiegt habe.[5] Wenn zu dieser Zeit schließlich der Todestag von Märtyrern als *dies natalis* (Geburtstag) bezeichnet wird,[6] ist dies symptomatisch für ein tiefes Bedürfnis nach Erlösung aus der irdisch-vergänglichen Welt insgesamt, das in dieser Zeit nicht nur in christlichen Kreisen verbreitet war.[7]

Aber man sehnte sich auch nach einer umfassenden Erneuerung innerhalb des irdischen Lebens. Wie intensiv diese Sehnsucht war, lässt sich unter anderem daran ablesen, dass man in den ersten nachchristlichen Jahrhunderten häufig in einprägsamen Bildern und vielfältigen sprachlichen Wendungen von der Notwendigkeit einer „zweiten", einer „neuen" oder auch einer „geistigen" Geburt sprechen kann, die zu Lebzeiten erfahrbar ist und sich radikal von der physischen Geburt als dem Anfang dieses Lebens unterscheidet. Dieses Phänomen scheint gerade für religiöse Texte aus der römischen Kaiserzeit besonders charakteristisch zu sein. In dem Gedanken der Wiedergeburt spiegelt sich die Suche nach einer persönlichen Heilserfahrung wider, die für das geistige Klima der Zeit um die Zeitenwende bezeichnend war.[8] Auch Origenes deutet in der oben zitierten Passage aus dem Levitikuskommentar an, dass er um eine neue Geburt

---

5 Siehe Augustinus, Sermo 310,1. Zu der Kritik des Ambrosius am Geburtstag siehe etwa Ambrosius, De Virginibus I,25/26.

6 Vgl. Augustinus, Sermo 310,1 über Cyprian von Karthago: „Wann er geboren wurde, wissen wir nicht, aber weil er heute gelitten hat, feiern wir heute seinen Geburtstag" („quando natus sit, ignoramus; et quia hodie passus est, natalem eius hodie celebramus", PL 38, 1413).

7 Daraus kann man jedoch nicht auf eine allgemeine Krisenstimmung schließen. Neben den pessimistischen Aussagen gab es auch positive Äußerungen zum Geburtstag. Im vierten Jahrhundert wachsen zugleich im Westen und im Osten die Zeugnisse dafür, dass in den Gemeinden Geburtstage gefeiert werden, vgl. Markschies, Chr.: Zwischen den Welten wandern. Strukturen des antiken Christentums, Frankfurt a. M. 1997, 76.

8 So sind z. B. die Mysterien, die in der griechisch-römischen Welt dieser Zeit eine wichtige Rolle spielen, eine Form der persönlichen Religion, die auf einer individuellen Entscheidung beruht, vgl. dazu Burkert, W.: Antike Mysterien. Funktionen und Gehalt, München ³1994, 17f.19–34.

weiß, wenn er den Beginn des irdischen Lebens etwas herabsetzend als eine „*solche* Geburt" (*huiusmodi* nativitas) bezeichnet.

Wie verbreitet der Wunsch nach einem solchen Neubeginn innerhalb des irdischen Lebens war, wird daran sichtbar, dass die Wiedergeburt als Heilsvorstellung in Texten der griechisch-römischen, der jüdischen, der frühchristlichen, der hermetischen und der gnostischen Literatur auftaucht.[9] Diese Texte sind von denjenigen zu unterscheiden, welche von einer Wiedergeburt nach dem Tod sprechen. Beispiele einer solchen postmortalen Wiedergeburt finden sich etwa in der Seelenwanderungslehre, die nach den älteren Zeugnissen auf Pythagoras zurückgeführt wird.[10] In diesem Zusammenhang wird mit der Wiedergeburt jedoch nicht immer etwas Heilvolles verbunden. Mit ihr kann auch auf die Frage nach der Gerechtigkeit geantwortet werden, die sich mit dem Tod als dem Abbruch des irdischen Lebens stellt: Wenn die Seele nach dem Tod in das irdische Dasein zurückkehrt und in dem Kreislauf ewiger Geburten mehrfach einen neuen Körper erhält, kann ein Mensch auch noch nach dem Tod für seine Vergehen zur Verantwortung gezogen und gerecht bestraft werden. Die Seele führt ihr Leben entweder in der gleichen oder – als Strafe für ein früheres schlechtes Leben – in wesentlich verminderter Lebensqualität weiter.[11]

---

9 Siehe zum Beispiel Apuleius, Met XI; JosAs 8,9; 15,5.7; bJeb 48b; Pseudo-Philo, De Jona 25f; 46; Philo, Quaest in Ex II,46; Joh 1,12f; 3,1–21; 1Petr 1,3.23; 2,2; Tit 3,5; Jak 1,18; Barn 6,11–16; Justin, Apol I,61.66; Justin, Dial 138,2; Irenäus, Adv Haer II,22.4; Act Thom 132; Corp Herm XIII; Über die Achtheit und die Neunheit (NHC VI,6),62f; Clem Alex, Exc Theod 76–80; EvPhil 67; 74; 81; Exegese über die Seele (NHC II,6),134.

10 Siehe Herodot, Hist II,123. Zur Seelenwanderungslehre siehe etwa auch Platon, Tim 42c; Schol Soph El 62; Plutarch, De Iside 379f–380c; De esu carnium 996c; 998c–f. Vgl. dazu Dey, J.: ΠΑΛΙΓΓΕΝΕΣΙΑ. Ein Beitrag zur Klärung der religionsgeschichtlichen Bedeutung von Tit 3,5, NTA XVII.5, Münster 1937, 13–24.

11 Zum Strafcharakter einer solchen Wiedergeburt vgl. z. B. Plutarch, De sera 566e–568a oder De genio Socratis 591c–f.

Im Unterschied dazu ist den Texten aus der griechisch-römischen, jüdischen, frühchristlichen, hermetischen und gnostischen Literatur der Kaiserzeit, die hier in Auswahl vorgestellt und interpretiert werden sollen, eine doppelte Überzeugung gemeinsam: Zum einen teilen sie die Auffassung, dass die Erneuerung der Menschen schon in diesem Leben Wirklichkeit werden kann, und zum anderen sind sie sich darin einig, dass die neue Geburt Anteil an einem religiösen Heil vermittelt und auf diese Weise ein „echtes Leben" ermöglicht, das man auf dem Weg der ersten, physischen Geburt nicht bekommt. Auf die Fragen, wovon die neue Geburt den Menschen jeweils erlöst und worin das „wahre Leben" besteht, das man dadurch gewinnt, können sie jedoch recht verschiedene Antworten geben.

## 2. Griechisch-römische Literatur

In der griechisch-römischen Literatur der ersten nachchristlichen Jahrhunderte sind es vor allem Texte aus dem Bereich der antiken Mysterien, in denen der Wunsch nach Erneuerung mit dem Motiv der neuen Geburt zum Ausdruck gebracht wird. Den Mysterien liegt jeweils ein Mythos zugrunde, der von dem Schicksal einer Gottheit erzählt: Demeter, Dionysos, Isis und Osiris, Attis, Serapis oder Mithras. Durch die in den einzelnen Riten vermittelte persönliche Beziehung zu der entsprechenden Gottheit wird den Anhängern der Kulte eine Form von „Erlösung" versprochen. Sie kann rein diesseitig ausgerichtet sein und sich etwa auf Rettung aus Seenot bei der Schifffahrt, auf Heilung von Krankheit oder auf die Gabe von Wohlstand und Reichtum beziehen. Zugleich kann sie aber auch über das irdische Leben hinausreichen und eine jenseitige Dimension haben. Nicht allgemein zugänglich, sondern als Geheimkulte nur für einen speziellen Kreis von Eingeweihten bestimmt, stellen die Mysterienreligionen daher ergänzend zu dem öffentlichen Kult ein Angebot für persönliche Bedürfnisse dar. Ihre Blütezeit haben sie vom zweiten bis zum vierten Jahrhundert nach Christus, ihre Ursprünge reichen teilweise aber sehr viel weiter zurück.[12]

Der deutlichste Beleg für das Motiv der Wiedergeburt in den Mysterien entstammt dem elften Buch der Metamorphosen des Apuleius, einem Text über die Isismysterien aus dem zweiten Jahrhundert nach Christus. Thema der Metamorphosen sind die Abenteuer des Romanhelden Lucius, der aus der bürgerlichen Gesellschaft ausbricht und in Folge seiner Neugier, die auch nicht vor magischen Künsten und Zauberei zurückschreckt, in einen Esel verwandelt wird (Met. III,24f). Im elften Buch, dem so genannten Isisbuch, wird berichtet, dass sich der von seinen Irrfahrten gebeutelte Lucius schließlich im Gebet an die Göttin Isis wendet und sie um ihre Hilfe und um Befreiung von seinen Leiden bittet (Met. XI,2). Isis verspricht ihm Rettung aus der Eselshaut, dazu Schutz in seinem gegenwärtigen und zukünftigen Leben, wenn er ihr sein Leben weiht. Zum Dank für seine Rückverwandlung in seine frühere Menschengestalt bei einer wenig später folgenden Isis-Prozession in Korinth lässt er sich anschließend in die Mysterien der Göttin einweihen. Diese Weihe wird nach Auskunft des Isispriesters „nach Art eines freiwilligen Todes und einer auf Bitten hin gewährten Rettung" vermittelt (Met. XI,21). Der Initiand nimmt einen symbolischen Tod in Form einer Unterweltsreise auf sich, nach der er „gleichsam wiedergeboren" (renatus quodam modo) gilt (Met. XI,16.21). Der

---

12 So sind die ersten literarischen Zeugnisse für die Demetermysterien in Eleusis in das siebte Jahrhundert vor Christus zu datieren (Hom.h.Dem. Z.480ff). Der Dionysoskult ist schon in Texten des fünften vorchristlichen Jahrhunderts bezeugt, und aus derselben Zeit weiß man von Einweihungen auf Samothrake, vgl. Zeller, D.: Art. „Mysterienreligionen", TRE 23 (1994), 505–526 (505–508). Zu den antiken Mysterien vgl. außerdem Burkert: Antike Mysterien; Klauck, H.-J.: Die religiöse Umwelt des Urchristentums I. Stadt- und Hausreligion, Mysterienkulte, Volksglaube, Stuttgart/Berlin/Köln 1995, 77–128. An einen größeren Leserkreis gerichtet sind Giebel, M.: Das Geheimnis der Mysterien. Antike Kulte in Griechenland, Rom und Ägypten, München ²1993; Zeller, D.: Christus unter den Göttern. Zum antiken Umfeld des Christusglaubens, Stuttgart 1993.

Tag seiner Einweihung wird als „Mysteriengeburtstag" (natalis sacrorum) bezeichnet und mit einem Fest im Kreise der Isisanhänger gefeiert:

„Ich bin an die Grenze des Todes gekommen, auf die Schwelle der Proserpina getreten,[13] durch alle Elemente gefahren und zurückgekehrt. Um Mitternacht habe ich die Sonne in weißem Licht schimmernd gesehen, habe mich den unteren und den oberen Göttern persönlich genähert und sie aus nächster Nähe angebetet [...]. Es wurde Morgen, und nachdem die feierlichen Handlungen vollzogen waren, trat ich hinaus, durch zwölf Stolen geheiligt [...]. Nachdem ich so wie der Sonnengott geschmückt und wie ein Bild aufgestellt worden war, wurden plötzlich die Vorhänge zurückgezogen, und das Volk strömte hinzu, mich anzusehen. Danach feierte ich den überaus festlichen Mysteriengeburtstag (natalis sacrorum) und es gab ein schmackhaftes Festmahl und ein feines Gelage." (Met. XI,23f)[14]

Dass die Initiation des Mysten in den antiken Mysterien „Geburtstag" genannt werden konnte, kann auch durch einige (wenige) Inschriften belegt werden. Besonders bekannt ist eine Inschrift aus dem zweiten Jahrhundert nach Christus, die in dem Mithräum von St. Prisca in Rom gefunden wurde. In einer Zeile der Inschrift begegnet der Terminus „wiedergeboren werden" (renasci):[15]

---

13 Proserpina (griechisch Persephone), Tochter der Fruchtbarkeitsgöttin Ceres (griechisch Demeter), wurde nach der Erzählung des homerischen Demeterhymnus von Hades geraubt und verbringt seitdem einen Teil des Jahres in der Unterwelt. Im Isiskult konnte sie auch als eine der vielen Erscheinungsformen der Göttin Isis gelten (siehe Apuleius, Met. XI,2).
14 Der lateinische Text findet sich mit einer Übersetzung bei Helm, R.: Apuleius Metamorphosen oder der goldene Esel, Darmstadt [6]1970, 382–385.
15 Dieser Ausschnitt der Inschrift ist abgedruckt und besprochen bei Vermaseren, M. J./van Essen, C. C.: The Excavations in the Mithraeum of the Church of Santa Prisca in Rome, Leiden 1965, 207–210. Zu der Datierung und zu dem Inhalt des Textes vgl. auch Betz, H. D.: The Mithras Inscriptions of Santa Prisca and the New Testament, in: ders., Hellenismus und Urchristentum. Gesammelte Aufsätze Bd. I, Tübingen 1990, 72–91 (= NT 10 [1968], 62–80).

„[...] pi(e) r(e)b(u)s renatum dulcibus atque creatum [...]."   „[...] ihn (oder es), der (oder das) auf fromme Weise wiedergeboren und erschaffen wurde durch süße Dinge [...]."

Die Geburts- und Schöpfungsterminologie bezieht sich hier wohl, wie M. J. Vermaseren vermutet, ähnlich wie in dem Bericht des Apuleius auch auf die Initiation des Mysten in den Mithraskult.[16] Aber nur der Bericht des Apuleius liefert dazu auch einen erzählenden Kontext, der eine klarere Aussage darüber erlaubt, welche Funktion das Motiv vom Geburtstag in diesem Zusammenhang erfüllt. Nach der Bedeutung, die sich Met. XI,21.23f dazu entnehmen lässt, befreit die als „Geburtstag" gefeierte Initiation in die Isismysterien den Mysten vor allem von der Herrschaft des „blinden Schicksals" und dem wilden Leben, das ihn durch die Welt getrieben hatte (Met. XI,15). Das „neue Leben", das er als Folge seiner Bekehrung zu Isis empfängt, erhält seine besondere Qualität dadurch, dass er mit der Weihe eine persönliche Gottesbeziehung zu Isis eingeht. Sie gewährt ihm einen individuellen Schutz, der für sein gegenwärtiges und für sein zukünftiges Leben nach dem Tod gilt (Met. XI,6.5f). Im Alltag führt die Weihe für ihn unter anderem zu einem Gewinn an materieller Sicherheit: Lucius muss sich zwar auf göttliche Anweisung hin noch weiteren kostspieligen Weihen unterziehen (Met. XI,27–30), verdankt Isis aber auch den Aufbau seiner Karriere als Anwalt in Rom und seinen erfolgreichen beruflichen Aufstieg. Der abenteuerlustige Aussteiger wird also durch seine Weihe in die Alltagswelt zurückgeholt und in die „normale" Gesellschaft integriert.

Die Bindung des Mysten an die Göttin ist nicht exklusiv; von einer Absage an andere Kulte ist nicht die Rede. Da Isis etwa auch als Minerva, Diana, Proserpina, Ceres oder Iuno

---

16 Vgl. Vermaseren/van Essen: Excavations, 208f. Außer dieser Inschrift verweisen auch einige Taurobolieninschriften auf den Geburtstag, siehe z. B. CIL VI, Nr. 510. Zur Diskussion darüber vgl. Burkert: Antike Mysterien, 83–86 und Dey: ΠΑΛΙΓΓΕΝΕΣΙΑ, 65–86, zur Isisweihe bei Apuleius 86–100.

verehrt wird (Met. XI,2), ist eine solche Abgrenzung auch nicht notwendig. Neben dem religiösen Aspekt, dass Isis den Mysten vom „blinden Schicksal" befreit und ihm ein neues Leben unter ihrer Obhut schenkt, enthält der Wiedergeburtsgedanke in Met. XI auch eine ethische Komponente, da der Initiand mit der Weihe Abschied von seinem früheren Lebenswandel nimmt.

Im Unterschied zu Origenes bewertet Apuleius den „gewöhnlichen" Geburtstag, mit dem das irdische Leben beginnt, nicht negativ. Das neue Leben, das man durch den Eintritt in die Gemeinschaft der Isismysten in dieser Welt erhält, ist nicht grundsätzlich anderer Art; die Erneuerungsbedürftigkeit bezieht sich nicht primär auf das vergänglich-körperliche Leben, sondern nur auf bestimmte religiöse und moralische Aspekte dieses Lebens, die als defizitär empfunden werden.

## 3. „Joseph und Aseneth"

In die Nähe der Mysterien wurde in der Forschungsgeschichte oft auch eine Schrift aus dem Bereich der jüdischen Literatur gerückt, in der das Wiedergeburtsmotiv ähnlich wie bei Apuleius auch im Zusammenhang einer Initiation eine zentrale Rolle spielt. Es handelt sich dabei um den Roman „Joseph und Aseneth". Er ist zwischen dem zweiten vorchristlichen und dem zweiten nachchristlichen Jahrhundert in der jüdischen Diaspora in Ägypten entstanden und gibt eine Antwort auf die Frage, wie Joseph die Tochter eines ägyptischen Priesters heiraten konnte (Gen 41,45.50; 46,20).[17] Der Gedanke der Wiedergeburt wird hier auf die

---

17 Der griechische Text ist abgedruckt in Burchard, Chr. (Hg.): Joseph und Aseneth, kritisch herausgegeben mit Unterstützung von C. Burfeind und U. B. Fink, PVTG 5, Leiden/Boston 2003. Eine Übersetzung mit Kommentar bietet Burchard, Chr.: Joseph und Aseneth, JSHRZ 2,4, Gütersloh 1983. Zu der Frage nach dem Verhältnis des Romans zu den Mysterien siehe Sänger, D.: Antikes Judentum und die Mysterien, Religionsgeschichtliche Untersuchungen zu Joseph und Aseneth, WUNT II/5, Tübingen 1980.

ägyptische Priestertochter Aseneth angewandt, die sich vor ihrer Hochzeit mit Joseph zu dem jüdischen Glauben bekehrt. Dazu bedarf es ihrer radikalen Abkehr von der früheren Religion und Lebensweise, die sich eindrücklich darin manifestiert, dass Aseneth sich von allem, was ihre bisherige Identität konstituierte, trennt: von ihren Göttern, ihrer Speise, ihrer Kleidung, ihrer Verwandtschaft und ihrem Namen. Dass dieser Zustand vor der Aufnahme in das Gottesvolk in JosAs mit dem „Totsein" gleichgesetzt wird, zeigt die sich anschließende Selbsterniedrigung der Aseneth. Sie umgürtet sich mit dem Sack, streut sich Asche auf das Haupt und isst und trinkt sieben Tage lang nichts (JosAs 10,14–17). In dieser Übergangssituation wird ihr als einer „Toten" durch den Engel Gottes ihre Erneuerung verheißen:

„Siehe, von heute an wirst Du erneuert (ἀνακαινίζω) und neu gebildet (ἀναπλάσσω) und wieder lebendiggemacht werden (ἀναζωοποιέω), und du wirst gesegnetes Lebensbrot essen, vom gesegneten Becher der Unsterblichkeit trinken und mit gesegneter Salbe der Unvergänglichkeit gesalbt werden [...]. Und dein Name wird nicht mehr ‚Aseneth' lauten, sondern ‚Stadt der Zuflucht', weil in dir viele Völker Zuflucht nehmen werden zu dem Herrn, dem höchsten Gott [...]." (JosAs 15,5.7)[18]

Die Erneuerungsmetaphorik bezieht sich in JosAs auf die Eingliederung der Aseneth in das jüdische Volk und unterstreicht die Bedeutung ihrer Aufnahme (JosAs 8,9). Von einer allgemeinen Notwendigkeit einer neuen Geburt als Voraussetzung für das Heil kann in JosAs nicht die Rede sein. Ausschließlich Heiden bedürfen der Erneuerung, die ihnen den Zugang zu dem gegenwärtigen und dem zukünftigen Heil vermittelt, den Juden bereits durch ihre (irdische) Geburt haben.

Auf die Bekehrung des Heiden zum Judentum kann das Neugeburtsmotiv auch in rabbinischen Texten bezogen werden. In bJeb 48b wird festgestellt, dass ein Proselyt, der gerade Proselyt geworden ist, einem Kind gleicht, das eben geboren wurde. Der Neugeburtsgedanke wird in dem rabbinischen Text aber anders verwendet als in

---

18 Vgl. auch JosAs 8,9.

JosAs. Das Bild von der Neugeburt wird in bJeb 48b nicht auf die Beschneidung oder das darauf folgende Tauchbad angewandt, sondern dient ausdrücklich nur als Vergleich für die neue Situation des Proselyten: Es unterstreicht, dass die Existenz vor seiner Konversion keinerlei Rolle für seine jetzige religiöse und rechtliche Stellung in der jüdischen Gemeinschaft spielt.[19]

Mit dem Neugeburtsgedanken verbindet sich in JosAs daher auch keine Abwertung des Geburtstags als des Anfangs irdisch-körperlichen Lebens. Der Körper wird in JosAs nicht als etwas angesehen, das man überwinden muss. Er gilt sogar als Offenbarungsmedium, wenn sich in dem strahlend aussehenden Joseph und in der später zu unvergänglicher Schönheit und Jugend erneuerten Aseneth die Anziehungskraft des Gottesvolkes widerspiegelt, das sich aus gebürtigen Juden und Proselyten zusammensetzt.[20] Nur die heidnische Existenz wird mit dem „Totsein" gleichgesetzt. JosAs lässt sich keine Distanz zum irdischen Leben als solchem entnehmen. Die Notwendigkeit einer radikalen Erneuerung bezieht sich lediglich auf diejenigen, die außerhalb der Gemeinschaft des Gottesvolkes und ohne den jüdischen Gottesglauben leben.

## 4. Philo von Alexandrien

Ganz anders als in JosAs wird das Wiedergeburtsmotiv in einem weiteren Text aus dem Bereich der jüdischen Literatur verwendet, der von dem Religionsphilosophen Philo stammt, der im ersten Jahrhundert nach Christus in Alexandrien in Ägypten wirkte. Die Besonderheit der philonischen Vorstellung von der „zweiten Geburt" erklärt sich aus dem Charakter der Religionsphilosophie Philos, in der jüdische Bibelexegese und platonische Philosophie zu einer Synthese

---

19 Vgl. dazu Sjöberg, E.: Wiedergeburt und Neuschöpfung im palästinischen Judentum, Studia Theologica Lundensia 4, 1950, 44–85.
20 Zu der sprichwörtlichen Schönheit Josephs siehe JosAs 5,5f; 6,2–4 (vgl. Gen 39,6; TestSim 5,1). Zu der Schönheit Aseneths vgl. JosAs 18,9–11. Zu ihrer Ausstrahlung und missionarischen Anziehungskraft siehe JosAs 20,6–8.

zusammengeführt werden. Dabei bedient sich Philo der Methode der allegorischen Schriftauslegung, mit deren Hilfe er die tiefere philosophische und geistliche Wahrheit der biblischen Texte zu erfassen sucht.[21]

Die philonische Konzeption von der „zweiten Geburt" des Mose bei dessen Aufstieg auf den Sinai lebt von dem Kontrast zu der irdischen Geburt, für welche die Abstammung von „vergänglichen Eltern" charakteristisch ist. Ihr steht eine zweite Geburt gegenüber, durch die der Neugewordene keine (irdische) Mutter, sondern lediglich Gott als Vater hat. In seiner englischen Übersetzung des nur armenisch erhaltenen Textes von Philos Kommentar zum Buch Exodus gibt R. Marcus die entscheidende Passage aus Quaest in Ex II,46 folgendermaßen wieder:

„[...] But the calling above of the prophet is a second birth better than the first. For the latter is mixed with a body and had corruptible parents, while the former is an unmixed and simple soul of the sovereign, being changed from a productive to an unproductive form, which has no mother but only a father, who is (the Father) of all. Wherefore the calling above or, as we have said, the divine birth happened to come about for him in accordance with the ever-virginal nature of the hebdomad. For he is called on the seventh day, in this (respect) differing from the earth-born first moulded man, for the latter came into being from the earth and with a body, while the former (came) from the ether and without a body. Wherefore the most appropriate number, six, was assigned to the earth-born man, while to the one differently born (was assigned) the higher nature of the hebdomad."[22]

Ausgangspunkt für Philos originelles Konzept der „zweiten Geburt"[23] ist die Bemerkung in Ex 24,16b, dass Mose am siebten Tag zum Aufstieg auf den Sinai berufen wird. Die

---

21 Vgl. dazu z. B. die Einführung in Philos Leben, Denken und Werk von Runia, D. T.: Philon von Alexandrien, in: F. Ricken (Hg.), Philosophen der Antike II, Stuttgart 1996, 128–145 (134f).
22 Marcus, R.: Philo, Supplement II. Questions and Answers on Exodus. Translated from the Ancient Armenian Version of the Original Greek, LCL, London/Cambridge, Mass. 1970, 91f.
23 In den griechischen Fragmenten von dem sonst nur armenisch erhaltenen Werk ist von „δευτέρα γένεσις" die Rede, vgl. Marcus: Philo, 91.

Zahl sieben hat für Philo eine besondere Bedeutung: Da sie weder teilbar ist noch durch Multiplikation eine Zahl von eins bis zehn hervorbringt, beschreibt er sie als „jungfräulich".[24] Wenn Mose bei seinem Aufstieg am siebten Tag eine „zweite Geburt" erfährt, bedeutet dies daher nach der allegorischen Bibelauslegung Philos, dass Mose von seinem Körper befreit zum reinen „*Nous*" (dem ungemischten, einfachen, herrschenden Seelenteil) wird und in ein ‚nicht hervorbringendes' Wesen verwandelt wird. Während der erste Mensch, Adam, der am sechsten Tag erschaffen wurde, aus Erde besteht und einen Körper besitzt, stammt der (am siebten Tag) aus Gott Geborene vom Himmel und ist unkörperlich. Die philonische zweite Geburt befreit daher aus dem Kreislauf von Werden und Vergehen. Diese Distanzierung vom Irdischen ist für Philo notwendige Voraussetzung für den Kontakt mit der göttlichen Sphäre, das heißt auch für den Offenbarungsempfang. Anders als zum Beispiel in dem jüdischen Roman „Joseph und Aseneth" ist es hier also die physisch-körperliche Existenz des Propheten, die durch die zweite Geburt überwunden wird. Ähnlich wie für Origenes hat deshalb auch für Philo der „Geburtstag" als der Beginn irdisch-vergänglichen Lebens keine positive Bedeutung.[25]

## 5. Frühes Christentum

Im Neuen Testament begegnet das Thema der Wiedergeburt im engeren Sinn in Joh 1,12f; 3,3–8, in 1Petr 1,3.23; 2,2 und in Tit 3,5. In Mt 19,28 erscheint zwar sogar ausdrücklich der Begriff παλιγγενεσία (Wiedergeburt), dabei handelt es sich aber um eine ganz andere Vorstellung als in den genannten Passagen aus dem Johannesevangelium, dem ersten Petrusbrief und dem Titusbrief. In Mt 19,28 ist an ein kosmisches Geschehen, die zukünftige Erneuerung der Welt, gedacht. Dort wird an ein Konzept angeknüpft, das aus der

---

24 „Ever-virginal nature of the hebdomad" (immer-jungfräuliches Wesen der Zahl sieben). Vgl. dazu auch Philo, LegAll I,15; VitMos II,210 u. a.
25 Vgl. z. B. Philo, Ebr 208f.

Stoa stammt und etwa bei Cicero und bei Philo belegt ist: die Lehre von einer periodischen Erneuerung der Welt nach deren Untergang im großen Weltenbrand (ἐκπύρωσις).[26] In Joh 1,12f; 3,3–8, in 1Petr 1,3.23; 2,2 und in Tit 3,5 wird das Wiedergeburtsmotiv im Unterschied dazu nicht im kosmischen Sinn verwendet, sondern soteriologisch auf den Menschen bezogen. Während der mit der Wiedergeburt verwandte, aus dem Alten Testament und frühjüdischen Texten bekannte Gedanke der neuen Schöpfung[27] auch in den frühesten Schriften des Neuen Testaments, den Paulusbriefen, erscheint,[28] konzentrieren sich die neutestamentlichen Belege zur Wiedergeburt auf die späten Schriften.

Im dritten Kapitel des Johannesevangeliums findet sich der ausführlichste Text zu der Wiedergeburtsthematik im Neuen Testament. Nachdem das Thema bereits im Prolog in Joh 1,12f angeklungen war, wird es nun in Joh 3,1–21 noch einmal in einem erzählenden Zusammenhang breiter entfaltet. Im Folgenden soll exemplarisch kurz auf diesen Text eingegangen werden.[29] Dabei beschränken wir uns hier auf die expliziten Aussagen zur Wiedergeburt im ersten Teil des Textes, der die Notwendigkeit einer „Geburt von oben" für das Heil thematisiert (Joh 3,1–8).

---

26 Siehe Cicero, Nat Deor II,118; Philo, AetMund 8. Vgl. dazu Dey: ΠΑΛΙΓΓΕΝΕΣΙΑ, 6–13.
27 Zu der endzeitlichen Erneuerung der Schöpfung durch Gott im Alten Testament siehe z. B. Jes 65,17; vgl. 66,22; 43,18f, in der nichtkanonischen jüdischen Literatur (ca. zweites vorchristliches bis zweites nachchristliches Jahrhundert) vgl. z. B. Jub 1,29; 4,26; syrBar 32,6; 44,12; 57,2; LibAnt 16,3; 4Esr 7,75. Auf den Menschen bezogen wird das Motiv etwa in 1QS 4,22f.25. Zu der Neuschöpfung des Menschen als gegenwärtiges Geschehen siehe 1QH XI,19–23 (alte Zählung: 1QH 3,19ff); 1QH XIX,13f (alte Zählung: 1QH 11,13f).
28 2Kor 5,17; Gal 6,15.
29 Zu der Diskussion über Joh 3 in der neueren Forschung siehe neben den entsprechenden Kommentaren z. B. Frey, J.: Die johanneische Eschatologie Bd. 3. Die eschatologische Verkündigung in den johanneischen Texten, WUNT 117, Tübingen 2000, 242–321; Popp, T.: Grammatik des Geistes. Literarische Kunst und theologische Konzeption in Johannes 3 und 6, Arbeiten zur Bibel und ihrer Geschichte 3, Leipzig 2001.

¹Es war aber ein Mann aus dem Kreise der Pharisäer, Nikodemus hieß er, ein Ratsherr der Juden. ²Dieser kam nachts zu ihm und sprach zu ihm: „Rabbi, wir wissen, dass du als Lehrer von Gott gekommen bist. Denn keiner kann diese Wunder tun, die du tust, wenn nicht Gott mit ihm ist." ³Jesus erwiderte und sagte zu ihm: „Amen, amen, ich sage dir: Wenn einer nicht von oben geboren wird (ἐὰν μὴ γεννηθῇ ἄνωθεν), kann er nicht das Reich Gottes sehen." ⁴Da spricht Nikodemus zu ihm: „Wie kann ein Mensch geboren werden, wenn er alt ist? Er kann doch kein zweites Mal in den Schoß seiner Mutter gelangen und geboren werden?" ⁵Jesus antwortete: „Amen, amen, ich sage dir, wenn einer nicht aus Wasser und Geist geboren wird (ἐὰν μὴ τις γεννηθῇ ἐξ ὕδατος καὶ πνεύματος), kann er nicht in das Reich Gottes hineinkommen. ⁶Was aus dem Fleisch geboren ist, ist Fleisch, was aus dem Geist geboren ist, ist Geist. ⁷Staune nicht, dass ich dir sagte: Ihr müsst von oben geboren werden (δεῖ ὑμᾶς γεννηθῆναι ἄνωθεν). ⁸Der Geist weht, wo er will, und du hörst seine Stimme, aber du weißt nicht, woher er kommt und wohin er geht. So verhält es sich mit jedem, der aus dem Geist geboren ist."

Das Wiedergeburtsmotiv erscheint in Joh 3 in einer für das Johannesevangelium typischen Szene. Es handelt sich dabei um eine jener im vierten Evangelium häufig geschilderten, einprägsamen Begegnungen einzelner Personen mit Jesus, die in eine monologartige Offenbarungsrede Jesu münden.[30] Charakteristisch für das Johannesevangelium ist auch die Art, in welcher der Wortwechsel zwischen den beiden Gesprächspartnern dargestellt wird: Nikodemus und Jesus scheinen miteinander zu reden, ohne einander zu verstehen. Nikodemus, ein Pharisäer und Mitglied des Synhedriums, des „Hohen Rates",[31] signalisiert durch seine den Dialog einleitenden, bewundernden Worte, dass er zu den Sympathisanten gehört, die Jesus freundlich gegenüberstehen. Er hält Jesus für einen von Gott gesandten und bevollmächtigten Propheten, Wundertäter und Lehrer.[32] Jesus

---

30 Vgl. z. B. auch Joh 4,1–42; 5,1–47. In Joh 3 wird die Offenbarungsrede Jesu durch die Frage des Nikodemus nach der Möglichkeit der „Geburt von oben" in Joh 3,9 eingeleitet und reicht von Joh 3,10 bis Joh 3,21.
31 Zu ἄρχων als Ratsherr siehe Joh 7,26.48; 12,42; vgl. Bultmann, R.: Das Evangelium nach Johannes, KEK 2, Göttingen ²¹1986, 94 Anm. 3.
32 Die nähere Charakterisierung Jesu durch Nikodemus als eines „von

reagiert darauf in überraschender und befremdlicher Weise. Die markante Einleitung seiner Erwiderung mit „amen, amen, ich sage dir" kennzeichnet seine Antwort als prophetisches Wort, hinter dem die Vollmacht Gottes steht. Sie zeigt dem Leser, dass dieser Wortwechsel kein Gespräch „von gleich zu gleich" ist und Jesus auf einer ganz anderen Ebene als sein Gesprächspartner redet. Mit seiner Entgegnung, dass man „von oben geboren" werden muss, um das Reich Gottes zu sehen, scheint Jesus nicht auf Nikodemus einzugehen, sondern ein anderes Thema zu erörtern, die Frage, wie man Anteil am eschatologischen Heil gewinnt.

Das Gewicht, das der Gedanke der Notwendigkeit einer „Geburt von oben" im Textzusammenhang hat, lässt sich daran ablesen, dass er in der kurzen Passage Joh 3,3–8 nicht weniger als dreimal wiederholt wird (Joh 3,3.5.7). Bei seiner Interpretation ist vor allem auf Besonderheiten zu achten wie die eigentümliche Formulierung „von oben geboren werden" in Joh 3,3 und 3,7 (γεννηθῆναι ἄνωθεν), den pointierten Gegensatz der „Geburt von oben" zur irdischen Geburt, die Parallelisierung von γεννηθῆναι ἄνωθεν mit einer „Geburt aus Wasser und Geist" und die Einbettung der Äußerungen des johanneischen Jesus in den skizzierten Kontext des Nikodemusgesprächs.

Die auffallende Wendung γεννηθῆναι ἄνωθεν ist doppeldeutig. Umstritten ist, ob dabei an eine Geburt „von oben her" oder an eine Neugeburt gedacht ist. Das griechische Adverb ἄνωθεν kann sowohl die Bedeutung „von oben her" als auch „von neuem" haben.[33] Der johanneische Sprachge-

---

Gott gekommenen Lehrers", von dem gesagt werden kann, dass „Gott mit ihm ist", klingt an alttestamentlich-jüdische Aussagen über Propheten an, siehe z. B. Ex 3,12; Jos 1,5. Vgl. dazu Hofius, O.: Das Wunder der Wiedergeburt. Jesu Gespräch mit Nikodemus Joh 3,1–21, in: O. Hofius/H.-C. Kammler, Johannesstudien. Untersuchungen zur Theologie des vierten Evangeliums, WUNT 88, Tübingen 1996, 33–80 (37f).

33 Vgl. Liddell, H. G./Scott, R.: A Greek-English Lexicon, Revised and augmented throughout by H. S. Jones etc., Oxford 1996, s.v. ἄνωθεν, 169. Zu dem lokalen Verständnis von ἄνωθεν siehe z. B. Jak 1,17; 3,15; Philo, Her 64; 184. Die dritte Bedeutung „von Anfang an" kommt für ἄνωθεν in Joh 3,3.5.7 nicht in Frage.

brauch legt die Wiedergabe von ἄνωθεν mit „von oben her" nahe.[34] Dass diese Geburt „von oben" aber auch als eine „neue" Geburt bezeichnet werden kann, verdeutlicht der kritische Einwand des Nikodemus in Joh 3,4: Die Bemerkung, dass ein Mensch, der auf sein Leben zurückblickt, kein zweites Mal in den Mutterleib eingehen und geboren werden kann, setzt voraus, dass γεννηθῆναι ἄνωθεν als „von neuem" geboren werden verstanden werden kann. Auch wird den Lesern im Zusammenhang mit der skeptischen Reaktion des Nikodemus zu verstehen gegeben, dass γεννηθῆναι ἄνωθεν etwas vollkommen anderes ist als die physische Geburt, und mindestens in diesem Sinne als eine „neue" Geburt anzusehen ist.[35] Dieser Kontrast zur irdischen Geburt ist für den Gedanken von der neuen Geburt in Joh 3,1–8 konstitutiv. Daraus lässt sich nun allerdings nicht die Schlussfolgerung ziehen, dass Johannes das irdische Leben gering schätzt. Seine Grenzen werden aber deutlich hervorgehoben, wenn in Joh 3,6 festgestellt wird, dass das „aus dem Fleisch Geborene Fleisch ist". Denn mit dem Begriff „Fleisch" wird hier – wie auch in Joh 6,63 – die irdisch-vergängliche Seinsweise der Menschen umschrieben, die letztlich zum Tod führt. Aus johanneischer Sicht stellt die irdische Geburt keine Voraussetzung dafür dar, Anteil am eschatologischen Heil zu bekommen. Den Zugang dazu vermittelt die „Geburt von oben" in der Taufe. Dass die Taufe der Ort ist, wo sich dieses entscheidende Ereignis vollzieht, wird mit der Wendung

---

34 Vgl. Joh 3,31; 19,11.23. Das Verständnis von ἄνωθεν als „von oben her" wurde schon in der Alten Kirche etwa von Kyrill von Alexandrien vertreten, vgl. Bauer, W.: Das Johannesevangelium, HNT 6, Tübingen ³1933, 51. In neuerer Zeit z. B. Schnackenburg, R.: Das Johannesevangelium 1. Teil, HThKNT IV/1, Freiburg/Basel/Wien ⁶1986, 381; Brown, R.: The Gospel according to John (i–xii), Vol. 1, AncB 29A, London 1966, repr. 1988, 130.
35 Der frühchristliche Apologet und Philosoph Justin versteht γεννηθῆναι ἄνωθεν in Joh 3,3.5 als „Neugeburt" (Justin, Apol I,61,4f). Wie Justin gibt z. B. auch Clemens von Alexandrien die johanneische Geburtsvorstellung in Joh 3,3.5 mit ἀναγεννᾶσθαι („von neuem geboren werden") wieder (Clem Alex, Protr IX,82). In neuerer Zeit verstehen z. B. Bultmann: Johannes, 95 Anm. 2 und Hofius: Wunder, 42f ἄνωθεν in diesem Sinne und übersetzen es mit „von neuem".

„aus Wasser und Geist" in Joh 3,5, die Johannes synonym mit γεννηθῆναι ἄνωθεν verwendet, deutlich gemacht.[36] Der Grund dafür, dass die „Geburt aus Wasser und Geist" ewiges Leben vermittelt, liegt darin, dass sie vom Geist Gottes gewirkt wird (Joh 3,6.8). Dieser ist im Johannesevangelium Gottes schöpferische Lebenskraft und kann im Gegensatz zum Fleisch lebendig machen (Joh 6,63).

Was aber ist die tiefere Bedeutung der „neuen Geburt" in der Taufe? Aufschlussreich ist dafür der Kontext, in dem Johannes die Notwendigkeit der neuen Geburt thematisiert. Neben der in Joh 3,1f geschilderten Situation des Nikodemus und seiner Bemerkung zur Person Jesu, auf welche Jesus mit der Rede über die neue Geburt reagiert, spielt hier Joh 3,15f eine besondere Rolle. Wie in Joh 3,3.5 werden in diesen beiden Versen die Voraussetzungen für die Partizipation am eschatologischen Heil genannt.[37] Im Unterschied zu Joh 3,3.5 ist es in Joh 3,15f aber nicht die Geburt aus Wasser und Geist, sondern der *Glaube* an Jesus, der das ewige Leben vermittelt:

[14]Und wie Mose die Schlange in der Wüste erhöhte, so muss der Menschensohn erhöht werden, [15]damit jeder, der *glaubt*, in ihm ewiges Leben hat. [16]Denn so hat Gott die Welt geliebt, dass er seinen einziggeborenen Sohn gab, damit jeder, der *an ihn glaubt*, nicht verloren geht, sondern das ewige Leben hat.

Wie die „Geburt von oben" in Joh 3,3.5 ist in Joh 3,15f der „Glaube" Voraussetzung für das „ewige Leben". Die Parallelität zwischen der „Geburt von oben" bzw. der „Geburt aus Wasser und Geist" in Joh 3,3.5 und dem „Glauben" in Joh 3,15f ist ein wichtiger Hinweis für das Verständnis des Motivs von der neuen Geburt in Joh 3: Es bringt zum Ausdruck, dass Menschen zum Glauben an Jesus Christus kom-

---

36 Zum Wiedergeburtsmotiv im Kontext der Taufe vgl. z. B. Tit 3,5; Justin, Apol I,61; 66,1; Clem Alex, Exc Theod 76–80.
37 In Joh 3,3.5 wird der sonst im Johannesevangelium nicht belegte Begriff „Reich Gottes" (βασιλεία τοῦ θεοῦ) als Bezeichnung für das eschatologische Heil verwendet. Der übliche johanneische Ausdruck dafür ist „ewiges Leben" (siehe z. B. Joh 3,15f).

men.[38] Nach johanneischem Verständnis heißt dies, in Jesus den aus dem Himmel stammenden Sohn Gottes zu erkennen, dessen Kreuzestod und österliche Erhöhung ewiges Leben für die Glaubenden wirkt und in dessen Sendung sich die Liebe Gottes zu der Welt verwirklicht (Joh 3,13–17). Ein solches Verständnis der Person und des Wesens Jesu unterscheidet sich diametral von der Erkenntnis, zu der Nikodemus nach Auskunft von Joh 3,2 in der Lage ist. Mit seinem Versuch, Jesus mit menschlichen Maßstäben zu messen und ihn als Propheten, Wundertäter und begabten Lehrer zu fassen, verkennt Nikodemus Person und Wesen Jesu grundsätzlich. Aus johanneischer Perspektive kann nur im Glauben an Jesus zutreffend erkannt und bekannt werden, wer Jesus ist.

Durch die Verwendung der Metapher von der neuen Geburt wird das Zum-Glauben-Kommen in Joh 3 in einer ganz spezifischen Weise qualifiziert: Wie durch die Geburt gewinnt derjenige, der zum Glauben kommt, Leben; nicht irdisch-vergängliches, sondern ewiges Leben. Wie das Geborenwerden ist das Zum-Glauben-Kommen ein Ereignis, das einem Menschen ohne eigenes Zutun widerfährt, also unverfügbar ist. Durch den Gegensatz der „Geburt von oben" zur natürlichen Geburt wird zugleich zum Ausdruck gebracht, dass im Glauben das Potenzial zu fundamentaler Veränderung steckt. Wenn der johanneische Jesus von der Notwendigkeit einer neuen Geburt spricht, ist dies ungleich radikaler als ein bloßer Vergleich wie der in Mk 10,15 oder Mt 18,3, nach dem es gilt, „wie die Kinder zu werden", um das Heil zu gewinnen. Mit dem Bild von der neuen Geburt in Joh 3 wird behauptet, dass, wer glaubt, einen neuen Ursprung erhält.

Dass das Zum-Glauben-Kommen nicht vom Menschen herbeigeführt werden kann, sondern unverfügbar ist, wird in Joh 3 anschaulich vor Augen geführt. Am Beispiel des Nikodemus wird den Lesern des vierten Evangeliums eindrucksvoll demonstriert, dass dessen Versuch, Jesus mit den ihm zur Verfügung stehenden Mitteln menschlicher Er-

---

38 Vgl. dazu Hofius: Wunder, 75.

kenntnis zu verstehen, aus johanneischer Sicht zum Scheitern verurteilt ist. Nikodemus *kann* nicht verstehen, wer Jesus ist. Die Erkenntnis, dass Jesus der aus dem Himmel stammende und in ihn zurückkehrende Sohn Gottes ist, der den Glaubenden ewiges Leben vermittelt, ist eine Einsicht, die erst nach Ostern und nur durch die Gabe des göttlichen Geistes möglich ist.[39] Nikodemus bewegt sich in der Darstellung von Joh 3 aber lediglich auf der Ebene vorösterlicher Erkenntnis. Er hat den Geist Gottes nicht empfangen und gehört nicht zu den „von oben geborenen" Glaubenden. Dies wird nicht nur dadurch zum Ausdruck gebracht, dass er in dem kurzen Wortwechsel als der nicht Verstehende gezeichnet wird, sondern auch dadurch, dass seine Gesprächsbeiträge immer kürzer werden, bis er schließlich ganz in den Hintergrund tritt und der Dialog in einen Monolog Jesu übergeht, der den Charakter einer nur für die Glaubenden einsehbaren Offenbarungsrede hat (Joh 3,10–21). Das vergebliche Bemühen des Nikodemus, Jesus aus der Perspektive und in den Kategorien des menschlich Erfahr- und Begreifbaren zu fassen, und die Rede Jesu über die Notwendigkeit der neuen Geburt stehen daher in Joh 3 nur scheinbar nebeneinander. Beides ist in Wirklichkeit planvoll aufeinander bezogen. Die Notwendigkeit und das Besondere der Erkenntnis des Glaubens wird am Beispiel dessen eingeschärft, der Jesus zwar positiv gegenübersteht, jedoch (noch) nicht glaubt.

## 6. *Hermetik und Gnosis*

Das Corpus Hermeticum ist eine Sammlung religiös-philosophischer, in griechischer Sprache abgefasster Schriften, die nach dem heutigen Forschungsstand vermutlich vom späten ersten bis zum späten dritten nachchristlichen Jahrhundert in Ägypten, möglicherweise in Alexandria entstan-

---

39 Eine der wesentlichen Funktionen, die der Geist im Johannesevangelium erfüllt, besteht darin, dass er zu einer Erkenntnis Jesu befähigt, die vor Ostern nicht möglich war (Joh 14,25f; 15,26f).

den sind.[40] Seinen Namen trägt es nach dem Gott Hermes, der auserwählten Schülern geheime Offenbarungen mitteilt, in diesem Fall wie auch sonst häufig, dem ägyptischen Gott Tat. Das Thema des dreizehnten Traktats ist die Wiedergeburt, von der gleich zu Beginn des Traktats programmatisch betont wird, dass keiner ohne sie gerettet werden kann.[41] Am Beispiel der „geistigen Geburt" Tats, durch die Tat vom Menschen zum Gott wird, wird sie dann innerhalb des Offenbarungsdialogs durch- und vorgeführt. Aus der Sicht einiger Forscher der neueren Zeit spiegeln sich in der Schilderung der geistigen Geburt Tats Elemente einer religiösen Handlung wider, die vermutlich in hermetischen Gemeinschaften vollzogen wurde.[42] Möglicherweise bezieht sich Corp Herm XIII auf eine in hermetischen Kreisen vollzogene Weihe.[43]

---

40 Die maßgebliche Ausgabe des griechischen Textes mit französischer Übersetzung ist Nock, A. D./Festugière, A.-J.: Corpus Hermeticum, Bd. 1–4, CUFr, Paris 1972–1978. Seit einigen Jahren liegt auch eine deutsche Übersetzung mit Einleitungen in die einzelnen Traktate und einer ausführlichen Kommentierung vor: Colpe, C./Holzhausen, J. (Hg.): Das Corpus Hermeticum Deutsch, Teil 1. Die griechischen Traktate und der lateinische ‚Asklepius', übersetzt und eingeleitet von J. Holzhausen, Clavis Pansophiae Bd. 7,1, Stuttgart/Bad Cannstatt 1997. Zur Datierung und Lokalisierung vgl. Löhr, G.: Verherrlichung Gottes durch Philosophie. Der hermetische Traktat II im Rahmen der antiken Philosophie- und Religionsgeschichte, WUNT 97, Tübingen 1997, 275–285.
41 Corp Herm XIII,1. Neben der Bezeichnung παλιγγενεσία, „Wiedergeburt" (vgl. die Überschrift des Traktats und Corp Herm XIII,1.4.7.10 etc.), verwendet der Verfasser des Traktats eine Reihe weiterer Ausdrücke und Wendungen, mit deren Hilfe er die „geistige Geburt" umschreibt: γεννηθῆναι ἐν νῷ (Corp Herm XIII,3), ἡ ἐν θεῷ γένεσις (Corp Herm XIII,6), ἡ γένεσις τῆς θεότητος (Corp Herm XIII,7), ἡ νοερὰ γένεσις, ἡ κατὰ θεὸν γένεσις (Corp Herm XIII,10) oder ἡ οὐσιώδης γένεσις (Corp Herm XIII,14).
42 Vgl. z. B. Fowden, G.: The Egyptian Hermes. A Historical Approach to the Late Pagan Mind, Cambridge 1987, 149f; Löhr: Verherrlichung, 285–291. Anders Tröger, K.-W.: Mysterienglaube und Gnosis in Corpus Hermeticum XIII, Berlin 1971, 21.35.50.82, der Corp Herm XIII im Anschluss an R. Reitzenstein als „Lese-Mysterium" bezeichnet, den Traktat also als ein rein *literarisches* Mysterium ansieht.
43 Vgl. z. B. Mahé, J.-P.: Hermès en Haute-Égypte. Tome II, BCNH 7, Québec 1982, 442–444.

Ähnlich wie in Philo, Quaest in Ex II,46 bedeutet Wiedergeburt in Corp Herm XIII, den irdischen Körper zu verlassen, sich von den Sinneswahrnehmungen und der Welt mit ihrem „Trug" abzuwenden und in eine unsterbliche Existenzweise einzugehen. In Corp Herm XIII gelangt Tat durch die Wiedergeburt aber nicht zu einer wirklich neuen Form der Existenz. Grund dafür ist die dualistisch geprägte Anthropologie, die Corp Herm XIII zugrunde liegt. Nach ihr ist der Mensch ein ursprünglich göttliches Wesen, dessen Bestimmung darin besteht, aus dem ihn versklavenden irdischen Körper befreit zu werden. Nachdem er die Sinneswahrnehmungen ausgeschaltet und sich von den negativ bewerteten körperlichen Kräften distanziert hat, die sein eigentliches Ich beherrschen und dessen Entfaltung verhindern,[44] können die göttlichen Kräfte in ihn einziehen und in ihm das unsterbliche Ich schaffen. Der Wiedergeborene erkennt sein wahres Ich, das jetzt aus den göttlichen Kräften besteht und die göttlichen Eigenschaften der Unbewegtheit, der Allgegenwart und der vollkommenen Tugend besitzt,[45] und ist voller Freude (Corp Herm XIII,10). Er wird als ein Gott und Gottes Kind bezeichnet.[46] Das „Ergebnis" der Wiedergeburt wird in Corp Herm XIII,3.11.13 in Form von Selbstaussagen Tats zum Ausdruck gebracht:

„Ich [...] bin jetzt nicht mehr der, welcher ich war, sondern wurde im Geist geboren." (Corp Herm XIII,3) „Im Himmel bin ich, auf der Erde, im Wasser, in der Luft. In Lebewesen bin ich wie in Pflanzen [...], im Mutterleib, vor der Empfängnis und nach der Geburt bin ich, überall." (Corp Herm XIII,11) „Ich sehe das All und mich selbst im Geist." (Corp Herm XIII,13)

---

44 Corp Herm XIII,7: Unwissenheit, Trauer, Maßlosigkeit, Begierde, Ungerechtigkeit, Habsucht, Betrug, Neid, List, Zorn, Unbesonnenheit, Schlechtigkeit.
45 Vgl. Corp Herm XIII,11, zur Tugend XIII,9 und 22.
46 „Ein anderer wird der (Wieder)geborene sein, ein Gott, ein Kind Gottes, das All in allem, aus allen Kräften zusammengesetzt" (Corp Herm XIII,2: [...] θεοῦ θεὸς παῖς, τὸ πᾶν ἐν παντὶ [...]). Vgl. auch die Bezeichnungen des Wiedergeborenen in Corp Herm XIII,4 (τοῦ θεοῦ παῖς) oder in XIII,14 (θεός, τοῦ ἑνὸς παῖς).

Als Wiedergeburt wird in Corp Herm XIII der Prozess der Selbsterkenntnis als Gotteserkenntnis bezeichnet. Die Vergöttlichung ist der individuelle Lohn für die Selbstdistanzierung des Initianden von der materiellen Welt und für den mühevollen Weg, auf den er sich begibt, indem er sich seiner selbst bewusst wird. Die Wiedergeburt ist mit körperlichen Kategorien nicht fassbar, es handelt sich um ein rein geistiges Erkennen, das nicht mit den Sinneswahrnehmungen vollzogen wird, sondern mit (göttlicher) Kraft und Energie (Corp Herm XIII,10f). Die zentrale Rolle der Gotteserkenntnis wird unter anderem auch darin sichtbar, dass sie im ersten und letzten Paragraphen des Traktats thematisiert wird.[47]

Der Gedanke der Erlösung durch Selbsterkenntnis, die pessimistische Sicht der Welt und des Körpers als eines Gefängnisses des inneren, göttlichen Selbst waren der Grund dafür, dass man Corp Herm XIII in der Vergangenheit häufiger in das Umfeld der Gnosis eingeordnet hat.[48] Die Unterschiede zu gnostischen Aussagen zu dem Körper, zu der Materie und der Welt sind jedoch unverkennbar: Zwar ist die Abgrenzung von allem Materiellen charakteristisch für die Wiedergeburtskonzeption in Corp Herm XIII. Trotz dieser Abkehr vom Körperlichen ist das in Corp Herm XIII vorausgesetzte Weltverhältnis aber kein negatives wie in der Gnosis, denn der Wiedergeborene trägt die Welt in sich, bzw. ist in ihr; das neue Ich erscheint als „unsterblicher Körper" (ἀθάνατον σῶμα, Corp Herm XIII,3) und Gott wird zum Beispiel in Corp Herm XIII,17 als Schöpfer der Welt (τῆς κτίσεως κύριος) gepriesen. Die körperlich sichtbare Welt wird nicht als eine Gott feindlich gegenüberstehende Macht eingeschätzt, sondern nur negativ bewertet, insofern sie dem Vergehen unterworfen und veränderlich ist.[49]

---

47 Corp Herm XIII,1 (Tat beklagt seinen Mangel an Erkenntnis der Göttlichkeit) und 22. Auch die Tatsache, dass in Corp Herm XIII,8f die „Erkenntnis Gottes" (γνῶσις θεοῦ) und in Corp Herm XIII,7 die „Unwissenheit" (ἄγνοια) an erster Stelle stehen, unterstreicht deren fundamentale Bedeutung in Corp Herm XIII.
48 Vgl. z. B. Tröger: Mysterienglaube, 168f.
49 Zu den charakteristischen gemeinsamen Motiven der verschiedenen Varianten der Gnosis vgl. Markschies, Chr.: Art. „Gnosis, Gnostizismus",

Ein bekanntes Beispiel für ein gnostisches Konzept der Wiedergeburt findet sich etwa in einer Sammlung von Aussprüchen unterschiedlicher gnostischer Lehrer, den „Auszügen aus Theodotus", die Clemens von Alexandrien überliefert. In Clem Alex, Exc Theod 78 wird wie in Corp Herm XIII die Auffassung vertreten, dass man in der Selbsterkenntnis Erlösung findet. Gerettet wird, wer Antwort auf die Fragen weiß: „Wer waren wir? Was sind wir geworden? Wo waren wir? Wohinein wurden wir geworfen? Wohin eilen wir? Wovon sind wir befreit? Was ist Geburt? Was ist Wiedergeburt?"[50]

Ein Blick auf den Kontext zeigt nun deutlich, worin sich die in den „Excerpta ex Theodoto" überlieferte gnostische Sicht der Wiedergeburt von den Aussagen in dem dreizehnten Traktat des Corpus Hermeticum unterscheidet. Während in Corp Herm XIII die materielle Welt trotz aller kritischen Distanz doch eindeutig als Schöpfung bejaht wird (besonders deutlich in Corp Herm XIII,11 und 17–21), ist das in Clem Alex, Exc Theod 76–80 vorausgesetzte Weltverhältnis wesentlich pessimistischer. Dies lässt bereits die Formulierung der vierten Frage in Clem Alex, Exc Theod 78,2 „wohinein wurden wir geworfen" erahnen. Noch deutlicher kommt die negative Weltsicht anschließend in Clem Alex, Exc Theod 80 zum Ausdruck:

„Wen die Mutter gebiert, der wird zum Tod und in die Welt geführt. Wen Christus von neuem hervorbringt, der wird zum Leben umgewandelt, in die Ogdoas. Und sie sterben der Welt, sie leben aber Gott, damit der Tod vom Tod zerstört wird, die Vergänglichkeit aber von der Auferweckung [...]."

In diesem Text wird die Welt mit dem Tod gleichgesetzt. Für eine Einbeziehung der materiellen Welt in das Erlösungsgeschehen, wie es etwa in Corp Herm XIII,11 der Fall war, ist

---

NBL 1 (1991), 868–871 (870) und ders.: Die Gnosis, München 2001, 25f.
50 Textausgabe: Stählin, O./Früchtel, L. (Hg.): Clemens Alexandrinus, 3. Bd. Stromata VII und VIII, Excerpta ex Theodoto, Eclogae Propheticae, Quis dives salvetur, Fragmente, GCS 17, Berlin ²1970.

hier kein Raum. Die körperlich sichtbare und erfahrbare Welt wird Gott als konkurrierende, feindliche Größe gegenübergestellt. Die irdische Geburt wird abgewertet, insofern sie zum Tod und in die materielle Welt führt. Für die exklusive Gruppe der Pneumatiker ist diese Situation aber nicht hoffnungslos. Durch das erlösende Wissen um sich selbst, um ihre Herkunft, ihre gegenwärtige Situation und ihre Bestimmung können sie aus der materiellen Welt befreit werden und in die geistige, immaterielle Sphäre gelangen. In Clem Alex, Exc Theod 80 wird dies mit dem Bild der Neugeburt durch Christus zum Ausdruck gebracht, durch welche der Pneumatiker „zum Leben umgewandelt wird", in die „Achtheit" (Ogdoas).[51] Erlöst wird dabei nicht der ganze Mensch, sondern nur sein geistiger Wesenskern.[52]

## 7. *Resümee*

Die vorgestellten Beispiele bilden nur einen kleinen Ausschnitt aus dem breiten Spektrum der kaiserzeitlichen griechisch-römischen, jüdischen, hermetischen und gnostischen

---

51 Nach dem hier wohl vorausgesetzten Weltbild ist die Erde vom Luftraum und von acht Himmelssphären umgeben. Jenseits davon ist das „Pleroma", das Reich des „unbekannten Gottes". Die acht Sphären bestehen aus denen der sieben Planeten und der sie abschließenden Fixsterne. Die Planetensphäre wird von Dämonen und widergöttlichen Mächten („Archonten") regiert. Nach R. P. Casey ist die „Achtheit" (Ogdoas) in Clem Alex, Exc Theod 80 ein Zwischenreich, das bereits zum Lichtreich überleitet und schon Freiheit von den unteren Sphären vermittelt (Casey, R. P.: The Excerpta ex Theodoto of Clement of Alexandria, Studies and Documents 1, London 1934, 151f). Eine ähnliche Sicht findet sich auch bei Rudolph, K.: Die Gnosis. Wesen und Geschichte einer spätantiken Religion, Göttingen ³1990, 76f. Eine andere Deutung der „Achtheit" (Ogdoas) in Clem Alex, Exc Theod 80 vertritt Strutwolf, H.: Gnosis als System. Zur Rezeption der valentinianischen Gnosis bei Origenes, Göttingen 1993, 127: Die Achtheit kann sich auch auf den Status des Pneumatikers beziehen, der bereits zur Selbsterkenntnis gelangt ist.
52 Vgl. Klauck, H.-J.: Die religiöse Umwelt des Urchristentums II. Herrscher- und Kaiserkult, Philosophie, Gnosis, Stuttgart/Berlin/Köln 1996, 147.

Texte zur Wiedergeburt in soteriologischem Kontext. Das Thema spielt in vielen weiteren Texten der ersten nachchristlichen Jahrhunderte eine zentrale Rolle.

Bemerkenswert ist, dass das Motiv des „neuen Geburtstags" in den meisten der Texte, die hier exemplarisch besprochen wurden, mit dem Eintritt in eine religiöse Gemeinschaft verbunden ist. Deutlich ist dies der Fall bei Apuleius, Met. XI, in JosAs 8,9; 15,5.7, in Joh 3, in Clem Alex, Exc Theod 76–80 und wahrscheinlich in gleicher Weise in Corp Herm XIII, auch wenn bei dem letzten Text eine genaue Bestimmung seines „Sitzes im Leben" schwierig ist.[53] Auch in vielen der Texte, die hier nicht vorgestellt wurden, ist der Wiedergeburtsgedanke an die Schilderung einer Initiation geknüpft oder steht mindestens im Kontext einer solchen. Zwar wird das Wiedergeburtsmotiv ebenfalls in anderen thematischen Zusammenhängen verwendet, im Initiationskontext begegnet es aber besonders häufig.

Dies zeigt, welch eine umwälzende Bedeutung die religiösen Bewegungen dieser Zeit dem Eintritt in ihre Gemeinschaft beimaßen und wie intensiv und hochgespannt die Stimmung und Atmosphäre war, welche von ihnen ausging und sie prägte. So unterschiedlich die religiösen Bewegungen und Gruppen auch waren, seien es die Mysterienkulte, seien es jüdische oder frühchristliche, hermetische oder gnostische Kreise: Sie stimmen darin überein, dass das Heil, welches sie vermitteln, die Menschen in einem solchen Maße verändert, dass diese als „neu geboren" bezeichnet werden können. Der Tag ihrer Aufnahme in die religiöse Gemeinschaft kann etwa von Apuleius sogar ausdrücklich ihr „Geburtstag" genannt werden.[54] Schon in diesem Leben ermöglicht die Zugehörigkeit zu einer entsprechenden religiösen Gruppe daher ein „echtes" und erfülltes Leben, und manchmal verbindet sich damit auch eine Perspektive über den Tod hinaus auf ein zukünftiges Leben.[55] Dies gilt z. B. mit den Mysterienreligio-

---

[53] Das gilt für die hermetische Literatur überhaupt, vgl. Löhr: Verherrlichung, 285–291.
[54] Apuleius, Met. XI,24: „natalis" (sacrorum).
[55] Vgl. z. B. Apuleius, Met. XI,6.5f.

nen auch für Kulte, die im Unterschied zum Judentum und dem frühen Christentum keinen Anspruch auf Exklusivität erheben.

Die Art des Lebens, das von einer Wiedergeburt verheißen und in Aussicht gestellt wird, ist in den besprochenen Texten kennzeichnend für das Profil der jeweiligen religiösen Gemeinschaft, in die man eintritt oder eingegliedert wird. Der Akzent kann zum Beispiel vor allem auf dem *persönlichen* Gewinn liegen, den die Einzelnen von ihrer Initiation in einen Kult oder eine religiöse Gemeinschaft haben. Dies ist besonders in den Mysterien der Fall. Bei der von Apuleius beschriebenen Isisweihe etwa dominiert der Gesichtspunkt des individuellen Schutzes, den der Myste durch seine persönliche Beziehung zu Isis in diesem Leben wie auch nach dem Tod erhält. Auch wenn Apuleius betont, dass Lucius von der Herrschaft des unberechenbaren und willkürlichen Schicksals befreit und aus einem „Aussteiger" zu einem angesehenen, gesellschaftlich erfolgreichen Bürger wird, ist dies primär für den Mysten selbst von Bedeutung, nicht so sehr für die anderen Isisverehrer. Ähnlich verhält es sich im dreizehnten Traktat des Corpus Hermeticum. Auch hier steht der zu erlösende Einzelne im Zentrum des Geschehens. Dies geht daraus hervor, dass die Wiedergeburt in diesem Text vor allem zur Befreiung von den körperlichen Kräften führt, welche die Entfaltung des Ichs behindern. Durch das Einströmen der göttlichen Kräfte in die eigene Person wird Tat sich seiner selbst bewusst und erfährt sich selbst als „Gott", der die Welt in sich trägt bzw. in ihr ist.

Mit dem Wiedergeburtsgedanken verbindet sich aber nicht zwangsläufig eine auf den Einzelnen beschränkte Perspektive und die Folgen, die sich daraus für ihn oder sie ergeben. In „Joseph und Aseneth" ist etwa der Gedanke der neuen Geburt einer Person von zentraler Bedeutung für die *Gemeinschaft einer Gruppe*. Wenn Aseneth in dieser Schrift als Repräsentantin der Proselyten erneuert wird, geht es primär um die Frage der Aufnahme und der Integration von Proselyten in das jüdische Volk. Die Erneuerung Aseneths ist eine Konsequenz des erwählenden Handelns Gottes, der sie und die durch sie repräsentierten Proselyten beruft und damit zu einem Teil des erwählten Gottesvolkes macht. Sie betrifft daher nicht ausschließlich sie selbst als Individuum, sondern einen größeren Personenkreis: die Proselyten, die Juden und das Zusammenleben beider Gruppen miteinander.

Mit der Geburts- und Geburtstagsterminologie im Initiationskontext wird signalisiert, dass die Aufnahme in die entsprechende religiöse Gemeinschaft auch aus einem als defizitär bezeichneten Zustand befreit. Durch das Wiedergeburtsmotiv wird daher immer auch die Trennung von der Vergangenheit und dem früheren Leben hervorgehoben, die mit dem Eintritt in eine (neue) religiöse Gemeinschaft verbunden war. Die Krise, die nur durch einen „neuen Geburtstag" zu lösen ist, wird aber in den vorgestellten Textbeispielen unterschiedlich stark akzentuiert und nicht in gleicher Weise intensiv empfunden. Auch ist das Spektrum dessen, wovon man sich jeweils durch die Wiedergeburt trennt, recht groß.

Einer der Aspekte, die in diesem Zusammenhang häufig eine Rolle spielten, war die Frage nach dem Verhältnis zum Körper. Dabei zeigte sich, dass die Erwartung einer „zweiten Geburt" keineswegs immer mit einer Negation des irdisch-körperlichen Lebens verbunden ist. Eine kritische Haltung zum physisch-vergänglichen Leben ließ sich in den besprochenen Texten von Philo, im Corpus Hermeticum und in den „Excerpta ex Theodoto" erkennen. Bei Philo wurde der irdische Geburtstag als Beginn des körperlich-vergänglichen Lebens deutlich abgewertet. Diese negativen Äußerungen blieben aber auf wenige Beispiele beschränkt. Wenn Aseneth in „Joseph und Aseneth" am Tag ihrer Neuschöpfung in unvergängliche paradiesische Schönheit verwandelt wird, gilt hier der irdische Körper sogar als der Ort, an dem sich Gottes Offenbarung für die Heiden manifestiert. Aus den johanneischen Ausführungen über die Wiedergeburt gingen klar die Grenzen hervor, die das irdische Leben aus der Perspektive des vierten Evangelisten hat. Zugang zum ewigen Leben erhält man nur durch die „Geburt aus Wasser und Geist", nicht mit der „Geburt aus dem Fleisch". Eine Geringschätzung des physischen Lebens lässt sich daraus aber nicht ablesen. Von einer pauschalen Abwertung körperlich-vergänglichen Lebens kann in den betrachteten Texten keine Rede sein.

Bemerkenswert ist, dass in jeweils demselben religiösen Bereich sowohl Texte zum Thema der Wiedergeburt existieren können, die von einer abwehrenden Einstellung zum Körper geprägt sind, als auch Texte, die eine positive oder mindestens eine neutrale Haltung zu ihm erkennen lassen. Die Wiedergeburtstexte, die den Körper und das irdisch-vergängliche Leben ablehnen, und die, welche ihn bejahen, lassen sich daher nicht einer oder mehreren bestimmten Religionsgemeinschaften zuweisen. Vielmehr sind sie ein Indikator für gewisse Tendenzen und Strömungen *innerhalb einer* religiösen Gruppe, die, wie etwa das Beispiel von Philo, Quaest in Ex II,46 und „Joseph und Aseneth" zeigt, teilweise auch in demselben geographischen Raum nebeneinander existieren konnten.

# Wiedergeburt im 1. Petrusbrief

REINHARD FELDMEIER

## 1. Das Volk der Fremden. Thematik und Theologie des 1. Petrusbriefes

Der 1. Petrusbrief, ein frühchristlicher Hirtenbrief, wird in der Theologie zumeist etwas stiefmütterlich behandelt. Er bietet jedoch eine in besonderem Maße existenzbezogene Theologie, die in der Frömmigkeitsgeschichte eine beachtliche Rolle gespielt hat. Nicht von ungefähr hat er zu den Lieblingsschriften Martin Luthers gehört. Der Existenzbezug dieser durchaus nicht unoriginellen Theologie zeigt sich bereits in der Anrede der Adressaten als „Fremde in der Zerstreuung" beim Briefauftakt (1,1) bzw. „Beisassen und Fremde" am Beginn des zweiten Hauptteils. Die einigermaßen ungewöhnliche Anrede als „Fremde" bringt zum einen die Situation der Christen auf den Begriff: Sie sind in der antiken Gesellschaft Fremdkörper, Außenseiter, stigmatisiert und kriminalisiert. Doch ist diese Anrede als Fremde *nicht nur situationsbeschreibend, sondern auch situationsdeutend*, insofern hier im gezielten Rückgriff auf eine schmale alttestamentlich-jüdische Tradition[1] die Außenseiter in eine Reihe mit denen gestellt werden, die durch Gottes Ruf in die Fremde herausgerufen wurden – von den Erzvätern (vgl. Gen 17,8; 23,4; 28,4; 35,27; 36,7; 37,1) über einzelne Fromme (vgl. Ps 39,13; 119,19.54) bis hin zum ganzen Volk (1Chr 29,10ff vgl. Lev 25,23). Im Frühjudentum wird diese Tradition vor allem bei Philo von Alexandrien als Selbstbezeichnung der Juden breit aufgenommen.[2] Insofern die An-

---

1 Ausführlich dargestellt ist dies bei Feldmeier, Reinhard: Die Christen als Fremde. Die Metapher der Fremde in der antiken Welt, im Urchristentum und im 1. Petrusbrief, WUNT 64, Tübingen 1992, bes. 39–74.
2 Philo bezeichnet in zahlreichen Schriften den „Weisen" als Fremdling

rede als Fremdlinge und Beisassen gezielt auf Personen bzw. Personengruppen anspielt, welche aufgrund ihrer besonderen Gottesbeziehung zu Fremden wurden und Fremde waren, werden die gegenwärtigen Fremdheitserfahrungen der Christen in ihrer Mitwelt (vgl. 4,12 u. ö.) heilsgeschichtlich verortet und so in den Glauben integrierbar: Die Adressaten befinden sich – so wird mit diesem heilsgeschichtlichen Rückbezug deutlich gemacht – als Außenseiter in guter Gesellschaft.[3]

Der Grund dieser Fremdheit ist die Eingliederung in den Bereich des göttlichen Heils, durch welche dem Dasein der Glaubenden eine neue Zukunft eröffnet wurde, eine „lebendige Hoffnung". Der 1Petr entfaltet in 1,3–2,3 dieses neue „eschatologische" Sein der Christen und dessen Implikationen für die anstehenden Fragen und Probleme unter dem Stichwort der *Wiedergeburt* im Sinn einer religiös bedingten Verwandlung des Daseins.[4] Damit macht er die christliche

---

    auf Erden, wobei im Kontext deutlich wird, dass damit der Jude gemeint ist, der durch die Tora zur höchsten Tugend gelangt und so ein Weiser ist (vgl. bes. Conf Ling 75–82, weiter Rer Div Her 267.274; Agric 63ff; Som 1,45; Congr 22ff u. ö.). Besonders aufschlussreich für den Zusammenhang mit der gesellschaftlichen Ausgrenzung ist Quaest in Gen IV,39.

3 Ähnlich geht der Herbräerbrief vor, der bei der „Wolke von Zeugen" (12,1) gerade auch das Fremdsein der Erzväter betont (11,8–10) und dies auf deren himmlische Heimat (11,10) und die der Christen bezieht (13,14).

4 Die im allgemeinen Sprachgebrauch auch oft „Wiedergeburt" genannte Reinkarnationsvorstellung ist der Antike schon länger geläufig. Im Gegensatz zu den vorwiegend positiven Assoziationen, die sich heute mit dieser Vorstellung verbinden, sah die Antike darin nicht selten eine trostlose Iteration des Seins, von dem die Seelen erlöst werden wollen. In neutestamentlicher Zeit schildert etwa Plutarch in seinem Mythos in *De Genio Socratis* 22,591C, wie die Seelen sich verzweifelt gegen ein erneutes Abgleiten in eine „andere Geburt" zu wehren suchen. In der Nekyia der Aeneis fragt Aeneas seinen Vater Anchises in den glücklicheren Gefilden des Totenreiches, welch „heilloses Verlangen zum Licht die Armen packt", dass sie zum zweiten Mal „zu trägen Körpern" zurückkehren wollen (Äneis VI,719–721 – vergleiche damit die ganz andere Stimmung in der Nekyia der Odyssee, besonders die Rede des Achill XI, 488–503, wo er sagt, dass er lieber auf Erden der Geringste wäre als der vornehmste Schatten im Totenreich).

Soteriologie mit Hilfe eines Vorstellungskomplexes verständlich und plausibel, der dezidiert nicht biblischen Ursprungs ist, wohl aber charakteristisch für das religiöse Klima dieser Epoche.

## 2. Das Motiv der Wiedergeburt in der religiösen Koine der späteren Antike

So weit wir aufgrund der spärlichen Quellenlage uns ein Urteil erlauben können, begegnet die Metapher der Wiedergeburt im Sinne einer religiös bedingten Verwandlung des menschlichen Daseins erst seit dem ersten nachchristlichen Jahrhundert. Dann aber scheint sie in relativ kurzer Zeit Verbreitung zu finden; sie kann in paganen Mysterien die Folgen der Initiation bezeichnen, in jüdisch-hellenistischen Texten die Verwandlung in der Gottesgemeinschaft und im Frühchristentum die Aneignung des durch Jesus Christus gebrachten Heiles (s. Beitrag Back). Die mit der Metapher der Wiedergeburt bezeichneten Vorstellungen sind allerdings derart disparat, dass es nicht den Anschein hat, als könnten sie einem einheitlichen Typus zugeordnet werden.[5] Noch hypothetischer sind alle Versuche, zwischen den verschiedenartigen Zeugnissen Abhängigkeiten nachzuweisen.[6] Insofern ist den meisten heutigen Auslegungen zunächst einmal recht zu geben, wenn sie die direkte Ableitung und Deutung der Rede von der Wiedergeburt im 1Petr aus diesen Parallelen ablehnen. Weniger überzeugend ist allerdings die weitere Behandlung, die sie diesem Thema zukommen lassen, da sie

---

[5] Vgl. die Darlegungen von Burkert, Walter: Antike Mysterien. Funktionen und Gehalt, München 1990, v. a. 83–86. Die Zeugnisse für das Ritual der Wiedergeburt sind laut Burkert „teils zu vage, teils zu vielgestaltig, um einer einfachen und zugleich umfassenden Theorie Vorschub zu leisten" (84).

[6] Im Blick auf das Postulat der Abhängigkeit neutestamentlicher Texte von den Mysterien warnt Burkert: „Daß die Konzeption des Neuen Testaments von heidnischer Mysterienlehre direkt abhängig sei, ist philologisch-historisch bislang unbeweisbar." (86)

zumeist auf die Ersetzung der Metapher und auf die Vernachlässigung des Kontextes hinauslaufen.

1. Gemeinhin begnügt man sich damit, die Wiedergeburt im 1Petr aufgrund von Joh 3,5 und Tit 3,5 kurzerhand mit der Taufe zu identifizieren[7] und somit die Wiedergeburtsaussagen einfach unter die neutestamentlichen Taufaussagen zu subsumieren,[8] ohne weiter auf die Metaphorik einzugehen.

2. Bisweilen wird noch näher auf die religionsgeschichtlichen Parallelen verwiesen, um allerdings im gleichen Atemzug die Nutzlosigkeit eines solchen Vergleiches zu betonen.[9]

3. Selbst dort, wo man die Möglichkeit der sprachlichen Beeinflussung der christlichen Rede von der Wiedergeburt durch den religionsgeschichtlichen Kontext in Betracht zieht, konzentriert sich das gesamte Bemühen darauf, apologetisch die Andersartigkeit der Wiedergeburtsvorstellung im 1Petr nachzuweisen und diese durch andere Theologumena wie Neuschöpfung zu erklären, genauer: zu ersetzen.[10]

---

7 Vgl. Frankemölle, Herbert: 1. Petrusbrief. 2. Petrusbrief. Judasbrief, NEB 18 u. 20, Würzburg 1987, 33.40; Brox, Norbert: Der Erste Petrusbrief, EKK 21, Neukirchen-Vluyn ²1986, 62 u. a.

8 So etwa Schnelle, Udo: Art. „Taufe II", in: TRE 32 (2001), 671.

9 Bezeichnend dafür ist das Urteil von Brox, dass der Blick auf eventuelle religionsgeschichtliche Parallelen „für das genaue Verständnis [...] nichts Unentbehrliches" beitrage, da die Metapher der Wiedergeburt „zu neutral und zu flexibel" sei, „um in jedem Fall eine religionsgeschichtliche Herkunft mitzuschleppen". Man könne in ihr daher nicht mehr als nur ein Bild für einen „einschneidenden (religiös-existentiellen) Neubeginn" sehen (Brox: Erster Petrusbrief, 61f; etwas vorsichtiger ist Schelkle, Karl Hermann: Die Petrusbriefe. Der Judasbrief, HThK 13, Freiburg i. Br. 1980, 38, der jedoch zu einem ähnlichen Ergebnis kommt).

10 Ein schönes Beispiel dafür ist die Argumentation von Goppelt, der zwar feststellt, dass die Metapher der Wiedergeburt der hellenistischen Welt entstammt, dem aber nicht weiter nachgeht, sondern stattdessen konstatiert, dass diese Rede von der Wiedergeburt „auf einen Motivzusammenhang aus dem Selbstverständnis der Qumrangemeinde" zurückge-

Dazu ist zu sagen:

Ad 1: Es ist durchaus möglich, dass der 1Petr bei seiner Rede von der Wiedergeburt an die Taufe denkt. Aber diese vor allem aus anderen Texten in den 1Petr eingetragene Deutung darf nicht den Tatbestand verdecken, dass der 1Petr selbst nirgends Wiedergeburt und Taufe aufeinander bezieht, obgleich beides von ihm thematisiert wird. Selbst wenn also diese Gleichsetzung berechtigt wäre, so bleibt doch zu beachten, dass der 1Petr auch dann nicht primär die Taufe deuten möchte, sonst würde er sie vermutlich auch direkt nennen (wie in 3,21). Vielmehr steht bei der Metapher der Wiedergeburt im 1Petr nicht das Sakrament der Taufe, sondern das erwählende und berufende und so die Glaubenden erneuernde Wort Gottes im Zentrum. Dies hat die Auslegung zu beachten.

Ad 2: Die generelle Behauptung, dass die Metapher der Wiedergeburt als solche „zu neutral und zu flexibel" sei, „um in jedem Fall eine religionsgeschichtliche Herkunft mitzuschleppen" (Brox), rechtfertigt noch nicht den Verzicht auf genauere Vergleiche zwischen den einzelnen Zeugnissen: So weisen etwa die Ausführungen von Philo und 1Petr trotz unbestreitbarer Unterschiede auch bemerkenswerte Übereinstimmungen auf,[11] die durchaus näherer Betrachtung wert sind. Und selbst dann, wenn man zuletzt zu dem Ergebnis käme, dass solche Gemeinsamkeiten für das Verständnis nichts austragen, bliebe doch noch einmal ganz un-

---

he, wobei der „den hellenistischen Menschen fremde Terminus der ‚Neuschöpfung' [...] durch den allgemein verständlichen Begriff ‚Wiedergeburt' ersetzt" wurde (Goppelt, Leonhard: Der erste Petrusbrief, Göttingen 1978, 94; vgl. auch die Ausführungen von Michl, Johann: Die katholischen Briefe, Regensburger Neues Testament 8/2, Regensburg ²1986, 109–113).

11 Beide Male wird die neue Geburt negativ als Befreiung von der durch die erste Geburt bedingten Vergänglichkeit bestimmt (1Petr 1,18.23f. Dem entspricht positiv die Verbindung zu Gott als Vater (1Petr 1,2f.17 – Philo betont dies nochmals im Gegensatz zur ersten Geburt, die durch Mutter *und* Vater zustande kommt) und die Teilhabe an der göttlichen Heiligkeit (1Petr 1,15f).

abhängig von dem Verhältnis der einzelnen Texte zueinander die auffällige Besonderheit zu erklären, dass ab einem relativ begrenzten Zeitpunkt religiöse Gruppen ganz unterschiedlicher Provenienz ihr Heilsangebot mit Hilfe dieser Metaphorik als Chance zu einer umfassenden Erneuerung des bisherigen Daseins profilieren. Kurz: Warum „liegt" diese Metapher sozusagen „in der Luft", warum „zündet" sie zu dieser Zeit? Und was bedeutet es für die Theologie des 1Petr, wenn er in diesem geistigen „Klima" seine Heilsbotschaft unter Zuhilfenahme einer Metaphorik reformuliert, die seinen Zeitgenossen eher aus der jüdischen Religionsphilosophie oder aus den paganen Mysterien vertraut sein dürfte denn aus der biblischen Überlieferung?

Ad 3: Ein entsprechender Einwand ist auch gegen alle Versuche geltend zu machen, die das Motiv der Wiedergeburt durch traditionellere Theologumena wie Rechtfertigung oder Neuschöpfung zu deuten suchen. Dass die Wiedergeburt im Neuen Testament zu solchen Theologumena in Beziehung stehen kann, soll gar nicht bestritten werden. Aber selbst dort, wo diese Beziehung plausibel zu machen ist, ist damit ja noch nicht das einigermaßen drastische Bild einer erneuten Geburt erklärt. Auch hier gilt: Das durchaus berechtigte Insistieren auf der Besonderheit der christlichen Rede von der Wiedergeburt beantwortet nicht die Frage, warum die christliche Heilsbotschaft im Bild der Wiedergeburt zugespitzt wird und wie diese dadurch zumindest neu akzentuiert wird.

Daher ist das religionsgeschichtliche Vergleichsmaterial umfassender als bisher zu bedenken. Dabei soll sowohl die Skylla kurzschlüssiger Ableitungen biblischer Gedanken aus Vorstellungen der Umwelt wie die Charybdis apologetischer Abgrenzung vermieden werden. Durch den Vergleich soll durchaus das Besondere der christlichen Rede von der Wiedergeburt deutlich werden. Aber diese Besonderheit erschließt sich eben nicht nur in der krampfhaften Konzentration auf die Unterschiede. Gerade in der gleichzeitigen Beachtung von Anknüpfung und Absetzung, von Rezeption und Transformation kann deutlich werden, inwiefern der 1Petr die Wahrheit des Evangeliums in ein neues Sprachspiel übersetzt hat, um sie auch in anders geprägten Lebenszusammenhängen Ereignis werden zu lassen. Ich möchte mich hier auf diesen letzten Punkt konzentrieren. Dazu ist auch weit intensiver als bisher die Wiedergeburt als eigene Metapher zu bedenken, statt sie – wie dies in all den vorgestellten Erklärungsmodellen geschieht – durch vorschnelle „Deutungen" zu ersetzen und damit auszublenden.

## 3. Auslegung

### 3.1 „Wiedergeboren zu lebendiger Hoffnung" (1Petr 1,3f)

Der Abschnitt 1Petr 1,3–5 bildet den Auftakt der verhältnismäßig ausführlichen, sorgfältig komponierten *Eulogie* 1Petr 1,3–12. Diese sprachliche Gestalt ist wichtig, macht sie doch deutlich, dass die Rede von der Wiedergeburt ihren Ort nicht in theologischen Reflexionen „über" Gott und sein Verhältnis zum Menschen hat, sondern im dankbaren Lobpreis Gottes. Wo aber der Mensch bekennt, dass er sich ganz und gar Gott verdankt und diesen dafür preist, dort kann er sich offenbar nach der Überzeugung des 1 Petr als Wiedergeborener verstehen.

Innerhalb dieser Eulogie ist der Eingangsteil 1Petr 1,3–5 noch einmal dadurch herausgehoben, dass er keine finiten Verben enthält. Dieser – auf Deutsch kaum wiederzugebende – Stil einer Sequenz von Nominalsätzen ist im Griechischen vor allem für Rechtsverordnungen, Inschriften oder Spruchsammlungen charakteristisch. Seine Verwendung hier am Beginn des Briefes verleiht diesen Aussagen den Charakter des Grundsätzlichen und unterstreicht so schon syntaktisch die große Bedeutung des hier Ausgeführten für das gesamte Schreiben.

Vers 3: Gepriesen wird Gott als „Vater unseres Herrn Jesus Christus". Gott wird also definiert durch Jesus Christus, der als „unser Herr" mit den Glaubenden verbunden ist. Durch ihn, den Sohn unseres Herrn wird dann Gott zum Vater aller Glaubenden (1,17 vgl. 1,2). Diese Metapher der göttlichen Vaterschaft wird im Folgenden durch die der Wiedergeburt fortgeführt: Aufgrund „seines großen Erbarmens" hat er die Glaubenden „wiedergeboren/neugezeugt"[12] zu einer lebendigen Hoffnung durch die Auferstehung Jesu Christi von den Toten". Zu beachten ist, dass die erste Rede von der Wiedergeburt zunächst eine Aussage über Gott ist, der als „der Neuzeugende" prädiziert wird. Wiedergeburt geht also von Gott aus und gründet ausschließlich in dessen Handeln. Zugleich unterstreicht die Metapher der göttlichen Neuzeugung bzw. Wiedergeburt auch die eben dadurch entstehende personale Verbundenheit mit diesem Gott. Die Wiedergeborenen sind mehr als Geschöpfe, sie sind Kinder. Das wird ergänzt durch den Zusatz: „gemäß seinem großen Erbarmen". Dieser präzisiert das bisher Gesagte dahingehend, dass nun auch das Motiv für das neuzeugende Handeln Gottes allein in diesem selbst liegt. Die göttliche Zuwendung ist nicht durch die Adressaten veranlasst, sondern gründet im Wesen Gottes, der aus eigenem Antrieb sich dem Gegenüber zuwendet, sich diesem mitteilt und es so verwandelt.

Die Wiedergeburt wird näher bestimmt als Wiedergeburt zu „lebendiger Hoffnung". Diese positive Deutung der Hoffnung hat der erste Petrusbrief mit anderen urchristlichen Schriften gemeinsam; zugleich unterscheidet er sich damit klar von seiner paganen Mitwelt. Während in der griechisch-römischen Antike die Hoffnung immer in die Nähe von täuschender Vertröstung gerückt wird und so eine zutiefst zwei-

---

[12] Im Griechischen kann das Gottesprädikat ἀναγεννήσας beides bedeuten. Die im Zusammenhang mit Gott verwendete Vatermetapher legt zunächst den Gedanken der Zeugung nahe, der in 1,23 durch das Bild des göttlichen Logos als des Samens noch verstärkt wird. Andererseits setzt das Partizip Perfekt Passiv ἀναγεγεννημένοι in 1,23 und v. a. seine Fortführung im Bild der ebengeborenen Säuglinge samt ihrer Ernährung durch "Logosmilch„ in 2,2 auch "mütterliche„ Elemente in der Metapher voraus, so dass hier – der Doppeldeutigkeit des Griechischen entsprechend – bewusst von Neuzeugung und Wiedergeburt gesprochen wird.

schneidige Angelegenheit ist,[13] ist im Neuen Testament der Zukunftsbezug für die Glaubenden christologisch eindeutig gemacht. Hoffnung beruht nicht auf menschlichem Wunschdenken, sondern auf *Gottes Tat* bei der Auferweckung Jesu Christi von den Toten, weshalb diese Hoffnung Unterpfand der Erlösung ist und gerade nicht zuschanden werden lässt (vgl. Röm 5,2–5; 8,23–25). Insofern kann das Haben bzw. Nichthaben solcher Hoffnung gerade als Merkmal der Unterscheidung von Christen und Nichtchristen dienen (1Thess 4,13). Der 1Petr übernimmt diese positive Deutung der Hoffnung, wenn er sagt, dass diese die Glaubenden der künftigen Herrlichkeit gewiss macht (1,11; 4,13 u. ö.) und dass es gerade die „Hoffnung in euch" ist, über die die Christen den anderen Rechenschaft jederzeit ablegen sollen (3,15). Hoffnung wird hier geradezu *zum Lebensprinzip des erneuerten Menschen*, eben zur „lebendigen Hoffnung". Bemerkenswert ist ja, dass die Wiedergeburt nicht zu neuem Leben erfolgt, sondern zu lebendiger Hoffnung, d. h. das neue Leben ist nur prädikative Näherbestimmung der Hoffnung, die Inhalt der Wiedergeburt ist. Als der aufgrund von Gottes Zusage Hoffende gewinnt der „Wiedergeborene" Anteil an Gottes Lebendigkeit.[14] Das im Zusammenhang mit Gottes neuzeugendem Handeln verwendete Partizip Aorist ἀναγεννήσας betont, dass es sich nicht um eine immer schon

---

13 *Spes saepe fallit* ist eines der ersten Sprichwörter, die Kinder im Lateinischen lernen; „Hoffen und Harren macht manchen zum Narren" lautet das deutsche Äquivalent. Hoffnung ist also zumindest zweischneidig und so nicht unproblematisch. Sophokles konstatiert in seiner Antigone (615ff): „Denn die schweifende Hoffnung wird vielen Menschen Quelle des Segens, verführt aber viel andre zu Leichtsinnswünschen, kommt über Ahnungslose, bis an der Glut man sich den Fuß verbrannt hat." Narrativ wird diese Ambivalenz des Hoffens in dem bereits von Hesiod zweimal überlieferte Pandoramythos entfaltet, wenn die Hoffnung neben den zur Bestrafung den Menschen gesandten Übeln als einzige im Krug der Pandora zurückbleibt.
14 Vgl. bes. 1,23ff; mit anderer Begrifflichkeit 1,15f und 2,9, vgl. weiter 2,4f: der „lebendige Stein" Christus und die zu ihm gehörenden „lebendigen Steine" der Gläubigen. 3,7 spricht dann vom gemeinsamen Erben der „Gnade des Lebens", und 3,9f ist die Pointe des Erbens des Segens das erfüllte Leben.

vorhandene „Eigenschaft" Gottes handelt, sondern dieses Neuzeugen/Wiedergebären in einem singulären geschichtlichen Ereignis, eben der im Folgenden genannten Auferweckung Jesu Christi gründet (ingressiver Aorist). Hat sich Gott bei Paulus in Kreuz und Auferstehung als der „Lebendigmachende" geoffenbart (1Kor 15), durch den die „neue Schöpfung" bereits Realität ist (2Kor 5,17; Gal 6,15), so wird dies in 1Petr durch den Begriff der Wiedergeburt zugespitzt auf die Existenz der Glaubenden: In der Auferweckung hat Gott zu Gunsten der Glaubenden gehandelt und sich damit als die ihre Existenz verwandelnde, Nichtigkeit und Vergänglichkeit überwindende Macht definiert.[15]

Vers 4: Die Zielangabe der Wiedergeburt „zur lebendigen Hoffnung" wird im folgenden nochmals expliziert „zu einem unvergänglichen und unbefleckten und unverwelklichen Erbe, aufbewahrt in den Himmeln für euch". Zum einen ist dies durch die Metapher der Neuzeugung bedingt: Als Kinder Gottes sind die Christen Erben. Die Metapher des Erbes unterstreicht den Aspekt der christlichen Existenz zwischen den Zeiten: Als „Erbe" ist das Heil noch zukünftig, aber als „Erben" haben die Wiedergeborenen Anspruch darauf. Allerdings wird der Begriff der Gotteskindschaft nicht explizit erwähnt; ebenso wichtig ist für den 1Petr der Bezug des „Erbes" zur alttestamentlichen Gottesvolktradition (s. u.). Dieses Erbe wird zunächst durch drei Adjektive prädiziert, denen gemeinsam ist, dass sie negative Eigenschaften benennen, also in Entgegensetzung zur irdischen Wirklichkeit die Andersartigkeit, Überweltlichkeit des göttlichen „Erbes" betonen.[16] Eine solche Reihung von negierenden, vorzugsweise mit α–privativum gebildeten Prädikaten ist für die negative Theologie der antiken Metaphysik kennzeichnend[17] und wurde auch im hellenistischen Diasporajuden-

---

15 Siehe weiter unten zu 1,23–25.
16 Sie sind mit dem sog. α–privativum gebildet, das in etwa der deutschen Vorsilbe „un" entspricht (unsterblich, unendlich, unvergänglich usw.).
17 In der paganen Tradition findet sich die Zweierreihe häufig, z. T. auch die Dreierreihe (vgl. Ps-Arist: De Caelo 270A; 277B; 2822AB; Plutarch: De E 19,392E; 20,393A u. ö.

tum zur Beschreibung der Überweltlichkeit des biblischen Gottes aufgegriffen.[18] Solche Prädikate bestimmen das Göttliche durch seine Entgegensetzung zu dem, was als das Wesen dieser Welt gesehen wird, hier gegenüber dem sich in Vergehen, Beschmutzung und Alterung sich zeigende Sog der Vergänglichkeit, dem zuletzt alles Schöne und Gute anheim fällt. Das Besonderes hier ist nun allerdings, dass *diese Prädikate, welche die göttliche Sphäre gerade durch die Negation der irdisch-menschlichen Wirklichkeit definieren, hier zu soteriologischen Prädikaten werden, also die den Erwählten durch die göttliche Neuzeugung zugeeignete Teilhabe an der unzerstörbaren göttlichen Lebensfülle bezeichnen!*

Hatten bereits die negativen Prädikate unterstrichen, dass die göttliche Ewigkeit den Zusammenhang unserer durch Werden und Vergehen bestimmten Wirklichkeit sprengt, so wird dies nun auch noch durch die räumliche Metaphorik unterstrichen: Dieses „Erbe" ist „in den Himmeln". Das heißt zunächst einmal: Es ist keine irdische Heimat wie für das jüdische Gottesvolk in der Zerstreuung, sondern eine jenseitige.[19] Die Pointe ist aber auch hier nicht die beziehungslose Entgegensetzung zwischen diesseitiger Fremdlingsschaft und jenseitiger Beheimatung, sondern die dadurch der Gegenwart eröffnete Perspektive: In den Himmeln ist das Erbe „aufbewahrt", und zwar „für euch". Der folgende Vers unterstreicht dies noch, wenn von diesem Heil gesagt wird, dass es zur Offenbarung schon bereit liegt, also gewissermaßen auf seine Realisierung hier auf Erden drängt. Der „untere" Aspekt einer noch von Leid und Tod bestimmten Gegenwart wird so umgriffen und transzendiert von der Dimension Gottes, an welcher die Glaubenden qua „lebendiger Hoffnung" bereits partizipieren. Was andere frühchristliche Schriftsteller mit dem (politischen) Bild des

---

18 Besonders häufig findet sich dies bei Philo von Alexandrien, vor allem Zweierreihen, aber auch – wie in 1Petr 1,4 – Dreierreihen mit dem Prädikat der Unvergänglichkeit (vgl. Leg All 1,51,6; 1,51,8 u. ö.).
19 Niederwimmer, Kurt: Kirche als Diaspora in: ders., Quaestiones theologicae. Gesammelte Aufsätze, Berlin/New York 1998, 106, spricht von einer spiritualisierten Begrifflichkeit.

himmlischen Bürgerrechtes ausdrücken (Phil 3,20 vgl. Gal 4,26, Hebr 12,22; 13,14), bezeichnet der 1Petr mit der Metapher der Wiedergeburt und der damit verbundenen Erbschaft.

### 3.2 *„Nicht aus vergänglichem Samen" – die zweite Erwähnung 1,23–25*

Bei der zweiten Aufnahme der Wiedergeburtsmetaphorik ist wiederum in mehrfacher Weise der Kontext bedeutsam. Erfolgte die erste Erwähnung der Wiedergeburt in der Reaktion auf die Fremdlingsschaft der Christen in der „Zerstreuung", d. h. vor allem in Bezug auf ihre Außenseiterposition in der Gesellschaft und damit auf die Ursache ihres gegenwärtigen Leidens, so wird dieses Thema nun vertieft im Blick auf die Stellung des Menschen zwischen dem unvergänglichen Gott und der „nichtigen" und vergehenden Wirklichkeit. Dieser Gegensatz zwischen Vergänglichkeit und Unvergänglichkeit, der bereits in 1,4 bei der Näherbestimmung des „Erbes" durch die drei mit α-privativum gebildeten Prädikate „unvergänglich, unbefleckt und unverwelklich" angeklungen war, wird jetzt zum Hauptthema. Die Thematik wird bereits in der vorausgehenden hymnischen Passage 1,18ff präludiert, insofern dort das Heil als Befreiung aus der „Nichtigkeit des von den Vätern überlieferten Lebenswandels" beschrieben wird und dabei betont wird, dass solches nicht auf etwas gründet, was aus dieser vergänglichen Wirklichkeit stammt und an ihr teil hat (vgl. 1,18: der Loskauf erfolgt „nicht durch Vergängliches"). Diese durch die Lebenshingabe Jesu Christi ermöglichte Befreiung (1,18f) geht auf ein jenseits von Zeit und Raum begonnenes, aber auf die Vollendung der Geschichte zielendes Erwählungshandeln Gottes zurück (1,20f). In die todgeweihte Welt kommt also durch Gottes Handeln etwas Neues, das aber nicht eine nachträgliche Korrektur darstellt, sondern bereits vor der Schöpfung intendiert war. Zu verstehen sind solche Aussagen auf dem Hintergrund eines Daseinsgefühls, bei dem die Menschen den Eindruck haben, sie seinen „ganz und gar von den unsterblichen Göttern in weite Ferne zurückgestoßen und in diesen irdischen Tartaros hier verbannt".[20] Das frühe Christentum und mit ihm der 1Petr profiliert sich in diesem Kontext als Erlösungsreligion. Aber dies ist nur die eine Seite: Gerade in 1Petr 1,18 ist zu sehen, dass das frühe Christentum als „Volk der Fremden" schlechthin nicht nur auf dieses Daseinsgefühl reagiert, sondern auch auf spezifische Weise dieses auf die Spitze treibt, und zwar deshalb, weil es um die Alternative weiß: In einer antikes Selbstverständnis provozierenden Weise[21] wird deutlich gemacht, dass die in Jesus Christus eröffnete Perspektive der Hoffnung und des neuen Lebens das Alte erst recht als alt und nichtig erscheinen lässt.[22] Dies zeigt auch die Art und Weise dieser Weltüberwindung: Nicht die Werte und Mächte dieser Welt (Gold und Silber als Wertvollstes) können deren Nichtigkeit überwinden, sondern die göttliche Selbsthingabe des Sohnes ist eigentlicher Sinn der Schöpfung – und so auch der Weg zur Erlösung. Dies wird nun hier in der zweiten Aufnahme der Wiedergeburt nochmals deutlich akzentuiert.

Noch in einer weiteren Hinsicht ist der Kontext bedeutsam. Explizierte die Wiedergeburtsmetaphorik in 1,3ff die Erwählungsaussage, so wird nun mit dem (zu 1,22 hypotak-

---

20 So der Mittelplatoniker Apuleius *De Deo Socratis* IV 129; vgl. die grundsätzlichen Ausführungen in ebd. 127: „Die Götter unterscheiden sich von den Menschen grundlegend durch die Entrücktheit ihres Ortes, die Ewigkeit ihres Lebens und die Vollkommenheit ihres Wesens; zwischen beiden gibt es keinerlei direkte Verbindung, weil eine so gewaltige Kluft die Wohnstätten hoch oben von denen tief unten trennt, weil die Lebenskraft dort ewig ist und unerschöpflich, hier aber hinfällig und flüchtig und weil der Geist jener zur Glückseligkeit erhoben, der Geist dieser aber zum Elend erniedrigt ist." Die Pointe der Entgegensetzung besteht also darin, dass im Gegensatz zum Glück und dem Leben der Götter das menschliche Leben durch Tod und Elend gekennzeichnet ist. Zum Ganzen vgl. die Studie von Dodds, Erik R.: Heiden und Christen in einem Zeitalter der Angst. Aspekte religiöser Erfahrung von Marc Aurel bis Konstantin, stw 1024, Frankfurt a. M. 1992, die Ansätze zu diesem Daseinsgefühl bereits in der neutestamentlichen Zeit findet.
21 Der „von den Vätern überlieferte Lebenswandel" ist immerhin als *mos maiorum* ein Grundwert der augusteischen Restauration.
22 Mit anderer Begrifflichkeit findet sich das auch in 2,9: Das Licht erweist das bisherige Leben als Finsternis.

tisch angefügten) Verweis auf den Status des Wiedergeborenseins in 1,23 die grundsätzliche Verpflichtung zur Liebe, genauer: zur gegenseitigen und ungeheuchelten Geschwisterliebe begründet. Die von Gott her geschehene Wiedergeburt erlaubt es nun auch nicht mehr, sich den Strukturen dieser Welt wieder anzupassen: Als auf Gott hörende und sich so ihm unterstellende *Kinder* (τέκνα ὑπακοῆς) können sie sich nicht mehr der Struktur (σχῆμα) ihrer früheren Daseins- und Handlungsorientierung anpassen (1,14). Die Wiedergeburt erhält so eine ethische Dimension.

Vers 23: Wurde das Verb ἀναγεννάω in 1Petr 1,3 als aktives, Gott prädizierendes Partizip verwandt (neuzeugen, gebären), so beschreibt an der zweiten Stelle 1Petr 1,23 das Verb als Partizip Perfekt Passiv resultativ das geschehene Wiedergeborensein der Gläubigen. Dabei wird auch das Bild weiterentwickelt, indem nun die Metapher des (zeugenden) Samens in den Vordergrund tritt. In der Entgegensetzung zum menschlichen vergänglichen Samen sind die Christen durch ein unvergängliches Lebensprinzip neu geworden. Und so wie der vergängliche Same das vergängliche biologische Leben verursachte, so der unvergängliche Same das unvergängliche. Damit wird die göttliche Unvergänglichkeit zur Eigenschaft der Wiedergeborenen (vgl. weiter 1Petr 3,4; 5,4). Diese doch recht kühne Bildsprache wird im Folgenden übersetzt: Der „unvergängliche Same" ist das „bleibende und lebendige" Wort Gottes.[23] Bei der Wiedergeburt findet also keine magische Verwandlung statt; vielmehr wird das Leben dadurch neu, dass es durch den in seinem Wort berufenden Gott die Perspektive einer „lebendigen Hoffnung" hat. Dieses Motiv des das Leben verwandelnden Gotteswortes findet sich in 1Petr auch an anderer Stelle, vor allem im Kontext von Aus-

---

23 Die Attribute „lebendig" und „bleibend" können sich grammatikalisch sowohl auf Gott wie auf das Wort beziehen. Da jedoch Gottes Leben und seine Ewigkeit gewissermaßen im Begriff „Gott" bereits enthalten sind, wäre eine solche Prädizierung zumindest überflüssig. Da zudem im Folgenden die bleibende Lebendigkeit des Wortes nachgewiesen wird (1,24f aus Jes 40,6–9 LXX), spricht alles dafür, diese beiden Attribute auf das Wort zu beziehen.

sagen zur Berufung der Gläubigen. Durch Gottes Ruf sind die Christen in die Sphäre der göttlichen Heiligkeit einbezogen (1,15f), sind sie aus dem Bereich der Finsternis in Gottes „wunderbares Licht" versetzt (2,9), werden sie der „ewigen Herrlichkeit" teilhaftig (5,10). Gerade dieses im Hören und Gehorchen zum Innersten werdende Gegenüber des existenzverwandelnden Gotteswortes ermöglicht dem Menschen die Partizipation an Gottes schöpferischer Lebendigkeit, an seiner Unvergänglichkeit. *Der Mensch ist als (Neu-)Schöpfung durch das Wort, als creatura verbi (Luther) mit Gott verbunden und so wiedergeboren!*

Verse 24f: Diese bleibende Lebendigkeit und darüber hinaus ihr Gegensatz zur irdischen Vergänglichkeit wird begründet durch ein Zitat aus Jes 40,6–9, das jedoch – in planvoller Auswahl des Zitierten – den Sinn verschiebt. Am Beginn von Deuterojesaja unterstreichen diese Bilder den (heilvollen) Gegensatz zwischen Gottes Macht und der Ohnmacht des Menschen, gerade auch der sich so mächtig gebärenden Völker. Jetzt wird diese prophetische Passage zum Schriftbeleg für den Gegensatz zwischen dem menschlichen „Dasein zum Tode" und der unzerstörbaren göttlichen Lebendigkeit. Dieser Hintergrund ist zentral für die Wiedergeburt, deren Pointe, wie oben bereits gesehen, gerade in der von Gott ermöglichten Teilhabe des Menschen an der ihm sonst unerreichbaren göttlichen Sphäre besteht, einer Sphäre, die negativ als Freiheit von aller Art der Korrumpierbarkeit, positiv als bleibende Lebendigkeit[24] definiert wird.

### 3.3 „Wie die neugeborenen Säuglinge" – 1Petr 2,2f.

Vers 1: War in 1,22f die Metapher der Wiedergeburt im Blick auf den göttlichen Samen erweitert worden, so ge-

---

24 Zu beachten ist, dass im Kontext der Wiedergeburtsaussagen immer wieder das Motiv der Lebendigkeit begegnet: in 1,2 ist es die lebendige Hoffnung, hier das lebendige Wort und in 2,4f dann – als Folge aus 2,3f – der lebendige Stein, der zum Eckstein der anderen lebendigen Steine wird.

schieht das im Folgenden im Blick auf den Vergleich mit
Säuglingen und deren Nahrung, die Milch. Der Kontext ist,
wie schon bei der zweiten Erwähnung, ein paränetischer:
Das neue Sein der Christen äußert sich in einem neuen Verhalten. Dies wird in V.1 durch die Negation eines Lasterka-
taloges eingeführt. Das Bild vom „Ablegen" oder „Auszie-
hen" dieser Laster unterstreicht ebenso die geforderte völlige
Abkehr davon wie die dreimalige Hinzufügung des Prädika-
tes „alles". Inhaltlich sind die hier gebrandmarkten Verhaltensweisen (Betrug, Heuchelei, Missgunst und üble Nachre-
de) vor allem jene, die das zwischenmenschliche Klima ver-
giften und daher der zuvor geforderten Liebe ebenso
widersprechen wie dem im Folgenden zentralen Gedanken
der neuen Gemeinschaft.

Vers 2: Dieser Lasterkatalog wird nun allerdings im folgen-
den V.2 nicht durch einen entsprechenden Tugendkatalog
fortgesetzt, sondern durch die Aufforderung: „Verlangt wie
die neugeborenen Säuglinge die worthafte, unverfälschte
Milch". Wir haben es wieder mit der für 1Petr typischen
Vermischung von Metaphern und eigentlicher Rede zu tun.
Zugleich wird das Bild der Wiedergeburt weitergesponnen:
Auf Neuzeugung und Geburt folgt nun das „Stillen" und das
Wachstum.[25] Zum Ausdruck gebracht wird ein theologisch
zentraler Sachverhalt: Gerade dort, wo die Verantwortung
der Glaubenden um die neue Existenz unterstrichen wird,
die Notwendigkeit ihres intensivsten Bemühens um Neuorientierung, wird zugleich deutlich gemacht, dass jenes
Neuwerden nur geschehen kann, wo die Gläubigen immer
wieder von Gott her „genährt" werden, und zwar durch die
„worthafte Milch". Auch diese Vorstellung hat Vorläufer im
zeitgenössischen Judentum: Nach Philo ist der göttliche Logos die unvergängliche Speise für diejenige Seele, die nicht
auf die Sinnlichkeit fixiert „den Himmel anzuschauen

---

25 Dies zeigt auch, dass trotz der Rede von Gott als Vater dieser in seinem
Verhältnis zu den Gläubigen auch durch mütterliche Elemente bestimmt ist, also nicht auf eine maskuline Rolle festgelegt ist.

liebt".[26] Gott wird so nicht nur zum alleinigen Urheber des Anfangs, sondern auch das ganze Wachstum „zum Heil hin", von dem der Brief hier spricht, kommt allein aus ihm; es existiert und wächst auch nur im beständigen „geistlichen Stoffwechsel". Eben danach sollen die Gläubigen begehren, wie der einzige Imperativ dieser Sequenz fordert, begehren mit der hemmungslosen Intensität des Säuglings, der nur auf die Befriedigung seines Hungers aus ist. Wie schon bei dem Bild der Zeugung und der Geburt wird hier noch einmal unterstrichen, dass die Wiedergeborenen zunächst nur Empfangende sind, und dass gerade dieses Empfangen die Bedingung für ihr Neuwerden ist.

Vers 3: Abgeschlossen wird auch dieser Abschnitt mit einem alttestamentlichen Zitat aus Ps 33,9, das in der Sinnlichkeit der bisherigen Metaphorik verbleibt, wenn es vom „Schmecken" der Güte und Freundlichkeit Gottes bzw. hier Christi[27] spricht. „Schmecken" impliziert – wie das Bild der Milch in V.2 – einen unmittelbaren Bezug zu jener „unvergänglichen" Wirklichkeit (vgl. 1,23), der ein Bezug zu Christus ist, dessen Güte und Freundlichkeit zum „Genießen" sind.[28]

## 4. Die Einbindung in die Gottesvolktradition

Die Soteriologie des 1Petr ist allerdings nicht nur vom hellenistischen Konzept der Wiedergeburt als Überwindung der Nichtigkeit und Todgeweihtheit des Daseins bestimmt. Umgriffen sind die Darlegungen des 1. Hauptteils 1,3–2,3 von 1,1f und 2,4–10, die in Rückbindung an alttestamentlich-jüdische Traditionen die Einbindung der „Wiedergebo-

---

26 Her 79 vgl. Det 85; zum Motiv der göttlichen Speise siehe auch JosAs 8,5.9; 15,5; 16,16; 19,5; 21,21.
27 Dies wird deutlich durch den Rückbezug in 2,4.
28 Dem liegt ein Wortspiel zugrunde: Aufgrund des Itazismus wurde wohl damals schon χρηστός und χριστός gleich ausgesprochen, der Satz konnte also zugleich als „Christus ist der Herr" und „der Herr ist gütig" gehört werden.

renen" in das Gottesvolk betonen. Das zeigt bereits die Adressatenangabe als „erwählte Fremde in der Zerstreuung". Schon die Metapher der Fremde stellt, wie eingangs gezeigt, die Adressaten in die Tradition des alttestamentlichen Gottesvolkes. Dieser Bezug zur Gottesvolktradition wird hier noch doppelt verstärkt, zum einen durch das Motiv der Erwählung als Grund der Aussonderung, zum anderen durch die διασπορά, dem *terminus technicus* für die Zerstreuung des Gottesvolkes unter die Völker. Die Erweiterung der Anrede in V.2 mit den Anspielungen auf Ex 24,7f nimmt auf den Bundesschluss am Sinai und damit auf die Konstituierung des Gottesvolkes Bezug; Christi Lebenshingabe besiegelt gleichsam den neuen Bund. Die Gottesvolkthematik verschwindet auch im Folgenden nicht ganz;[29] sie tritt jedoch in 1,3–2,3 auffällig zurück, um dann im Schlussabschnitt des ersten Hauptteils (2,4–10) umso deutlicher wieder in den Vordergrund zu treten: Das geschieht bereits in 2,4f mit den Anspielungen auf die Gemeinde als Gottes geistliches Haus und seine Priesterschaft, in 2,6–8 mit der Erwähnung der Grundlegung des Baues auf dem Zion. Vor allem ist dies dann in 2,9f der Fall, wo neben dem „erwählten Geschlecht" und der „königlichen Priesterschaft" dreimal der in der LXX fast durchweg als Synonym für Israel gebrauchte heilsgeschichtliche Begriff λαός sowie einmal ἔθνος ἅγιον auf die Gemeinde angewandt wird, letzteres an der LXX-Stelle, auf die der 1Petr hier anspielt, der Theophanie Gottes am Sinai im Kontext des Bundesschlusses, als Äquivalent für λαός (Ex 19,6 vgl. Ex 23,22). Die Gottesvolkthematik spielt also im Briefeingang und im Schlussteil des ersten Hauptteils eine dominante Rolle und rahmt damit jenen Block 1,3–2,3, der von den Aussagen zur Wiedergeburt bestimmt ist. Diese Verzahnung beider Motive macht deutlich, dass sie vom 1Petr komplementär aufei-

---

29 Sie begegnet etwa bei der Metapher des Erbes (1,4), beim Verweis auf die prophetischen Weissagungen (1,10–12 vgl. 1,24f) oder bei der Aufforderung zur Gott entsprechenden Heiligung, wo Lev 11,44f zitiert wird, das Resümee jenes Kapitels, das die das Gottesvolk von der Mitwelt ausgrenzenden Speisegebote enthält.

nander bezogen sind: Legt die Rede von Wiedergeburt und Seelenheil den Akzent auf die himmlische, gleichsam „vertikale" Dimension der Soteriologie als Überwindung des Elends der *conditio humana* und macht dies unter Zuhilfenahme von Vorstellungen der zeitgenössischen religiösen Koine plausibel, so unterstreicht der Rekurs auf die alttestamentlich-jüdische Gottesvolkthematik, dass die in der Gesellschaft diskreditierten und kriminalisierten Fremden Glieder einer Gemeinschaft sind: Die zur „lebendigen Hoffnung" Wiedergeborenen sind zugleich „lebendige Steine" in Gottes „geistlichem Haus" (2,5). Zudem wurzelt diese Gemeinschaft in den Traditionen des alten Bundes und bezieht sich auf die prophetischen Verheißungen, ist also heilsgeschichtlich verortet. Und endlich erhalten die „erwählten Fremden" damit auch in der Gesellschaft einen Ort, wie vor allem der zweite Hauptteil des Briefes ausführt. Durch diese Rahmung wird also einem individualistischen, einem geschichtslosen und einem weltflüchtigen Missverständnis des Heils gewehrt, dessen (befreiende!) „Überweltlichkeit" durch Wiedergeburt und Seelenheil so massiv betont wurde.

## 5. Zehn Thesen zu Bedeutung der Wiedergeburt im 1. Petrusbrief

Gegenwart und Zukunft des Heils

### 1. Die Metapher der Wiedergeburt personalisiert das eschatologische Heil.

Wie die Geburt ist auch die Wiedergeburt ein auf den einzelnen Menschen bezogenes Geschehen. Bedingte die Geburt sein irdisches Dasein, so steht die Wieder-Geburt für die Überwindung der mit der ersten Geburt verbundenen Vergänglichkeit (vgl. bes. 1Petr 1,23f). Das ist eine nicht unbedeutende Akzentverschiebung gegenüber der apokalyptisch geprägten urchristlichen Eschatologie, wie sie etwa in Jesu Predigt vom kommenden Reich Gottes oder in der Erwartung der Neuschöpfung (von Paulus[30] bis zur Apokalypse) sich artikuliert. Diese kosmisch-apokalyptische Perspektive wird überlagert durch eine personale, die sich etwa auch in der verstärkten Rezeption des Seelenbegriffes dokumentiert oder auch in der Umschreibung des Heils als „Herrlichkeit nach dem Leiden" (1,7.11.21; 4,13f; 5,1.10).

*2. Damit wird die bereits geschehene Erneuerung der Existenz der Glaubenden und damit die Gegenwärtigkeit des Heils unterstrichen.*

Diese Personalisierung erlaubt es, auch in einer noch unerlösten Welt – und die im 1Petr immer wieder angesprochenen Leiden unterstreichen diese Unerlöstheit nachhaltig – einen Ort anzugeben, an dem die eschatologische Erneuerung bereits stattgefunden hat.[31] Im wiederkehrenden Motiv der Freude im Leiden (1,6; 4,13f vgl. 3,14; 5,12) kann diese Erneuerung als Überwindung und Verwandlung der negativen Welterfahrung in Gestalt der Vorfreude auf den künftigen Jubel bereits die Gegenwart bestimmen.

*3. Gegenwärtig ist dieses Heil aber nur, insofern im Modus der Hoffnung Gottes Zukunft bereits die Gegenwart der Glaubenden qualifiziert.*

Insofern die Wiedergeburt als Wiedergeburt „zur lebendigen Hoffnung" bestimmt wird, macht der 1Petr deutlich, dass der Zukunftsbezug für diese konstitutiv bleibt. Neu wird das Leben der Erwählten aufgrund des „Erbes in den Himmeln" (1,4), das zwar in der Auferstehung Jesu Christi bereits zugeeignet ist (1,3), aber erst „zur letzten Zeit" offenbar wird (1,5). Dieses für die Erde zukünftige Heil ist nur im Modus von Glaube und Liebe gegenwärtig (vgl. 1,8); in der „lebendigen Hoffnung" wird das noch Abwesende den Glaubenden anwesend, ohne seine Zukünftigkeit einzubüßen.

---

30 Vgl. bes. Röm 8,18ff; auch die Neuschöpfung in 2Kor 5,17 ist zwar auf den einzelnen Glaubenden bezogen, ist aber zugleich offen für den Bezug zum göttlichen Heilshandeln an der ganzen Kreatur (vgl. 2Kor 5,19).

31 Damit ist auch nicht nur der Ausgangspunkt in der Taufe bezeichnet, sondern der neue Zustand.

Irdische Gesellschaft und christliche Gemeinschaft

*4. Die Wiedergeborenen leben in dieser Welt als „Fremde".*

Aus der Daseinserneuerung folgt eine elementare Distanz zum bisherigen Leben und den bislang die Existenz konstituierenden Bezügen: Aufgrund der durch die Wiedergeburt eröffneten „lebendigen Hoffnung" auf ein unvergängliches Erbe im Himmel (1,3f) stehen die Christen in einem expliziten Gegensatz zur bisherigen „Nichtigkeit der von den Vätern überlieferten Lebensweise" (1,18) und zu einer Existenz, die durch den vergänglichen Samen der natürlichen Zeugung dem Tod geweiht ist (1,23f). Insofern ist die Wiedergeburt die positive Kehrseite des ebenfalls im 1Petr so entschieden betonten „Fremdseins" der Christen (1,1.17; 2,11).

*5. Fremdheit meint nicht Flucht aus der Welt, sondern Distanz zu deren Gottferne und ist somit Kehrseite einer neuen Beheimatung.*

Der Schlusssatz des Hymnus in 1Petr 2,21ff hat seine Pointe in der Umkehr aus der Verirrung zum „Hirten und Bischof eurer Seelen". Die Gläubigen sind in ihrem Fremdsein sozusagen Avantgarde der neuen Welt. Auch wenn – aufgrund der starken Personalisierung des Heils im 1Petr – die Erwartung des universellen Heils zurücktritt, so zielt die Beschreibung der christlichen Existenz doch nicht auf die Abkehr der Gläubigen von allen anderen, sondern auf ein Leben in der zeichenhaften Existenz, welche als Hinweis auf die „Hoffnung in ihnen" (3,15) sogar die Verfolger zur Umkehr bewegen soll.[32]

*6. Durch Wiedergeburt wird der Glaubenden in die neue Gemeinschaft des Gottesvolkes eingegliedert.*

Der Metapher der Wiedergeburt eignet unbestreitbar ein Gefälle zur Individualisierung des Heils, wie es auch die reli-

---

32 Vgl. v. a. den Beginn des zweiten Hauptteiles, wo in 2,12 dies dezidiert als Ziel des christlichen Verhaltens angegeben wird.

gionsgeschichtlichen Parallelen bezeugen. Dieses Gefälle wird im NT teilweise dadurch aufgehoben, dass die neutestamentlichen Aussagen zur Wiedergeburt sich nicht auf den isolierten Einzelnen beziehen,[33] sondern auf den Einzelnen als Teil einer Gemeinschaft bzw. gleich auf ein Kollektiv.[34] Besonders deutlich ist dies im 1Petr der Fall, wo die dreimaligen Ausführungen zur Wiedergeburt (1,3–5.23–25; 2,2f) gerahmt sind von Bezügen auf die Gottesvolktradition (2,4–10).[35]

Gott und Mensch

*7. Im Akt der Neuzeugung/Wiedergeburt hat sich Gott als die die Todverfallenheit der menschlichen Existenz überwindende Lebensmacht definiert.*

Wiedergeburt gründet in der Auferweckung Jesu Christi (1,3f), durch welche Gott die Vergänglichkeit und Nichtigkeit des menschlichen Lebens überwunden (1,18ff) und dem sonst wie Gras verwelkenden Menschen an seiner Unvergänglichkeit teilgegeben hat (1,23–25). Mit einer in biblischen Zusammenhängen einigermaßen ungewöhnlichen Metaphorik wird der „Gott und Vater Jesu Christi" daher in der Eingangseulogie als „der Neuzeugende" prädiziert (1,3).

*8. „Neuzeugen" personalisiert den Gedanken der Neuschöpfung: In der Wiedergeburt werden aus Geschöpfen Kinder.*

Durch Wiedergeburt werden die Glaubenden zu dem sie von neuem zeugenden Gott in ein personales Verhältnis gesetzt,

---

33 Dies ist das Missverständnis der pietistischen Rezeption dieser Metapher.
34 Wie die Aussagen des 1Petr formulieren auch Jak 1,18 und Tit 3,5 im Plural. In Joh 3,5 findet sich scheinbar eine singularische Aussage, aber das τις ist dort generalisierend gemeint, wie der Wechsel zum Plural in 3,7, aber auch Joh 1,13 zeigten.
35 Dies geschieht in Bildern und Begriffen, die der alttestamentlichen Gottesvolktradition entnommen sind: Die Wiedergeborenen sind „lebendige Steine" des „geistlichen Hauses" (= Tempel), sie bilden Gottes „Priesterschaft", gehören zu seinem „heiligen Volk" und sind sein „Eigentumsvolk".

so dass sie – um das kühne Bild des 1Petr weiterzuspinnen – gleichsam „genetisch" an Gott als „Vater" teilhaben. Anders ausgedrückt: Durch die Wiedergeburt entsteht eine engste Gemeinschaft, durch sie gibt Gott an seiner eigenen Lebendigkeit und Ewigkeit teil. Dies hat Konsequenzen für die Soteriologie, wenn etwa durch den Vorgang der Wiedergeburt exklusive Gottesattribute wie Unvergänglichkeit, Unverwelklichkeit und Unbeflecktheit zu Prädikaten des neuen Lebens werden (bes. 1Petr 1,4.23; vgl. weiter 3,4; 5,4).

*9. Wiedergeburt unterstreicht, dass sich die neue Existenz exklusiv dem sich im Wort zuwendenden Gott verdankt.*

Wie der Mensch für seine Zeugung und Geburt schlechterdings nichts tun kann, so unterstreicht auch die Metapher der Neuzeugung bzw. der erneuten Geburt, dass die Rettung Widerfahrnis ist, dass der Wiedergeborene bloß Empfangender ist. Seine Person ist nicht mehr durch seine Herkunft, seine Vergangenheit oder sein eigenes Tun bestimmt, sondern durch Gottes Wort,[36] in welchem dieser sich mitteilt und so das neue Leben begründet (Zeugung, Geburt) und erhält (2,2: Nähren der Säuglinge mit „Wortmilch"). Es handelt sich also bei der Wiedergeburt nicht um eine magische, ethische oder sonst wie beschaffene Umwandlung der menschlichen Substanz, nicht um Vergöttlichung des Irdischen. Vielmehr bleibt das Dasein als menschliches auf den „rufenden" Gott (1,14; 2,9.21; 3,9; 5,10) als *extra nos* bezogen und ist so als *creatura verbi* wiedergeboren.

*10. Durch den Bezug zu Gott als „Vater" sind die Wiedergeborenen zugleich „Kinder des Gehorsams" (1,14).*

Das die Menschen verwandelnde Wort Gottes ist nicht nur das erwählende und verheißende Wort, sondern zugleich das

---

[36] 1,23.25 vgl. auch die „Logosmilch" in 2,2 sowie die mit dem Verb καλειν verbundenen Erwählungsaussagen, deren Konsequenz die Verwandlung der Berufenen ist (1,15f; 2,9 in Anlehnung an das Schöpfungsgeschehen Gen 1,3).

gebietende Wort,[37] insofern es die Entsprechung zu dem berufenden Gott und damit den Widerspruch zu der von „Begierde" bestimmten bisherigen Daseinsorientierung zumutet (1,14ff). Prädikate wie „Kinder des Gehorsams" (1,14) oder „Knechte Gottes" (2,16) unterstreichen den Zusammenhang zwischen Neuzeugung/Freiheit auf der einen und Bindung/Gehorsam auf der anderen Seite. Zwei der drei Wiedergeburtsaussagen dienen denn auch zur Begründung der Paränese (1,22ff; 2,1ff). Im erneuerten „Wandel" wird die Wiedergeburt für die Nichtgläubigen sichtbar.

## 6. Risiken und Nebenwirkungen

Wie gezeigt, hat der 1Petr durch die Verwendung der Metapher der Wiedergeburt die christliche Botschaft in den Horizont der hellenistischen Welt übersetzt. Neben der Notwendigkeit, in der Mission „den Griechen ein Grieche zu werden", könnten wohl auch innere Gründe eine Rolle spielen: Das Problem der Parusieverzögerung (vgl. 2Petr 3,3f) legt es nahe, die urchristliche Zukunftshoffnung in neuer Sprache auszudrücken.

Die Verwendung der Metapher der Wiedergeburt birgt die Chance, die christliche Verkündigung im Horizont der Erlösungshoffnungen der späteren Antike plausibel zu machen und zu Gehör zu bringen. Dabei teilt der 1Petr den fast schon dualistischen Gegensatz zwischen Gott und der menschlichen Welt. Dass dieser Gegensatz aber nicht den Menschen als unüberwindliche Distanz bedroht, sondern als eine heilsame, dem Menschen zugute kommende Unterscheidung von Schöpfer und Geschöpf erfahren wird, liegt an der Christologie: Gottes eschatologisches Handeln in der Auferweckung Jesu Christi wird durch die Berufung zugeeignet; die Glaubenden werden in den Bereich Gottes einbezogen. Sie haben eine „lebendige Hoffnung" auf die Über-

---

37 Wie das deutsche „gehorchen" enthält auch das griechische ὑπακούειν den Aspekt des Hörens.

windung der Vergeblichkeit und Vergänglichkeit des Daseins, die sich in der Welterfahrung bereits proleptisch bestätigen lässt: Selbst mitten im Leid können sie sich freuen. Zugleich erhalten sie eine neue Heimat in der christlichen Gemeinschaft.

Diese Personalisierung des Heils und dessen Bestimmung in Antithese zur vorhandenen Welt birgt aber auch die Gefahr, dass die neutestamentliche, auf die Erneuerung der gesamten Schöpfung zielende Eschatologie zunehmend in eine auf das individuelle Heil zielende Erlösungsreligion[38] umgewandelt wird. Das ist so im 1Petr noch nicht der Fall. Dennoch wäre zu prüfen, inwieweit die Begrifflichkeit und Metaphorik des 1Petr zumindest ein Gefälle in dieser Richtung aufweisen. Das gilt auch für die so betonte Fremdheit der Christen. Nicht von ungefähr hat die Rede von Wiedergeburt und Fremdlingsschaft in der Frömmigkeitsgeschichte auch immer wieder eine deutliche Affinität zur Weltverneinung gezeigt.

Als Fazit ist festzuhalten: Es gilt, die Rede von der Wiedergeburt im 1Petr und die damit verknüpften Vorstellungen als einen Sprach- und Plausibilitätsgewinn für die christliche Soteriologie und Eschatologie zu würdigen, dessen Relevanz auch heute wieder zu bedenken ist, zumal dieses Motiv der Wiedergeburt in der gegenwärtigen religiösen Landschaft außerhalb von Kirche und Theologie eine nicht unbedeutende Rolle spielt (s. Beitrag Engelbrecht). Zugleich wird christliche Theologie aber die darin enthaltenen Gefahren mit bedenken und deshalb die Wiedergeburt durch Einbindung in den weiteren Zusammenhang des neutestamentlichen Zeugnisses präzisieren müssen.

---

38 1Petr 1,9 spricht als erste biblische Schrift von „Seelenheil"; dagegen wird von der Auferstehung nur im Bezug auf das Geschick Christi gesprochen, von Neuschöpfung ist gar nicht die Rede.

# *Wie viel Weltfremdheit gehört zur Wiedergeburt?*

## Ein Versuch, Nietzsches „Fluch auf das Christentum" ein wenig Segen abzugewinnen

MARTIN HAILER

Der Zweck der folgenden Überlegungen ist es, einen systematisch-theologischen Teilaspekt der Rede von Wiedergeburt näher zu beleuchten. „Wiedergeburt" ist ein Bildwort, das zwei miteinander unverträgliche Größen zusammenspannt, nämlich die Geburt und deren Wiederholung. Die Provokation dabei liegt auf der Hand: Niemand wird im biologischen Sinne zweimal geboren. Insofern ist das Bildwort aus sich selbst eine bewusste Verdrehung, die eingespielte Denk- und Erfahrungsmuster unterbrechen soll, Metapher im besten Sinn des Wortes.[1] Zu ihrer produktiven semantischen Unterbrechung gehört, dass die biblische Rede von der Wiedergeburt ein Abrücken von der normalen Welt beschreibt. Die Welt der Wiedergeborenen ist „nicht von dieser Welt". Sie sind einer anderen zugehörig, ihr ganzes Sein ist anders gegründet und anders geworden als das derjenigen, die für sich von der einen biologischen Geburt reden. In diesem Sinne setzt „Wiedergeburt" die Behauptung der Weltfremdheit mit.

---

1 Vgl. Ricoeur, Paul: Stellung und Funktion der Metapher in der biblischen Sprache, in: ders./Eberhard Jüngel, Metapher, EvTh Sonderheft, München 1974, 45–70. Über die allgemeine und theologische Diskussion zur Metapherntheorie informieren in hilfreicher Weise u. a. Barbour, Ian G.: Myths, Models and Paradigms. The Nature of Scientific and Religious Language, London 1974; Kurz, Gregor: Metapher, Allegorie, Symbol, Göttingen ³1996 sowie Buntfuß, Michael: Tradition und Innovation. Die Funktion der Metapher in der theologischen Theoriesprache, Berlin/New York 1997.

Mein Erkundungsgang setzt ein (1.) mit kritischen Anfragen an die Adresse der Theologie, in deren Augen „Weltfremdheit" ein störender Terminus ist und der zu – recht massiver – Religionskritik Anlass gibt. Nach einem literarischen Beispiel von Stefan Heym kommt Friedrich Nietzsche zu Wort, der das Christentum als eine Weltfremdheitsbewegung interpretiert, in der die Zukurzgekommenen sich die Überwindung der Welt erträumen, zu welchem Zweck sie sich die Überzeugungen der griechischen Metaphysik zu eigen machen. Dem gilt seine scharfe Kritik.

Die theologische Antwort darauf wird dreiteilig vorgetragen. Zunächst (2.) wird die Fragestellung abgesteckt und werden einige vorläufige Erwägungen angestellt. Es geht um das systematisch-theologische Interesse an exegetischen Einsichten zum Thema, um die traditionelle Verortung der Rede von Wiedergeburt in der Tauflehre und die Gefahren, die durch eine isolierende Verwendung der Termini „Wiedergeburt" und „Weltfremdheit" entstehen. Anhand dieser Überlegungen wird eine vorläufige These entwickelt, die besagt, dass Weltfremdheit im christlichen Sinne nicht Weltflucht, sondern die spezifische Wiederbeheimatung des Menschen in der Welt besagt. Danach (3.) möchte ich die Anfragen und Verdikte Nietzsches nützen, um das Verständnis von Weltfremdheit als Wiederbeheimatung in der Welt zu präzisieren: Die Rede von der Weltfremdheit besagt theologisch, der Verheißung Gottes bereits in diesem Leben anzugehören. Das wird (4.) durch die Rede von der Nachfolge ausgedrückt.

## 1. Weltfremdheit als Weltflucht: Vorwürfe an die christliche Adresse

### 1.1 Jesu apathischer Gott und Ahasvers heiliger Zorn

Weltfremder geht es nicht. Weltfremder als das Christentum, sein Messias und sein Gott kann man partout nicht sein. Zumindest drängt sich dieser Eindruck auf, wenn man Stefan Heyms Roman „Ahasver" liest.[2] Heym greift die Legende vom ewigen Juden Ahasver auf, der Jesus auf dem Weg nach Golgatha keine Rast gewährte und deshalb zum ruhelosen Wandern durch die Jahrhunderte verdammt ist, und konstruiert aus Ahasver und Jesus ein höchst ungleiches Paar. Jesus wird als milder, leidensbereiter Gottesmann geschildert, der lammgleich sein Kreuz auf sich nimmt und dessen wichtigster Satz ist, dass sein Reich nicht von dieser Welt sei. Er gehört einer Vatergottheit zu, die entrückt und teilnahmslos existiert und für das Leid der Welt kein Interesse aufbringt. Gott ist in Heyms Schilderung ein fernes Licht, selbstgenügsam und unnahbar; er wird mit Attributen belegt, die aus einer popularisierten Version des platonischen Gottesbegriffs stammen könnten – wobei hier besonders an die Lichtmetapher zu denken wäre – und in vielem an deistische Überzeugungen erinnern. Die Schilderung Jesu bedient sich einer Karikatur des „Schmerzensmannes", des quietistischen Dulders, für den Leid allenfalls ein Grund zum Seufzen und zum Verweis auf Gottes unerforschlichen Ratschluss ist. Er ist dem Leid – auch dem eigenen auf dem Weg nach Golgatha – gegenüber nicht unempfindlich, aber er hält es letztlich für unvermeidbar und angesichts der gänzlichen Unweltlichkeit des Reiches Gottes für unerheblich.

Anders, ganz anders steht es um Ahasver. In einem virtuosen Spiel mit den religiösen Komponenten der Tradition entwirft Heym den Ahasver als Urbild dessen, der Leid und Unrecht eben nicht achselzuckend und unter Verweis auf Gottes unerforschlichen Ratschluss hinnimmt. Ahasver rät Jesus, seinem sinnlosen Kreuzestod zu entfliehen, er ist durch die Jahrhunderte Anwalt der entrechteten und gequälten Juden und er weist in der fiktionalen Primärwelt des Romans listig-konsequent auf die faulen Kompromisse hin, die die Vertreter des sich selbst als weltjenseitig ausgebenden Christentums mit der weltlichen Obrigkeit eingehen, wobei sie meistens die Juden zum Sündenbock machen. Der ewige Jude wird in Heyms Schilderung zu so etwas wie dem ewigen

---

2 Heym, Stefan: Ahasver, Frankfurt a. M. [18]2000.

Revolutionär. Er verkörpert die heilige Unruhe dessen, der das Recht sucht und deshalb über das menschliche Unrecht aller Zeiten empört ist, einschließlich der Selbstbornierung derer, die sich für berufene und berufliche Revolutionäre halten. Letztlich muss sich der Zorn des ewigen Revolutionärs auch gegen Gott wenden, der all dies irgendwie ins Werk gesetzt hatte, sich aber in seiner schlechten Unendlichkeit mit sich allein zufrieden gibt. Wenn Gott sich von seiner Welt abgewandt hat, dann müssen die Ideen der Gerechtigkeit und des Reichs der Freiheit gegen ihn gekehrt werden. Das verkörpert Ahasver, der Gegenspieler Jesu und intelligente Halbbruder Lucifers.

Mir scheint, dass dieses Buch mehr ist als ein historisch geistvoller und sprachgewaltiger Revolutionärsroman. Das lässt sich an zwei Aspekten deutlich machen. Zum einen beschreibt Stefan Heym ein Jesusbild, das vielen Zeitgenossen vertraut sein dürfte. In diesem Bild ist Jesus ein stiller, freundlicher Dulder, der persönlich achtbar gelebt hat und ebenso gestorben ist, von dem aber keine Wirksamkeit ausgeht. Vielleicht gilt er als moralisch hochherziger „neuer Mann", vielleicht auch als geistesgeschichtliche Figur von einiger Bedeutung. Mehr als eine solche moralisch codierte Bedeutung wird Jesus in diesem Bild freilich kaum zugesprochen. – Mit dieser Beschreibung hat Heym gewiss eine geistige Signatur der Zeit getroffen.

Der andere Aspekt ist stärker dogmatischer Natur und betrifft das Gottesbild, das Heym im Gegenüber zu seinem Ahasver zeichnet. Ohne dass es möglich wäre, eine genaue geistesgeschichtliche Quelle auszumachen, lässt sich doch sagen: Diese Gottesvorstellung speist sich aus dem Apathieaxiom des griechischen Monotheismus, aus deistischen Motiven und anderem. Gott ist ein einziger, außer ihm gibt es keine nennenswerten Wirkursachen, er hat die Welt uranfänglich geschaffen und ihr Fortwirken durch entsprechende Einrichtungen garantiert. Er überlässt sie aber gänzlich ihrem Eigenleben und genügt sich in sich selber. Auch die Sendung seines Sohnes hat letztlich kein anderes Ziel als auf das „Reich" genau dieses Vaters hinzuweisen: Es erlangt, wer sich von der Welt abwendet und sich auch für ihr Leid letztlich nicht mehr interessiert. Wer auf dem Weg zur visio beatifica sein will, ist in diesem Leben tunlichst Quietist.[3]

Die Amalgamierung der Motive ist aufschlussreich. Heyms Vorwurf der Weltfremdheit entsteht, indem er einige Motive aus der christlichen Frömmigkeitsgeschichte mit Elementen des griechischen Gottesbildes und des Deismus zusammenspannt. Auf diese Mischung kommt es an. Jesus leidet, weil Gott selbstgenügsam-transzendent ist. Er verzichtet auf das Ergreifen politischer Möglichkeiten, weil die göttlichen Eigenschaften dazu schlechterdings inkompatibel sind. Er verweist auf ein völlig weltfernes und -fremdes Reich, weil für ihn ausgemacht ist: „Gott offenbart sich nicht *in* der Welt."[4] Der Vorwurf der Weltfremdheit scheint also einer zu sein, der dem so apostrophierten Gott Eigenschaften aus einer bestimmten Tradition unterstellt. Weltfremd ist der platonisch-apathische Gott, weltfremd sein Gesandter. Heyms Religionskritik stellt ihn offensichtlich in die Reihe derer, die mit Friedrich Nietzsche den biblischen Glauben als Epiphänomen des Vulgärplatonismus begreifen und behaupten,

---

3 Bei Heym wird er zum Träumer, da sein Gott letztlich nichts anderes ist als dies. Der letzte himmlische Dialog – und damit das Buch – endet mit dem Satz: „Und da er [Jesus, Vf.] und GOtt Eines waren, ward auch ich eines mit GOtt, *ein* Wesen, *ein* großer Gedanke, *ein* Traum." (Heym: Ahasver, 244)
4 Wittgenstein, Ludwig: Tractatus logico-philosophicus 6.432 (Werkausgabe 1, Frankfurt a. M. [5]1989, 84). Die Passgenauigkeit des Zitats an dieser Stelle ist erstaunlich. Wittgensteins Argumentationsgang verläuft allerdings anders herum. Er streitet für einen strikten Immanentismus, weil es keine Möglichkeiten gibt, über die Grenzen der – in diesem Falle: exakten – Sprache hinaus zu denken. (Dieser Grundgedanke bleibt von der sprachphilosophischen Kehre unberührt, wie ein Blick auf Philosophische Untersuchungen § 293 [Wittgenstein: Werkausgabe, 373] zeigt.) Insofern ist die Frage, ob es Gott gibt, im Sinne des Tractatus unbeantwortbar und verfällt dem Verdikt des wohlbekannten Schlusssatzes. Satz 6.432 ist demnach als philosophische Vorsichtsmaßregel zu lesen: Wenn schon über Gottes Existenz nichts gesagt werden kann, so gilt aber doch mit Sicherheit, dass er unter den Bedingungen der Welt nicht vorkommt. – Die Tradition, der Stefan Heym verpflichtet ist, kennt sehr wohl das Festhalten an Universalbegriffen, kehrt sie aber aus einer grundlegenden Enttäuschungserfahrung heraus gegen die Gottheit, die dann als in der Welt wirkungslos gedacht werden muss.

Christentum sei Platonismus fürs Volk.[5] Bevor man allerdings zu schnell behauptet, dass der Gott Abrahams mit diesem Gott der Philosophen, dem die Weltfremdheit zurecht nachgesagt wird, nichts zu tun habe und das Problem füglich nicht existiere, lohnt ein konzentrierter Blick in die Werke des Autors, dem der Vorwurf der Weltfremdheit in diesem Sinne zu verdanken ist.

*1.2 Ein Blick in Nietzsches Spätwerk: Christentumskritik*

Um zu verstehen, wie Nietzsches Vorwurf der Weltfremdheit an die christliche Adresse funktioniert, muss man werkgeschichtlich spät anfangen und dann aus den früheren Texten die leitenden Motive zu gewinnen versuchen. In den großen Schriften aus der späten Zeit, „Jenseits von Gut und Böse" (JGB, 1886) und „Zur Genealogie der Moral" (GM, 1887) finden sich die Spitzenformulierungen von Nietzsches Christentumskritik – wenn man von den so genannten Werken des Zusammenbruchs, „Götzen-Dämmerung" (1889), „Der Antichrist" und „Ecce homo" (für 1889 vorgesehen), absieht, was ich aus methodischen Gründen weitgehend tun will. Hier steht die These von der christlichen Moral als der der Zukurzgekommenen und wird das biblische Israel als Genie des Ressentiments bezeichnet, das den Sklavenaufstand in der Moral zum Erfolg geführt hat. Nietzsche skizziert den Typus des Priesters, der im Grunde ein verkappter Herrscher ist und endet damit, dass er die biblische Religion als grundständig unfähig ansieht, dem nahezukommen, was Wirklichkeit sein könnte und unterstellt ihr deshalb, dass sie mit mehr oder weniger billigen Jenseitsvertröstungen versucht, dieser unbegriffenen Wirklichkeit zu entkommen. Später, im „Antichrist", wird er für eine solche Lebenshaltung nur noch eines übrig haben: den Fluch. Diese Ausfüh-

---

5 Colli, Giorgio/Montinari, Mazzino (Hg.): Friedrich Nietzsche, Kritische Studienausgabe, München 1980 (im Folgenden: KSA, in Klammern die Angabe von Schrift und Aphorismus), 5, 12 (Jenseits von Gut und Böse, Vorr.).

rungen haben das theologische Nietzschebild nachhaltig geprägt. Nietzsche wurde anhand ihrer zum „Alleszermalmer" in Glaubensdingen.[6] Es lohnt jedoch, wenigstens einige Aspekte des früheren Werks in die Würdigung mit einfließen zu lassen: Denn nur dort werden wir der Motive ansichtig, aus denen heraus Nietzsches späte Positionen verständlich werden.

Ich beginne also mit einigen Bemerkungen zur Gestalt von Nietzsches Christentumskritik in den Spätwerken. Nietzsche schreibt im dritten Hauptstück von „Jenseits von Gut und Böse" (JGB), das mit „das religiöse Wesen" überschrieben ist, folgende Sätze:

„Vielleicht ist am Christenthum und Buddhismus nichts so ehrwürdig als die Kunst, noch den Niedrigsten anzulehren, sich durch Frömmigkeit in eine höhere Schein-Ordnung der Dinge zu stellen und damit das Genügen an der wirklichen Ordnung, innerhalb derer sie hart genug leben – und gerade diese Härte thut Noth! – bei sich festzuhalten."[7]

In diesem Auszug aus JGB 61 werden zwei Dinge zugleich behauptet. Zum einen hält Nietzsche dem Christentum – Bemerkungen zum Buddhismus tauchen hin und wieder auf, spielen aber keine wirkliche Rolle – vor, seinen unmündigen Angehörigen eine Scheinwelt vorzugaukeln, zum anderen spekuliert er über den Zweck, zu dem dies geschieht: Dies hält die höchst realen irdischen Verhältnisse stabil, mehr noch, die Härte dieser wirklichen Verhältnisse wird in geschickter Weise zur Notwendigkeit, eben weil sie die Existenz der „höheren" Scheinwelt nur um so glaubhafter macht: Je härter es hier eingeht, desto gewisser ist die Existenz der Überwelt und desto unnötiger die Veränderung der hiesigen. Nietzsches Intention – und dafür sind diese Sätze lediglich ein kleines Beispiel aus sehr vielen denkbaren – ist emanzipatorischer Natur. Die teils wütende Sprache, die

---

6 Ein Überblick bei Köster, Peter: Nietzsche-Kritik und Nietzsche-Rezeption in der Theologie des 20. Jahrhunderts, Nietzsche-Studien 10/11 (1981/82), 615–685.
7 Nietzsche: KSA 5, 81 (JGB 61).

beim ersten Lesen inhuman und schrecklich klingt, ist eigentlich Ausweis der humanitas: Der christliche Impuls, angetreten, wirkliche Menschlichkeit statt Barbarei zu bringen, ist fehlgegangen und ausgelaugt. Was durch die Entlarvung der Religion und ihrer perfiden Hinterweltlerei geschehen soll, ist die Wiedergewinnung des Humanums. Dass dies für Nietzsche nicht im Sinne der christlich-humanistischen Gleichheitsidee stattfindet, ist eine andere Sache, die so auf den kürzesten Nenner gebracht werden kann: Gleichheit, deren Preis Barbarei ist, kann nicht menschengerecht sein.[8]

Der Grund für das Scheitern der Gleichheitsidee liegt darin, dass ihre Motivation unehrlich war. Diejenigen, die eine künstliche Überwelt errichten, in die sich zurückzuziehen sie ihren Anhängern empfehlen, taten dies nicht aus einem humanen Impuls heraus, sondern aus dem egoistischen Interesse an der Verbesserung ihrer eigenen Situation. Der Gedanke war einfach und wirkungsvoll: Das Partikularinteresse eines unterdrückten Volkes konnte dadurch befriedigt werden, dass seine Machtinteressen zu den universalen Prinzipien der Moral und des Rechts erhoben wurden. Was auf der Motivationsseite nur einem partikularen Volk galt, wurde auf der Sachseite zu den universalen Prinzipien schlechthin erklärt. Diese Setzung von Werten entwertete alles, was vorher galt und zwar in nachhaltigster Art und Weise. Der „Sklavenaufstand in der Moral", wie Nietzsche diesen Vorgang nennt, ist zugleich die grandioseste Umkehrung der Werte, die die Geschichte kennt. Nietzsche fasst den Gedanken weiter hinten im selben Band zusammen:

„Die Juden – ein Volk ‚geboren zur Sklaverei', wie Tacitus und die ganze antike Welt sagt, ‚das auserwählte Volk unter den Völkern', wie sie selbst sagen und glauben – die Juden haben jenes Wunderstück von Umkehrung der Werthe zu Stande gebracht, Dank welchem das Leben auf Erden für ein Paar Jahrtausende einen neuen

---

[8] Den emanzipatorischen Aspekt von Nietzsches Religionskritik hat Jacob Taubes in posthum edierten Vorlesungen unterstrichen: Taubes, Jakob: Die politische Theologie des Paulus. Vorträge, gehalten an der Forschungsstätte der Evangelischen Studiengemeinschaft in Heidelberg, 23.–27. Februar 1987, München ²1995, 106ff, bes. 111.

und gefährlichen Reiz erhalten hat: – ihre Propheten haben ‚reich', ‚gottlos', ‚böse', ‚gewaltthätig', ‚sinnlich' in Eins geschmolzen und zum ersten Male das Wort ‚Welt' zum Schandwort gemünzt. In dieser Umkehrung der Werthe (zu der es gehört, das Wort ‚Arm' als synonym mit ‚Heilig' und ‚Freund' zu brauchen) liegt die Bedeutung des jüdischen Volks: Mit ihm beginnt der *Sklaven-Aufstand in der Moral.*"[9]

Der „Sklaven-Aufstand" ist einer von Nietzsches berüchtigten Begriffen, wobei es inzwischen als unbegründet gelten darf, ihn anhand dieser und anderer Äußerungen zum Antisemiten zu erklären – dies war vielmehr die Intention seiner ersten Herausgeber und seiner fatalsten Leser gleichermaßen.[10] Im Kontext dieses Aphorismus wird der Sinn dieser Metapher deutlich: Das Fatale im Siegeszug der monotheistischen Religionen Palästinas liegt nach Nietzsche darin beschlossen, dass sie ihr Interesse nicht *als Interesse* wahrnahmen und verfochten, sondern es zu einem generellen moralischen und religiösen Prinzip machten. Der Effekt war überaus deutlich und Nietzsche benennt in diesem Text mehrere Folgen: a) die zeitliche Nachhaltigkeit, nämlich „ein Paar Jahrtausende".[11] b) Das Ergebnis ist eine moralische

---

9 Nietzsche: KSA 5, 116f (JGB 195, Sperrungen aus der KSA hier durchgängig kursiv). Vgl. ebd. 270–274 (GM I,10), u. a. mit folgender Formulierung: „Der Sklavenaufstand in der Moral beginnt damit, dass das *Ressentiment* selbst schöpferisch wird und Werthe gebiert: das Ressentiment solcher Wesen, denen die eigentliche Reaktion, die der That versagt ist, die sich nur durch eine imaginäre Rache schadlos halten können." (270) Im Kontext dieses Aphorismus entwickelt Nietzsche die Entstehung der Moral als sublimierte Rache, die der Logik folgt, dass das, was einem selbst nicht gegönnt ist, auch niemand anderem gegönnt werden darf, und die „hohen" Ideale der Moral also der auf alle ausgeweitete Zwang zur Lebensverneinung sei.
10 Darauf will ich hier nicht eingehen und verweise auf die instruktiven Darlegungen bei Kaufmann, Walter: Nietzsche. Philosoph, Psychologe, Antichrist, Darmstadt ²1988, 331–358 und die Untersuchungen von Aschheim, Steven E.: Nietzsche und die Deutschen. Karriere eines Kults, Stuttgart/Weimar 1996 und Riedel, Manfred: Nietzsche in Weimar, Leipzig 1997.
11 Es bleibt den Lesern/innen überlassen, „ein Paar Jahrtausende" im Sinne von „einige" oder von „das Paar" zu lesen, was einem Hinweis auf das Zuendegehen der christlichen Geschichte gleichkäme. Gleichwohl,

Wende mit beträchtlichen Konsequenzen, die unter anderem darin besteht, überhaupt nicht zusammengehörige Größen unter eines zu fassen und dabei auch recht absurde Allianzen einzugehen – so jedenfalls ist m. E. die eingeklammerte Bemerkung zu verstehen. c) Die große Vereinheitlichung und Umkehrung gipfelt darin, „zum ersten Male das Wort ‚Welt' zum Schandwort gemünzt" zu sehen.[12] Damit sind wir am Punkt.

Die Ausweitung des partikularen Interesses ins Allgemeine, aus der der Sklavenaufstand in der Moral besteht, hat zur Verteufelung bzw. Verweltlichung von gleichsam „allem" geführt. Die Welt, über deren Unterschiede, Nischen und Differenziertheiten doch eigentlich zu berichten wäre, wird im Namen der erdachten höheren Ordnung als ganze in Bausch und Bogen abqualifiziert. Die Moral der Zukurzgekommenen erträumt sich eine Überwelt und vergisst darüber die Differenziertheit der hiesigen. Dies ist, auf den kürzesten Begriff gebracht, der Entdeckungszusammenhang des Nietzscheschen Weltfremdheitsvorwurfs. Mit ihm, bei dem manche andere emanzipatorische Religionskritik schon bald ihr Bewenden hat,[13] ist für Nietzsche freilich erst der Anfang

---

und das unterscheidet Nietzsche deutlich von den meisten anderen Typen der Religionskritik, war er sich bis in seine letzten Werke darüber im klaren, dass nichts törichter ist, als die Denk- und Gefühlswelt des christlich geprägten Abendlandes einfach per Beschluss verlassen zu wollen. In brillanten Analysen zeigt er, dass unsere gesamte Weltauffassung, im Grunde bis hin zur Verfasstheit der Sprache, von ihr geprägt ist. In der „Götzen-Dämmerung" beschließt er eine Analyse über die Verquickung von Vernunft, Sprache und Gottesbegriff mit dem Seufzer: „Die ‚Vernunft' in der Sprache: oh was für eine alte betrügerische Weibsperson! Ich fürchte, wir werden Gott nicht los, weil wir noch an die Grammatik glauben [...]" (KSA 6, 78 [Götzen-Dämmerung, Vernunft in der Philosophie 5]). Vgl. dazu die ausgezeichnete Studie von Josef Simon, Grammatik und Wahrheit. Über das Verhältnis Nietzsches zur spekulativen Satzgrammatik der metaphysischen Tradition, Nietzsche-Studien 1 (1972), 1–26.

12 Wie Anm. 9.
13 In diesen Bahnen wäre etwa die Auseinandersetzung mit dem Philosophen Christoph Türcke zu führen, der in zwei Essay-Bänden der Theologie die Rechnung präsentiert. Türckes Kritik beschränkt sich darauf, religiöse Inhalte wie Versöhnung und Gerechtigkeit in ihrem Kern für

gemacht. Er analysiert von ihm aus unter anderem die Machtstrukturen der Religion und der postreligiösen Moral, welche Analysen unter dem Stichwort der „*Heerdenthier-Moral*"[14] berühmt und berüchtigt wurden und die zu seiner Zeichnung des Priestertyps als desjenigen führten, der die subtile Macht der vermeintlich machtlosen Religion ausübt.[15]

Entscheidend für unser Interesse ist freilich ein anderer Zusammenhang, in den Nietzsche seine Kritik des „Aufstands der Sklaven-Moral" stellt. Er behauptet, dass es sich bei ihr nicht um eine palästinische Sonderentwicklung handelt – die, für sich genommen, wohl kaum eine Chance auf Durchsetzungsfähigkeit gehabt hätte und wieder im Dunkel der Religionsgeschichte verschwunden wäre –, sondern dass sie eine Allianz von historischem Ausmaß eingegangen ist, nämlich die mit dem philosophischen Monotheismus des klassischen und nachklassischen Griechenland. Auch dort hatte, so Nietzsche, eine Umwälzung von historischem Ausmaß stattgefunden. Kurz und schlagwortartig gesagt: Wie in Israel aus Ressentiment die Moral entstand, so in Griechenland aus Unfähigkeit zum Leben die Metaphysik. Die Metaphysiker denken in Figuren der Einheit und Vereinheitlichung, weil es ihnen nicht möglich ist, die chaotische Vielfalt des Lebens auszuhalten. Ihr Denken des einen Gottes soll ihnen den Zusammenhalt und die (kausale) Erklärbarkeit

---

berechtigt zu halten und einer kritisch-theoretisch geläuterten Vernunft zuzuschlagen, aber der Theologie die Interpretationslegitimität abzusprechen. Aus Nietzsches Sicht kann die Kritik aber nicht durch einen Subjektwechsel allein schon erledigt sein, sondern müsste sich nun der Genese der vormals religiösen Inhalte zuwenden. Davon aber ist bei Türcke wenig zu lesen. Das ist seltsam angesichts der Tatsache, dass Türcke unter anderem eine Nietzsche-Studie vorlegte. (Türcke, Christoph: Kassensturz. Zur Lage der Theologie, Frankfurt a. M. 1992; ders.: Religionswende. Eine Dogmatik in Bruchstücken, Lüneburg 1995; ders.: Der tolle Mensch. Nietzsche und der Wahnsinn der Vernunft, Frankfurt a. M. 1989.)
14 Nietzsche: KSA 5, 124 (JGB 202).
15 Locus classicus ist die Dritte Abhandlung der Genealogie der Moral, die unter dem Titel steht: „Was bedeuten asketische Ideale?" (KSA 5, 339ff), vgl. bes. 361–387 (Aph. 11–19).

der Welt sichern, bis hin zu deren technokratischer Ausbeutung, in der Nietzsche einen bedrohlichen Effekt der Metaphysik erblickt.[16] Das Pathos des Ordnens und Erkennens verdeckt bei ihnen die Widersprüchlichkeit des Lebens, die Berufung auf eine vernünftige Moral bringt das Wesen des Lebens als wesentlich Unmoralisches zum Verschwinden. Die Erfindung der Wissenschaft soll sichere Erkenntnis vorgaukeln, macht dabei aber doch geflissentlich vergessen, dass Erkenntnisse wenig mehr als Sprachkonventionen sind.[17] – Die Reihe der Motive, Beobachtungen, Metaphern

---

16 In der Genealogie der Moral wird dies an einer Stelle anhand des Kausalitätsbegriffs ausgeführt. Nietzsche hält das Denken in Begriffen der zureichenden Wirkursächlichkeit für eine metaphysische Erfindung und blickt – für seine Zeit sehr hellsichtig – auf die möglichen Folgen: „Hybris ist heute unsre ganze Stellung zur Natur, unsre Natur-Vergewaltigung mit Hülfe der Maschinen und der so unbedenklichen Techniker- und Ingenieur-Erfindsamkeit; Hybris ist unsere Stellung zu Gott, will sagen zu einer angeblichen Zweck- und Sittlichkeitsspinne hinter dem großen Fangnetz-Gewebe der Ursächlichkeit." (KSA 5, 357 [GM III,9].) Auch wenn hier sicherlich aristotelische Kategorien als Gegenstand der Kritik dienen, so ist doch auffällig, dass Aristoteles im Werk Nietzsches namentlich kaum vorkommt; stets ist Platon Zielscheibe der Kritik. Man wird vermuten dürfen, dass Nietzsche sich für die Bruchstelle hin zum metaphysischen Denken interessierte und diese bei Sokrates und Platon fand, so dass dessen größter Schüler nicht im Zentrum seiner Aufmerksamkeit stand. Vielleicht hielt er es aber auch mit der Position Alfred N. Whiteheads, der einmal gesagt haben soll: „What is philosophy? Plato and some notes on him."
17 Vgl. zum in der Rezeption lange unterschätzten Niveau von Nietzsches Sprachphilosophie seinen Aufsatz aus den Jahren 1870–1873 „Über Wahrheit und Lüge im außermoralischen Sinn" (KSA 1, 873–890) und aus der Spätzeit die Aphorismenreihe „Die ‚Vernunft' in der Philosophie" aus der Götzen-Dämmerung (1889, KSA 6, 74–79). Nietzsches abschätzige Äußerungen über den Wahrheitsbegriff im Spätwerk, die in ihrer Plakativität durchaus stören und primitiv wirken können, nehmen sich auf dem Hintergrund der sprachphilosophischen Erwägungen des genannten Aufsatzes ganz anders aus. Jahrzehnte vor dem späten Wittgenstein und der „ordinary language philosophy" führt Nietzsche die Konsequenzen des Gedankens vor, dass alles Denken sprach- und damit notwendigerweise metaphernverhaftet ist. Diese Seite von Nietzsches Denken spielte für die Entwicklung der modernen Interpretationsphilosophie eine entscheidende Rolle, vgl. zur Einführung Abel, Günter: Interpretationswelten. Gegenwartsphilosophie jenseits von Essentialis-

und Argumente, mit denen Nietzsche hier vorgeht, ist lang und könnte noch weit fortgesetzt werden. Überdies sind seine Argumentationsfiguren durch das Werk hindurch durchaus nicht einheitlich. Statt also „die" Metaphysikkritik Nietzsches vorstellen zu wollen – solche Versuche haben ihre wenig ruhmvolle Nachgeschichte in den vitalistischen Fehldeutungen Nietzsches gefunden –, möchte ich anhand weniger Textstellen auf die für unseren Zusammenhang wesentlichen Beobachtungen und Argumente hinweisen.

In einem Aphorismus über den Zusammenhang von Wissenschaft und Askese findet sich folgende Bemerkung über die Stellung Platons:

„Die *Kunst*, vorweg gesagt, denn ich komme irgendwann des längeren darauf zurück – die Kunst, in der gerade die *Lüge* sich heiligt, der *Wille zur Täuschung* das gute Gewissen zur Seite hat, ist dem asketischen Ideale viel grundsätzlicher entgegengestellt als die Wissenschaft: so empfand es der Instinkt Plato's, dieses größten Kunstfeindes, den Europa bisher hervorgebracht hat. Plato *gegen* Homer: das ist der ganze, der ächte Antagonismus – dort der ‚Jenseitige' besten Willens, der große Verleumder des Lebens, hier dessen unfreiwilliger Vergöttlicher, die *goldene* Natur. Eine Künstler-Dienstbarkeit im Dienste des asketischen Ideals ist deshalb die eigentlichste Künstler-*Corruption*, die es geben kann, leider eine der allergewöhnlichsten: denn nichts ist corruptibler als ein Künstler."[18]

„Plato gegen Homer" als der „ganze, der ächte Antagonismus" – darauf kommt es hier an. Dieser auf den ersten Blick etwas seltsame Gegensatz kommt so zustande: Nietzsche will zeigen, dass zwischen der weltabgewandten Moral der Askese und der Wissenschaft letztlich kein Unterschied besteht. Wissenschaft ruht nicht auf einem festen Fundament, etwa dem der Empirie, welche sie gegen den Aszetismus abschirmen würde und ihn zur Phantasterei erklären könnte.

---

mus und Relativismus, Frankfurt a. M. 1993 und – als Kritik, die mit dem Grundanliegen sympathisiert – Lenk, Hans: Philosophie und Interpretation. Vorlesungen zur Entwicklung konstruktionistischer Interpretationsansätze, Frankfurt a. M. 1993, bes. 213ff.
18 Nietzsche: KSA 5, 402f (GM III, 25). Im Original steht das ganze Zitat in Parenthese.

Ihr Streben nach Allgemeingültigkeit, nach an sich wahren Sätzen, lässt sie zu Prämissen Zuflucht nehmen, die sie dem Leben und seiner chaotischen Vielfalt entfremden. Dass es Wahrheit gibt, die für sich selbst existiert und aufgefunden werden kann – das glaubt der Wissenschaftler und darin ist er dem Asketen ähnlich. Sie stehen, schreibt Nietzsche im selben Aphorismus, auf einem Boden, „nämlich auf der Überschätzung der Wahrheit (richtiger: auf dem gleichen Glauben an die *Un*abschätzbarkeit, *Un*kritisierbarkeit der Wahrheit) [...]."[19] Wo die Wissenschaft regiert, regiert „ein gewisse *Verarmung des Lebens*", die so aussieht: „die Affekte kühl geworden, das tempo verlangsamt, die Dialektik an Stelle des Instinktes, der Ernst den Gesichtern und Gebärden aufgedrückt [...] Nein! diese moderne Wissenschaft – macht euch nur dafür die Augen auf! – ist einstweilen die beste Bundesgenossin des asketischen Ideals, und gerade deshalb, weil sie die unbewussteste, die unfreiwilligste, die heimlichste und unterirdischste ist!"[20]

Wissenschaft ist kein Widerlager gegen die Weltflucht. Sie ist, so argumentiert Nietzsche, viel eher ein subtiler Ausdruck derselben. Dem Pathos ihrer Distanz muss man allererst auf die Schliche kommen, sie liegt nicht offen zutage. Dieser Aufdeckung suchen Nietzsches Texte zuzuarbeiten, dies übrigens nicht im Sinne von Syllogismen, sondern als eine Art therapeutischen Schreibens, das dem, der liest und genau mitdenkt, die Augen öffnet für tiefsitzende Verstellungen. Wer erkannt hat, wie es um die Wissenschaft steht, muss ihre heimliche Allianz erkennen und den Schnitt dann in der Tat so ansetzen, wie Nietzsche es vorschlägt: „Plato gegen Homer: das ist der ganze, der ächte Antagonismus".

Es fragt sich, was man sich unter diesem „ächten Antagonismus" genauer vorzustellen hat. Auf seiner sozusagen homerischen Seite müsste sich ja die Gegenwelt ausfindig machen, die nicht dem Komplex aus Askese und Wissenschaft angehört und über die nicht das Verdikt der Weltfremdheit ausgesprochen wird. Das Spätwerk bietet hier manche pathe-

---

19 Nietzsche: KSA 5, 402 (GM III, 25).
20 Nietzsche: KSA 5, 403 (GM III, 25).

tische Formulierung und manche Selbstbeschreibung des Autors, in dem die Nachgeborenen – je nachdem – die Offenbarung tiefster Wahrheit vermuteten oder aber Nietzsches kommende Umnachtung bereits meinten ablesen zu können: „[I]ch, der letzte Jünger und Eingeweihte des Gottes Dionysos",[21] beiseite gestellt „gegen den ganzen Rest der Menschheit",[22] weil er als einziger die universalen Verstellungen zu durchdringen in der Lage sei und deshalb – durchaus über sich selber – schreibt: *„Dionysos gegen den Gekreuzigten [...]"*.[23] Auch wenn Nietzsche beteuert: „Hier redet kein Fanatiker, hier wird nicht ‚gepredigt', hier wird nicht *Glauben* verlangt",[24] so drängt sich der Eindruck auf, dass es ganz ohne Fanatismus, schlechte Predigtsprache und „Glauben" wohl nicht abgeht in diesen Texten. Solche Leseeindrücke sind Grund genug, nicht hier allein nach dem „ächten Antagonismus" und nach dem Gegenstück der Mésalliance aus Wissenschaft und Askese zu suchen. Es drängte sich doch der Eindruck auf, den Autor nicht an seiner stärksten Stelle zu würdigen. Der Blick ins frühere Werk ist also angesagt und überdies ohne jede Gewaltsamkeit möglich. Ja, es legt sich aus werkgeschichtlichen Gründen dringend nahe, Nietzsches erstes veröffentlichtes Buch in den Blick zu nehmen, die „Geburt der Tragödie aus dem Geist der Musik" (GT).[25]

## 1.3 Ein Blick ins Frühwerk: Der grundsätzliche Antagonismus der Wirklichkeit

Dieses Buch schrieb Nietzsche in seiner Eigenschaft als Professor der Altphilologie und es erhebt zumindest vordergründig den Anspruch, eine geistesgeschichtliche Darlegung

---

21 Nietzsche: KSA 5, 238 (JGB 295).
22 Nietzsche: KSA 6, 371 (Ecce homo [EH], Schicksal 7).
23 Nietzsche: KSA 6, 374 (EH, Schicksal 9).
24 Nietzsche: KSA 6, 240 (EH, Vorwort 4).
25 Die Schrift erschien 1872 in erster und 1874 in zweiter Auflage. Nietzsche gab sie 1886 noch einmal unter leicht verändertem Titel und mit einem weiteren Vorwort, „Versuch einer Selbstkritik", heraus.

zu sein. Die Fachzunft, allen voran der junge Ulrich von Wilamowitz-Moellendorff, tat es allerdings als phantastisch und unwissenschaftlich ab.[26] Tatsächlich handelt es sich wohl kaum um eine altphilologische Studie, sondern eher um den Versuch, anhand einiger alter Quellen leitende Motive zu gewinnen, die in den späteren Arbeiten zur Kritik der Metaphysik und zum „Fluch auf das Christentum" ausgebaut werden. Überdies trifft man in dem Buch beständig auf Nietzsches Wagner-Reverenz, von der er sich ja, wie bekannt, später heftig distanzierte. Diese Umstände legen es nahe, in der Tat nach Motiven zu suchen und nicht eine sukzessive Auslegung zu betreiben. Das wichtigste dieser Motive lässt sich wie folgt skizzieren: Nietzsches gesamte Philosophie wird von der Einsicht in eine *prekäre Doppelung der Wirklichkeit* getragen. Hinter der Wirklichkeit, die wir als normal empfinden und die uns einigermaßen verständlich, klar und zivilisiert vorkommt, ruht für ihn eine ursprüngliche, wilde und rohe Welt. Die beiden stehen antagonistisch gegeneinander und sind doch aufeinander angewiesen. In der GT zeichnet Nietzsche diesen Gegensatz als den zwischen Dionysischem und Apollinischem. Die beiden Götternamen stehen für zwei Weisen, die Wirklichkeit aufzufassen, ja vielleicht für zwei Wirklichkeiten. Das Dionysische – der Philologe sichtet hier Quellen zum Dionysos-Kult – steht dafür, dass das Leben eigentlich rauschhaft und zerstörerisch ist. Leiden ist Realität, das in keine höhere Wirklichkeit aufgehoben wird. Zugleich aber ist die Wirklichkeit im dionysischen Sinne eine, die rauschhafte Verzückung bereithält und die das Leiden dadurch „bewältigt", dass sie in der Individuation eines einzelnen Leidenden, der nicht umhin kann, die Frage nach seinem Leid zu stellen und nicht beantworten zu können, das eigentliche Übel erblickt. Dionysisch leben heißt: „die Grunderkenntnis von der Einheit alles Vorhandenen, die Betrachtung der Individuation als des

---

26 Die Episode um Wilamowitz-Moellendorffs äußerst scharfe Rezension, die Nietzsches Reputation als Philologe mit einem Schlag erledigte, wird geschildert bei Janz, Curt Paul: Friedrich Nietzsche. Biographie, Bd. 1, Frankfurt a. M./Wien 1994, 463–469.

Urgrundes des Uebels, die Kunst als die freudige Hoffnung, dass der Bann der Individuation zu zerbrechen sei, als die Ahnung einer wiederhergestellten Einheit."[27] Das Medium hierfür ist die Tragödie. In ihr wird der Rezipient der tragischen Grundverfassung des Seins inne und zwar in einer Weise, die ihn nicht als distanzierten Betrachter zusehen lässt, sondern ihn in den Prozess des Tragischen selbst hineinzieht. Nietzsches programmatische Bemerkung dazu lautet: „nur als *aesthetisches Phänomen* ist das Dasein und die Welt ewig *gerechtfertigt*".[28] Dass dieser ästhetische Trost in denkbar scharfem Gegensatz zum religiös-metaphysischen Trost einer idealen Überwelt steht, bedarf kaum der Erwähnung.

Denkbar unterschieden davon ist die apollinische Welt. Ihre Leitbegriffe sind Individuation und Distanz. Dem Apolliniker gilt als real, was verständlich ist, was betrachtet und beschrieben werden kann. Er ist der „Typus des *theoretischen Menschen*",[29] der darauf vertraut, „dass das Denken, an dem Leitfaden der Causalität, bis in die tiefsten Abgründe des Seins reiche, und dass das Denken das Sein nicht nur zu erkennen, sondern sogar zu *corrigiren* im Stande sei. Dieser erhabene metaphysische Wahn ist als Instinct der Wissenschaft beigegeben [...]"[30] Die Leitfigur, der schlechthinnige Exponent des Apollinischen ist Sokrates. Er führt es zur Alleinherrschaft. Dies ist der vordergründige Sieg von Metaphysik und Wissenschaft, welcher die chaotische und bedrohliche Seite des Lebens aber nicht vernichten, sondern nur verdrängen kann.

---

27 Nietzsche: KSA 1, 73 (GT 10).
28 Nietzsche: KSA 1, 47 (GT 5). Als literarische Ausgestaltung des Gegensatzes Dionysisch vs. Apollinisch vgl. Jens, Walter: Die Götter sind sterblich, München ²1983, 95–107, die „Legende von Pentheus und Teiresias", bei denen der erste für das aufgeklärte, apollinische Regierungsideal steht, aber ermordet wird. Teiresias selber zieht das Volk in einen rauschhaften Untergang. – Der ganze Band ist das Tagebuch einer Griechenland-Reise, deren Autor das Land der Gegenwart mit den Augen des Kenners der Mythen und Dramen Altgriechenlands sieht.
29 Nietzsche: KSA 1, 98 (GT 15).
30 Nietzsche: KSA 1, 98 (GT 15).

Nur eine oberflächliche Lektüre der „Geburt der Tragödie" kann allerdings zu dem Ergebnis kommen, Nietzsche rede hier einem neuen Irrationalismus das Wort, als sei es die Aufgabe, der Fessel des Apollinischen zu entkommen und sich in den dionysischen Rausch zu stürzen. So ist das Buch gelesen worden und so hat vor allem Richard Wagner, der sich nicht ganz zu Unrecht hinter der dionysischen Tragödie in diesem Buch entdeckte, einen ästhetischen Messianismus seiner selbst herauslesen wollen. Solches regressive Ursprungsdenken wird bei genauem Hinsehen allerdings gründlich enttäuscht – so gründlich wie Wagner, dem Nietzsche einige Jahre später in „Menschliches, Allzumenschliches" (1878, erweitert 1886) die Rechnung als weltvergessen-romantischem Phantasten präsentieren wird. Apollinisches und Dionysisches sind, so Nietzsches Überzeugung, auf eigenartige Weise aufeinander angewiesen. Wie ist das zu denken? Gegen Ende von GT argumentiert Nietzsche, dass das eine ohne das andere nicht sein kann und bezieht dies auf das Titelthema des Buches, die Tragödie: Die dionysische Verzückung wäre nichts ohne die Sprachfähigkeit, die ihr das Apollinische gibt, die apollinische Kunstwirkung könnte niemals Tragödie sein ohne das Dionysische:

„So wäre wirklich das schwierige Verhältniss des Apollinischen und des Dionysischen in der Tragödie durch einen Bruderbund beider Gottheiten zu symbolisiren: Dionysus redet die Sprache des Apollo, Apollo aber schließlich die Sprache des Dionysus: womit das höchste Ziel der Tragödie und der Kunst überhaupt erreicht ist."[31]

„*Der tragische Mythus* ist nur zu verstehen als eine Verbildlichung dionysischer Weisheit durch apollinische Kunstmittel; er führt die Welt der Erscheinung an die Grenzen, wo sie sich selbst verneint und und wieder in den Schooss der wahren und einzigen Realität zurückzuflüchten sucht."[32]

Nicht also Rückkehrromantik ist der Stoff in „diesem fragwürdigen Buche",[33] sondern die Einsicht in die prekäre Dop-

---
31 Nietzsche: KSA 1, 139f (GT 21)
32 Nietzsche: KSA 1, 141 (GT 22).
33 Nietzsche: KSA 1, 11 (Selbstkritik I).

pelheit der Wirklichkeit. Peter Sloterdijk kommentiert treffend: „Was Nietzsche auf die Bühne bringt, ist nämlich nicht so sehr der Triumph des Dionysischen, sondern dessen Zwang zum apollinischen Kompromiß."[34] Der Impuls ist durchaus aufklärerisch: Nietzsche möchte seinen Lesern zeigen, dass Aufklärung nicht heißen kann, „alles und jedes" zu begreifen, weil die Prätention, dies zu können, selbst töricht ist. Vielmehr liegen die beiden Aspekte des Dionysischen und des Apollinischen immer ineinander und von keinem kann gesagt werden, es sei das „Primäre" oder das „Höhere". Weder ist die Rückflucht ins Dionysische das Ziel noch kann dies zugunsten der Klarheit des rein Apollinischen abgeschüttelt werden.

Das prekäre Verhältnis von Apollinischem und Dionysischem wird das Unruhezentrum von Nietzsches Denken bleiben. In immer wieder neuen Anläufen umschreibt er die beiden Phänomene, ordnet sie einander zu und bestimmt ihr Verhältnis. Es verhält sich – grob gesagt – so, dass Nietzsche in der so genannten mittleren Phase seines Denkens eine Balance der beiden Grundkräfte annimmt, während in den Spätwerken diese Balance kippt und Nietzsche das Apollinische unter Generalverdacht stellt. Diese Entwicklung ist für den vorliegenden Zusammenhang nicht unmittelbar relevant; um ihrer immanenten Faszination willen gebe ich einige Hinweise:

Im Aphorismenband „Menschliches, Allzumenschliches" (1878, MA) findet sich ein Text, der diesem unauflöslichem Doppelspiel zweier antagonistischer Grundkräfte Sprache verleiht:

„*Zukunft der Wissenschaft.* – Die Wissenschaft giebt Dem, welcher in ihr arbeitet und sucht, viel Vergnügen, Dem, welcher ihre Ergebnisse *lernt*, sehr wenig. Da allmählich aber alle wichtigen Wahrheiten der Wissenschaft alltäglich und gemein werden müssen, so hört auch dieses wenige Vergnügen auf: so wie wir beim Lernen des so bewunderungswürdigen Einmaleins längst aufgehört haben, uns zu freuen.

---

34 Sloterdijk, Peter: Der Denker auf der Bühne. Nietzsches Materialismus, Frankfurt a. M. 1986, 53.

Wenn nun die Wissenschaft immer weniger Freude durch sich macht und immer mehr Freude, durch Verdächtigung der tröstlichen Metaphysik, Religion und Kunst, uns nimmt: so verarmt jene grösste Quelle der Lust, welcher die Menschheit fast ihr gesammtes Menschenthum verdankt. Desshalb muss eine höhere Cultur dem Menschen ein Doppelgehirn, gleichsam zwei Hirnkammern geben, einmal um Wissenschaft, sodann um Nicht-Wissenschaft zu empfinden: neben einander liegend, ohne Verwirrung, trennbar, abschliessbar; es ist diess eine Forderung der Gesundheit. Im einen Bereiche liegt die Kraftquelle, im anderen der Regulator: mit Illusionen, Einseitigkeiten, Leidenschaften muss geheizt werden, mit Hülfe der erkennenden Wissenschaft muss den bösartigen und gefährlichen Folgen einer Ueberheizung vorgebeugt werden. – Wird dieser Forderung der höheren Cultur nicht genügt, so ist der weitere Verlauf der menschlichen Entwicklung fast mit Sicherheit vorherzusagen: das Interesse am Wahren hört auf, je weniger es Lust gewährt; die Illusion, der Irrthum, die Phantasie erkämpfen sich Schritt um Schritt, weil sie mit Lust verbunden sind, ihren ehemals behaupteten Boden: der Ruin der Wissenschaften, das Zurücksinken in die Barbarei ist die nächste Folge; von Neuem muss die Menschheit wieder anfangen, ihr Gewebe zu weben, nachdem sie es, gleich Penelope, des Nachts zerstört hat. Aber wer bürgt uns dafür, dass sie immer wieder die Kraft dazu findet?"[35]

Mit einer Metaphorik, die an theologische Unterscheidungen und Zuordnungen der Reiche und Regierweisen Gottes denken lässt, skizziert Nietzsche hier die Grundlage einer Theorie der Kultur, welche ihre bipolaren Grundkräfte erkannt hat und zugleich weiß, dass gedeihliche Fortexistenz nur unter der Bedingung bleibender Bezogenheit dieser Grundkräfte aufeinander erwartbar ist. Dieses „Zweikammersystem der Kultur"[36] liest sich wie der auf die Leitbegriffe Wissenschaft und Gesellschaft ausgeweitete Kommentar über die in der „Geburt der Tragödie" beschworenen Grundkräfte. Die unverkennbar positive Konnotation des Wissenschaftsbegriffs mag dabei vielleicht zuerst erstaunen. Gleichwohl ist sie für den „mittleren Nietzsche" des eben zitierten Bandes, der

---

[35] Nietzsche: KSA 2, 209 (MA I, 251).
[36] Safranski, Rüdiger: Nietzsche. Biographie seines Denkens, München/Wien 2000, 204. Dieser Band ist vermöge seiner Kombination aus Fachkenntnis und leichter, ja eleganter Diktion, eine hervorragende Einführung in Nietzsches Werk.

„Morgenröte" und der „Fröhlichen Wissenschaft" durchaus bezeichnend: Nietzsches Gestus ist hier gewiss nicht irrationalistisch und wissenschaftsfeindlich. Was er zu bekämpfen sucht, ist die Weltverdoppelung der metaphysischen Tradition und ihre Annahme ewiger Wesenheiten. Dieser Glaube ist in der Tat zu erschüttern und durch eine genaue Analyse der anscheinend unausrottbaren Neigung zu ihr zu ersetzen. Nichts anderes ist Wissenschaft in diesem Kontext und in diesem Sinne ein Synonym für die *„Chemie der Begriffe und Empfindungen"*,[37] mit deren Skizze „Menschliches, Allzumenschliches" beginnt. Die „Wissenschaft", mit der im zitierten Aphorismus der Metaphysik der Garaus gemacht werden soll, ist also in der Tat positiv besetzt und Nietzsche ist ihr Verteidiger. Freilich ist er dies nur, insofern er sie ins „Zweikammersystem" einbauen kann und zu den „Illusionen, Einseitigkeiten, Leidenschaften"[38] gegengelagert sieht. Freilich dürfte das Fragezeichen am Ende des Aphorismus bezeichnend sein: Nichts garantiert, dass das „Zweikammersystem" so funktioniert, wie es soll. Der Gedanke einer stabilen, ja prästabilierten Harmonie ist es gewiss nicht, die Nietzsche in diesem Aphorismus niederlegt.[39]

---

37 Nietzsche: KSA 2, 23 (MA I, 1). Dieser streng komponierte Kreis von 34 Aphorismen unter dem Titel „Von den ersten und letzten Dingen" ist die erste grundständige Kritik der Metaphysik nach dem Idealismus. Es scheint im Menschen, so Nietzsche, eine unausrottbare Neigung zur Annahme ewiger Wahrheiten, eben einer metaphysischen Welt zu geben. Eine genaue Betrachtung der Sprache, in der allein das Denken sich vollzieht, zeigt aber, dass dies durch nichts zu rechtfertigen ist. „Wenn man", schließt Nietzsche, „diese Methoden als das Fundament aller vorhandenen Religionen und Metaphysiken, aufgedeckt hat, hat man sie widerlegt." (Nietzsche: KSA 2, 29 [MA 9].) Die grundlegende Untersuchung zu diesem Text hat Peter Heller vorgelegt, Heller, Peter: „Von den ersten und letzten Dingen". Studien und Kommentar zu einer Aphorismenreihe von Friedrich Nietzsche, Berlin 1972. Vgl. zur kritischen Auseinandersetzung Claesges, Ulrich: Der maskierte Gedanke. Nietzsches Aphorismenreihe *Von den ersten und letzten Dingen*. Text und Rekonstruktion, Würzburg 1999.
38 Nietzsche: KSA 2, 209 (MA I, 251).
39 „In Nietzsches Werk blitzt die Idee des Zweikammersystems immer wieder auf und verschwindet dann – sehr zum Nachteil seiner Philosophie. Hätte er an ihr festgehalten, würde er sich vielleicht einige Toll-

Im Spätwerk kippt die Balance, von der im zitierten Aphorismus die Rede war. Von einer Balance, und sei es auch nur einer prekären, ist ab der Phase des „Zarathustra", also Anfang der achtziger Jahre des 19. Jahrhunderts, nicht mehr die Rede. Für Nietzsche wird immer deutlicher, dass die Seite des „Regulators", also die wissenschaftlich-apollinische, aus Lug und (Selbst-)Betrug besteht und nur durch Naivität aufrecht erhalten werden kann. Freilich ist diese naive Lebensform kraft ihres Selbstbetrugs eine erstaunlich durable Angelegenheit, der nur durch die prophetische Anstrengung des dionysisch Denkenden beigekommen werden kann. Ist die Lebensform der Wissenschaft für Nietzsche auch durchschaut, so unterschätzt der deren Macht offenkundig nicht. Er rechnet mit ihr, auch wenn er nicht mehr, wie in der mittleren Schaffensperiode, auf sie setzt. Im „Zarathustra" (Z) spottet er über die „letzten Menschen", die „das Glück erfunden haben" und dabei doch in lächerlicher Weise Lebensverneinung betreiben: „Die Erde ist dann klein geworden und auf ihr hüpft der letzte Mensch, der Alles klein macht. Sein Geschlecht ist unaustilgbar, wie der Erdfloh; der letzte Mensch lebt am längsten."[40] In „Jenseits von Gut und Böse" wird dies im Rahmen des Gedankens des Ressentiments interpretiert. Die wissenschaftliche Lebensform gilt Nietzsche

---

heiten seiner Visionen der großen Politik und des gattungspolitischen Willens zur Macht erspart haben." Mit dieser Bemerkung dürfte Safranski: Nietzsche, 204, für eine Mehrheit der Interpreten stehen, die die Arbeiten des mittleren Nietzsche für die nachvollziehbarsten halten. Zumindest gefragt werden darf aber, ob dieser Aphorismus, „rechtschaffen geprägt und ausgegossen" (Nietzsche: KSA 5, 255 [GM Vorr. 8]), damit nicht in der von Nietzsche inkriminierten Weise zwar „abgelesen", aber noch nicht „entziffert" ist. Vom Ende her gelesen, handelt es sich nicht um ein kulturtheoretisches Programm, sondern um eine Warnung.

40 Nietzsche: KSA 4, 19 (Z Vorrede 5). Dasselbe gilt später für die „höheren Menschen", die wähnen, den letzten Menschen und ihrer erbärmlichen Welt entronnen zu sein und sich – in einer als Karikatur des Evangeliums gestalteten Weise – Zarathustra angeschlossen hatten: „Wohlan! sie schlafen noch, diese höheren Menschen, während *ich* wach bin: *das* sind nicht meine rechten Gefährten!" (KSA 4, 405 [Z IV, Das Zeichen])

nun als die der Zukurzgekommenen, also derer, die Macht nicht haben oder mit ihr nicht umgehen können und nur deswegen beanspruchen, im Besitz der Moral und der Wahrheit zu sein. Die Wissenschaft ist das feine Instrumentarium des Ressentiments bzw. des Misstrauens: „Der Blick des Sklaven ist abgünstig für die Tugenden des Mächtigen: er hat Skepsis und Misstrauen, er hat die *Feinheit* des Misstrauens gegen alles ‚Gute', was dort geehrt wird –, er möchte sich überreden, dass das Glück dort nicht ächt sei."[41] In diesem Sinne ist Wissenschaft die illusionäre Macht der Zukurzgekommenen. Demgegenüber sieht Nietzsche sich in der subversiven Wirklichkeit derjenigen Macht, die sich nicht vom Leben abgeschnitten hat, welche nichts anderes als der Gott Dionysos ist.

Dies markiert gewiss einen Endpunkt der Entwicklung, auch wenn Nietzsche werkgeschichtliche Konstanz andeutet und dabei an Sätze wie „Ja, meine Freunde, glaubt mit mir an das dionysische Leben und an die Wiedergeburt der Tragödie"[42] aus dem Erstlingswerk gedacht haben mag.[43] Nun steht die Kontinuität des Namens nicht unbedingt für die des damit verbundenen Gedankens – es würde doch sehr seltsam anmuten, dass der Gott der Raserei, der nur durchs Apollinische von der Selbstzerstörung abgehalten wird später der ist, zu dessen Jünger Nietzsche sich erklärt: So einfach wird man es sich mit Nietzsches Krankheit nicht machen dürfen.

---

41 Nietzsche: KSA 5, 211 (JGB 260).
42 Nietzsche: KSA 1, 132 (GT 20) .
43 Außen vor bleiben sollen hier die Dionysos-Dithyramben (KSA 6, 375ff) sowie die bekannte Tatsache, dass Nietzsche manche seiner sog. Wahnsinnszettel mit „Dionysos" unterzeichnete. Zum Themenkomplex „Dionysos" bei Nietzsche vgl. ferner Kaulbach, Friedrich: Nietzsches Idee einer Experimentalphilosophie, Köln/Wien 1980; Pfeffer, Rose: Nietzsche. Disciple of Dionysus, Lewisburg ²1972; Djuric, Mihailo: Nietzsches tragischer Gedanke: Krisis der Metaphysik, hg. von Günter Abel und Jörg Salaquarda, Berlin 1989, 173–204, hier 176–181; Reinhardt, Karl: Nietzsches Klage der Ariadne: Vermächtnis der Antike. Gesammelte Essays zur Philosophie und Geschichtsschreibung, Göttingen ²1966, 310–333.

Offensichtlich trägt die spätere Dionysos-Figur Züge des Apollinischen im Sinne einer beherrschten Leidenschaft. Von einer „Synthese aus beiden Kräften, die in der Geburt der Tragödie durch die Dionysos und Apollo repräsentiert werden",[44] zu sprechen, scheint mir etwas weit zu gehen. Sicherlich aber hat eine solche Sinnverschiebung stattgefunden. Dass, wie immer sie im Detail aussehen mag, kaum ein Interpret Nietzsche darin in systematischer Absicht folgen wollte oder konnte, ist bekannt. An die Späteren gab Nietzsche mit dieser Wendung des Gedankens weg von der Balance allerdings zumindest den Gedanken weiter, dass zwischen den Mächten der „apollinischen" und der „dionysischen" Seite eine prinzipielle Ungleichartigkeit besteht: Die apollinische Seite ist in der Tat durch das Pathos der Distanz gekennzeichnet. Eine Abkünftigkeit im Verhältnis zur dionysischen Seite ist kaum zu bestreiten. Der Zug zu Wissenschaftlichkeit und Klarheit ist entstanden als Reaktion auf bedrohlich oder entzückend wirkende Mächte; er kann seinerseits Machtförmigkeit entwickeln, kaum jedoch in dem ursprünglichen Maß wie die gegenüberliegende Seite.

## 1.4 Zusammenfassung und Standortbestimmung

Mit dem Einsatz bei den späten Texten wollte ich zeigen, wie Nietzsches Kritik an der Weltfremdheit des Christentums aussieht: Die Weltfremdheit entsteht für ihn durch die Mésalliance aus dem Ressentiment der Zukurzgekommenen in Palästina mit der nicht minder weltflüchtigen Tendenz der griechischen Metaphysik nach Sokrates. Der Gegenentwurf dazu ist bereits im Frühwerk ausgeführt und wird später variiert: die Vorstellung einer antagonistischen Wirklichkeit

---

44 Kaufmann, Walter: Nietzsche. Philosoph, Psychologe, Antichrist, Darmstadt ²1988, 151. Ähnlich urteilt Danto, Arthur J.: Nietzsche as Philosopher. An Original Study, New York/Chichester 1980, 65f – zur wechselseitigen Kritik der beiden Autoren Kaufmann 417ff vs. Danto 187.191f.

aus apollinischen und dionysischen Kräften, in der kritisch sich einzurichten der einzig mögliche Trost wäre. Aus dieser Position heraus fordert Nietzsche, man möge leben, ohne sich auf ein „darüber" oder ein „danach" entschuldigen zu wollen. – Dies ist nichts anderes als der Entdeckungszusammenhang der Lehre von der ewigen Wiederkehr:

„*Das grösste Schwergewicht*. – Wie, wenn dir eines Tages oder Nachts ein Dämon in deine einsamste Einsamkeit nachschliche und dir sagte: ‚Dieses Leben, wie du es jetzt lebst und gelebt hast, wirst du noch einmal und noch unzählige Male leben müssen; und es wird nichts Neues daran sein, sondern jeder Schmerz und jede Lust und jeder Gedanke und Seufzer und alles unsäglich Kleine und Grosse deines Lebens muss dir wiederkommen, und Alles in derselben Reihe und Folge – und ebenso diese Spinne und dieses Mondlicht zwischen den Bäumen, und ebenso dieser Augenblick und ich selber. Die ewige Sanduhr des Daseins wird immer wieder umgedreht – und du mit ihr, Stäubchen vom Staube!' – Würdest du dich nicht niederwerfen und mit den Zähnen knirschen und den Dämon verfluchen, der so redete? Oder hast du einmal einen ungeheuren Augenblick erlebt, wo du ihm antworten würdest: ‚du bist ein Gott und nie hörte ich Göttlicheres!' Wenn jener Gedanke über dich Gewalt bekäme, er würde dich, wie du bist, verwandeln und vielleicht zermalmen; die Frage bei allem und jedem: ‚willst du diess noch einmal und noch unzählige Male?' würde als das grösste Schwergewicht auf deinem Handeln liegen! Oder wie müsstest du dir selber und dem Leben gut werden, um nach nichts *mehr zu verlangen* als nach dieser letzten ewigen Bestätigung und Besiegelung?"[45]

Soweit die Bemerkungen zu Nietzsches Werk. Der Philosoph Georg Picht hat die Theologie unter Berufung auf Mt 5,44 daran erinnert, dass die für Christen angemessene Antwort auf den „Fluch auf das Christenthum"[46] der Segen ist. „In jedem Segen", so gibt Picht für diese Antwortstrategie ferner zu bedenken, „ist ein Jasagen enthalten. [...] Man wird der Wahrheit dieser Philosophie nicht gerecht, wenn man versucht, sie zu widerlegen. Nietzsches Philosophie hat vielmehr die paradoxe Gestalt, dass sie sich nur in der Form der

---

45 Nietzsche: KSA 3, 570 (Fröhliche Wissenschaft 341).
46 Nietzsche: KSA 6, 165 (Antichrist, Untertitel).

Bejahung überwinden lässt."[47] – Von der Absicht einer „Überwindung" von Nietzsches Philosophie bin ich allerdings weit entfernt. Ich möchte vielmehr Nietzsches Anfragen und Vorwürfe nutzen, um die „weltfremde" Implikation der theologischen Rede von Wiedergeburt besser zu verstehen. Dies schließt in der Tat ein, dass zu manchem aus Nietzsche „ja" gesagt wird, obwohl die bezogene Position gewiss kein Nietzscheanismus ist – sofern es dergleichen außerhalb des falschen Plagiats überhaupt geben kann.[48] Ob das zum Segen gereicht, steht freilich dahin.

Ich gehe so vor, dass zunächst (2.) einige grundsätzliche Erwägungen zum theologischen Verständnis von Weltfremdheit und Wiedergeburt angestellt werden. In einem weiteren Schritt (3.) werden sie auf die Leseergebnisse aus Heym und Nietzsche bezogen. Schließlich (4.) ziehe ich daraus einige Schlussfolgerungen, die darauf hinauslaufen, dass die Metaphern von Wiedergeburt und Nachfolge einander wechselseitig erklären.

---

47 Picht, Georg: Nietzsche. Vorlesungen und Schriften, hg. v. C. Eisenbart in Zusammenarbeit mit E. Rudolph, Stuttgart ²1993, 7.
48 Es ist wohl bezeichnend, dass fast ausschließlich die verderblichste aller Nietzsche-Lektüren sich als konsequente Auslegung von Nietzsches „eigentlicher" Philosophie verstand, nämlich die mit Elisabeth Förster-Nietzsche beginnende und sich bis zu den Vordenkern des Nationalsozialismus hinziehende. Ihre Unsäglichkeiten sind nicht nur der verfälschenden Textkompilation von Nietzsches Schwester anzulasten, sondern dem Umstand, dass hier versucht wurde, aus Nietzsches Werk ein eindeutiges Programm zu lesen.
Es gibt, und das muss deutlich gesagt werden, Motive in Nietzsches Werk, die so denken lassen: Seine Träumereien von Herrenmoral oder Rassezucht können durch keine noch so subtile Hermeneutik wegerklärt werden; sie sind und bleiben verderblicher Wahn. Freilich war es gänzlich verfehlt, aus ihnen „die" Philosophie Nietzsches herauslesen zu wollen. Sein Werk ist zu vielgestaltig, zu aphoristisch, zu sehr mit Brüchen und Neuanfängen durchsetzt, als dass das möglich sein könnte. Nietzsche-Rezeption ist immer nur die Rezeption bestimmter Motive, Argumente und Metaphern, die außerhalb eines „Gesamtentwurfs" für sich selbst sprechen müssen.

## 2. Weltfremdheit als Implikation der theologischen Rede von Wiedergeburt

### 2.1 Anmutungen

Wer „wiedergeboren" ist, scheint der Welt abhanden zu kommen. Er oder sie partizipiert an einem Geschehen, das als so fundamental zu gelten hat, dass es als Übersteigerung dessen ausgesagt wird, was doch schlechthin analogielos ist, der Geburt. Ist Geburt der einmalige und unvertretbar eigene Eintritt in die Welt – heraus aus dem, was Paul Tillich die „träumende Unschuld" nannte, in die je eigene und unwiederholbare körperliche Existenz[49] – so gilt Wiedergeburt im religiösen Kontext als Widerfahrnis der Lösung von denjenigen Bindungen, in die die Geburt geführt hatte.[50] Der Begriff spielt mit einer bewussten Absurdität: Er insinuiert Geburt als einmaliges Ereignis und die Folgen der Geburt – Leiblichkeit, Sterblichkeit, je eigene Identität und Prägung, Geworfenheit – um es mit Martin Heidegger zu sagen – in die jeweiligen Umstände der Weltgegend und der Herkunftsfamilie. All dies gibt es in ganz unbestreitbarer Weise und es muss absurd erscheinen, die zutage liegenden Evidenzen zu

---

49 Literarischer Streiter für die strikte Einmaligkeit der biologischen Geburt auch für diejenigen Naturen, für die biologische oder geistige Bindungen nicht viel bedeuten, ist Günter Grass. Sein Romanheld Oskar Matzerath ist von Geburt an höchst begabt und biologisch abnorm. Im Augenblick des Zur-Welt-Kommens wissend, dass alles, was auf ihn zukommt, das Leben nicht unbedingt verheißungsvoll macht, wünscht er sich in die Unbewusstheit des embryonalen Daseins zurück, muss aber nüchtern konstatieren: „Zudem hatte die Hebamme mich schon abgenabelt; es war nichts mehr zu machen." (Grass, Günter: Die Blechtrommel, Neuwied/Berlin o. J., 41.) Der Roman ist im Folgenden so angelegt, dass der hellsichtige aber kleinwüchsige Junge mit der Blechtrommel immer dann stört und im Wortsinne Alarm schlägt, wenn in seiner Umgebung billige Ausflüchten aus der Welt des Gegebenen und seiner Erfordernisse erfolgen. Insofern nimmt Oskar Matzeraths Trommel die Rolle eines munus propheticum für die Welt des Geburtlichen ein.
50 Von dem Vorstellungskomplex, der Wiedergeburt als Reinkarnation beschreibt, wird hier durchgängig abgesehen, vgl. Bernhardt, Reinhold: Art. „Wiedergeburt", EKL[3] 4 (1996), 1284–1289, hier 1284–1286.

bestreiten. Dass die Rede von Wiedergeburt eben dies doch tut – den Bindungscharakter der geburtlichen Bindungen zu bezweifeln – spricht für die Kühnheit der dadurch ausgedrückten Überzeugung: Was Gott tut, ist analogielos wie das zur-Welt-kommen, ja es durchkreuzt dessen Bedingungen und Begleitumstände und beschert eine postgeburtliche Existenz, mit der die Bedingungen der biologischen Geburt nicht verglichen werden können.

In diesem Sinne lässt sich sagen, dass Wiedergeburt und Weltfremdheit zusammengehören: Sagt man von jemandem, er sei ein Wiedergeborener – oder dieser es von sich selbst, wie es beispielsweise die Logik fundamentalistischer Rede der „reborn christians" vorsieht –, so ist in der Logik des Bildes mitgesetzt: Für ihn stehen die Gesetze biologisch-geburtlichen Lebens durchaus zur Diskussion. Er gehört der Welt der simpliciter Geborenen nicht oder jedenfalls nicht so an, wie es diejenigen tun, die außer einer biologischen Geburt über keine weitere berichten können.[51] In diesem Sinne ist die Anmutung zu verstehen, dass der Welt abhanden komme, wer wiedergeboren ist. Der Kritikansatz Heyms und Nietzsches hat hier seinen Sachgrund. Damit aber beginnt die Auseinandersetzung allererst.

Die beiden neutestamentlichen Textzusammenhänge, auf die sich ein theologisches Konzept von Wiedergeburt vor allem berufen kann sind das Johannesevangelium und der 1. Petrusbrief. Das vierte Evangelium, um hier einzusetzen, operiert mit einem grundlegenden Dual bezüglich der Herkunft eines Menschen bzw. einer Gruppe: Die komplexe Konfliktstellung von Logos und Kosmos, die den roten Faden des Prologs ausmacht, bildet sich auch in denen wieder ab, die zum Logos gehören. Von ihnen sagt der Prolog, dass sie nicht aus dem Willen des Fleisches oder eines Mannes, sondern aus Gott geboren sind (Joh 1,13). Im Nikodemusgespräch wird diese Kombination aus Geburtsmetaphorik

---

51 Am Beispiel des US-amerikanischen politischen Fundamentalismus wird das gezeigt von Pieh, Eleonore: „Fight like David – Run like Lincoln". Die politischen Einwirkungen des protestantischen Fundamentalismus in den USA, Münster 1998, 71–87.

und Abstand zur Welt wieder aufgegriffen und in der Perspektive einer/es Einzelnen erörtert, der exemplarisch für sein Volk steht. Jesu Rede vom Geborenwerden von oben (Joh 3,3) wird von Nikodemus im nächsten Vers als offensichtliche Unmöglichkeit der zweimaligen biologischen Geburt missverstanden oder – je nach Lesart – als Absurdität abqualifiziert. Jesu Gegenzug bringt die wichtigsten Schlüsselbegriffe: Es geht um die Wiedergeburt aus Wasser und Geist als Vorbedingung der Aufnahme in das Reich Gottes (Joh 3,5) und um den grundsätzlichen Gegensatz zwischen der Geburt aus dem Fleisch und der aus dem Geist (Joh 3,6).

Die johanneischen Abschiedsreden variieren das Motiv der Weltfremdheit und stellen es in den Kontext der Zurüstung der Gemeinde in einer sie bedrängenden und bedrohenden Welt ein. Hier wird das Bild einer Kontrastgesellschaft gezeichnet. Im Bildwort vom Weinstock und den Reben, in den Sprachfiguren des wechselseitigen „In-Bleibens" (Joh 15,4) oder dem Liebesgebot als dem einzigen Satz der johanneischen Ethik spiegelt sich immer wieder die Metaphorik, die dem Leser von der Metaphorik Geburt/Wiedergeburt aus dem ersten Kapiteln des Evangeliums vertraut ist. In diesem Zusammenhang gilt es dem Jüngerkreis als Exemplum der Gemeinde. Joh 14,27 fasst zusammen: „Nicht gebe ich euch, wie der Kosmos gibt".

Auch der erste Petrusbrief verwendet in seiner Metaphorik der Wiedergeburt ein Kontrastschema: Die Wiedergeborenen unterscheiden sich von den anderen Menschen durch die Überwindung der Vergänglichkeit; der Same, aus dem sie geboren sind, ist unvergänglich (1Petr 1,23). In diesem Sinne sind die Adressaten des Briefs die auserwählten Fremdlinge (1Petr 1,1), die zur Hoffnung wiedergeboren (1Petr 1,3) wurden.

Den Sprachwelten beider Schriften ist also eigen, dass zur Logik der Bildhaftigkeit von Wiedergeburt ein Kontrastschema gehört. Geburt und Wiedergeburt verhalten sich zueinander wie Fleisch und Geist, wie Vergänglichkeit und Unvergänglichkeit, wie das Geborenwerden aus dem Willen des Mannes und dem Sein aus Gott. Was immer „Wiedergeburt" sonst noch aussagen mag, jedenfalls impliziert sie eine fundamentale Unüblichkeit, einen Weltabstand dessen, von dem gesagt wird, er sei wiedergeboren. Das Kontrastschema, das zur biblischen Metaphorik von der Wiedergeburt gehört, ist facettenreich: Es handelt von der Herkunftsbeziehung, dem oder den Akten, in denen die Andersartigkeit der Wiedergeborenen sich vollzieht und dokumentiert wird, von der individuellen und kollektiven Verfasstheit des und der Wiedergeborenen und nicht zuletzt von der ethischen Dimension wiedergeborenen Lebens. Es scheint also ein vielstelliges Phänomen zu sein, das mit dem Aspekt der Weltfremdheit der Wiedergeborenen einhergeht.

## 2.2 Erste systematische Schlussfolgerungen

In der Alten Kirche und im Mittelalter wird die Taufe unter Bezug auf Tit 3,5 als Bad der Wiedergeburt verstanden. Dies führte zu einer tendenziellen Isolierung der Vorstellung von der Wiedergeburt. Sie wurde zu einem Sachmoment der Taufgnade, zu einer, wie Reinhold Bernhardt treffend schreibt, „Funktion eines sakramentalen Vollzuges".[52] Die Taufe bewirkt neben anderen Sachmomenten auch das der Wiedergeburt.

Wenn man in diesen Bahnen denkt, ist der Weg hin zu einer Sequenzierung der „Gnadenereignisse" nicht weit. Sie lässt sich für die Gnadentheologie des hohen Mittelalters nachweisen und hat ihren für den Protestantismus bedeutenden Ort in den großen Systemen der lutherischen Orthodoxie gefunden: Ihr Bestreben, Gottes Handeln an den Menschen im Sinne objektiver Heilsordnungen zu beschreiben, ließ die Autoren etwa zu Reihungen gelangen, die Wiedergeburt als primäre Erweckung zum Glauben deuten, die in die Rechtfertigung mündet, welche ihrerseits die Heiligung zum Ziel hat.[53] Wenn dergleichen in der gegenwärtigen

---

52 Bernhardt: Wiedergeburt, 1287.
53 Vgl. Thomas von Aquin: Summa Theologica I–II q 111 (De divisione gratiae) zur Sequenzierung des Gnadenereignisses, das bei ihm freilich nicht in zeitlicher Folge gedacht wird. Der Begriff der regeneratio spielt

Theologie aus guten Gründen nicht mehr versucht wird, so ist dennoch zu beobachten, dass die Tendenz zur Isolierung eines „Wiedergeburtsereignisses" nach wie vor präsent ist. Dies gilt z. B. für fundamentalistische Kreise und Gruppierungen, in denen Wiedergeburt als ausweisbare Erfahrung gedacht und mitunter als Kriterium der Zugehörigkeit eingefordert wird. Aber auch Ansätze, die davon weit entfernt sind, neigen mitunter dazu, etwa Wiedergeburt und Taufe in ein sequenzielles Verhältnis zu rücken, wie dies bei verschiedenen Ansätzen zur Glaubenstaufe der Fall ist.

---

allerdings keine Rolle in der Gnadenlehre der großen Summe. Allenfalls finden sich Ausführungen über „nativitas" bzw. „nativitas duplex". Thomas definiert sie in aristotelischer Weise als Hervorgang aus Prinzipien (I, q 27, 2 c) und setzt den Begriff in der Schöpfungslehre als Hervorgang aus Gott als dem generierenden Prinzip ein. Gelegentlich spricht er von einer nativitas duplex, damit ist aber die doppelte Geburt Christi als „nativitas aeterna a patre" und „nativitas temporalis a matre" gemeint (III q 95, 3 o, zitiert nach der Marietti-Ausgabe, Turin/Rom [23]1942).

In der altprotestantischen Orthodoxie wurde die Lehre vom *ordo salutis* ausgebildet, in welcher die Zueignung der Gnade durch den Heiligen Geist beschrieben wurde. Bei Quenstedt heißt die Reihung: vocatio – regeneratio – conversio – iustificatio – poenitentia – unio mystica – renovatio/sanctificatio. Hollaz hat: vocatio – illuminatio – conversio – regeneratio – iustificatio – unio mystica – renovatio – conservatio – unio mystica. Die regeneratio wird dabei als Wiederherstellung des geistlichen Lebens und der geistlichen Erkenntnis verstanden. Das Lehrstück von der ordo salutis verfiel ab der Aufklärungszeit der Kritik, dass es sich um eine rationalistische Deutung handle, die vor allem durch die Reihung mehr Probleme schaffe als sie löse. Heutige Interpreten, die dem Lehrstück wohl gesonnen sind, betonen, dass es sich um eine lediglich analytische Auseinanderlegung der einen iustificatio handle (so Johann A. Steiger, Art. „Ordo Salutis", TRE 25 (1995), 371–376; vgl. Eilert Herms, Die Wirklichkeit des Glaubens. Beobachtungen und Erwägungen zur Lehre vom ordo salutis, EvTh 42 [1982], 541–566.) Ob dies zur Verteidigung des Lehrstücks wirklich ausreicht, muss hier dahingestellt bleiben. Interessant ist Steigers Überlegung, dass religionspsychologische Ansätze wie der von James Fowler in dieser Tradition ständen, ohne sich dessen weiter bewusst zu sein. Fowler selbst beruft sich allerdings auf Augustin, vgl. Fowler, James: Glaubensentwicklung. Perspektiven für Seelsorge und kirchliche Bildungsarbeit, München 1989, 78.

Diese stehen hier nicht zur Debatte. Mit den Beobachtungen soll lediglich angezeigt werden, dass durch die Sequenzierung der Vorstellung von der Wiedergeburt ein Effekt eintritt, der als zumindest zweischneidig gelten dürfte: Ist Wiedergeburt ein Sachmoment unter anderen, so ist nicht abzuweisen, dass ihre Wirklichkeit zum einen aufblüht, zum anderen aber wieder vergeht und von einem anderen Sachmoment abgelöst oder überlagert wird. Wiedergeburt wird zum Ereignis unter anderen, zu einem isolierbaren Faktum des Glaubens oder zu einer Größe, die den Boden bereitet für kommende andere. Entsprechendes, und darauf kommt es hier an, gilt dann freilich auch für das Moment der Weltfremdheit, das wir als Kontrastschema im Rahmen der Wiedergeburtsmetaphorik ausgemacht haben. Ihr würde, darf so gedacht werden, gleichsam der Stachel gezogen. Weltfremdheit würde zu einer temporalen Erscheinung, einer Entrückung gleich: Im Vollzug der Wiedergeburt fände sich derjenige, dem sie widerfährt, als von den biologischen Bedingungen seines Herkommens frei und im Sinne des Kontrastschemas als weltfremd. Dies würde freilich zu anderen Zeitpunkten von anderen Sachmomenten überlagert und verdrängt werden. Die Weltfremdheit der Wiedergeburt, so verstanden, wäre die einer zeitlich begrenzten Entrückung, wie sie für manche spirituelle Übung oder mystische Versenkung beschrieben wurde. Man wäre versucht, an die Rede der Mystik von der „Gottesgeburt in der Seele" zu denken, die einen extrem flüchtigen Moment darstellt und die ausdrücklich die Seele als Wesenskern des Menschen meint, nicht aber den ganzen Menschen.

Dass eine solche „Gottesgeburt in der Seele" als Weltfremdheit zu deuten ist, leidet gewiss keinerlei Zweifel. Der Blick auf das biblische Zeugnis lehrt jedoch, hierin eine Reduktion der angebotenen Begriffe und Metaphern zu vermuten. Das Kontrastschema wäre dadurch aber höchstens zum Teil begriffen, umfasst es doch die individuelle wie die soziale Perspektive,[54] seine Daseins- und seine Handlungsorientierung

---

54 Gegenüber der individualistischen Deutung, die der Terminus in der Orthodoxie wie in den frömmigkeitlichen Strömungen, die sie kritisier-

und anderes mehr. Wiedergeburt ist gleichsam mehr und anderes, als es ein auf den Punkt zusammengedrängte Ereignis sein könnte. Offensichtlich also scheint die Isolierung des „Wiedergeburtsereignisses" Gefahr einer Verkürzung zu laufen. Dies legt es im Umkehrschluss nahe, die Sequenzierung von einzelnen Ereignissen als der Rechtfertigungsmetaphorik unangemessen abzulehnen. Ich gehe deswegen davon aus, dass „Wiedergeburt" eine Metapher für Gottes gerechtmachendes und neuschaffendes Handeln *als ganzem* ist, sich also

---

ten, erfahren hatte, ist es Friedrich D. E. Schleiermachers Verdienst, auf die Gemeinschaftsbezogenheit hinzuweisen, die der Vorstellung zugehört. In seinen Ausführungen zu den Werken des Heiligen Geistes – die ihrerseits in einem merkwürdig positiven Verhältnis zur von Schleiermacher eher stiefmütterlich behandelten Trinitätslehre stehen – betont er die Gemeinschaftsbezogenheit der Wiedergeborenen. Im Lehrsatz über die pneumatische Verfasstheit der Kirche heißt es: „[...] und jeder einzelne Wiedergeborne ist ein ergänzender Bestandteil dieser Gemeinschaft." (Schleiermacher, Friedrich D. E.: Der christliche Glaube ²1831, Bd. 2, Berlin 1960, 270 [§ 125 LS]). Dass es sich bei dieser Bestimmung nicht um eine zufällige Bemerkung handelt, zeigt ein Blick auf § 121, in dem aus der individuellen Perspektive entfaltet wird, dass zum Leben derjenigen im neuen Stand gehört, „des Gemeingeistes des von Christo gestifteten neuen Gesamtlebens bewußt" zu sein. (Schleiermacher: Glaube, 248, § 121 LS.)

Es dürfte sich zeigen lassen, dass Schleiermachers gesamte Anthropologie, also auch diejenige der Schriften zur Ethik, der Dialektik und der Hermeneutik, eine ist, die die gemeinschaftliche Verfasstheit des Menschseins betont und expliziert. Die Frühschriften, insbesondere der „Versuch einer Theorie des geselligen Betragens" von 1799 (KGA I/2, 163–184), machen es wahrscheinlich, hier einen Grundzug von Schleiermachers Denken überhaupt aufzufinden. Die Erforschung dieser Texte befindet sich freilich erst in den Anfangsstadien. Vgl. u. a. Oberdorfer, Bernd: Geselligkeit und Realisierung von Sittlichkeit. Die Theorieentwicklung Friedrich Schleiermachers bis 1799, Berlin u. a. 1995 und Seibert, Dorette. Glaube, Erfahrung und Gemeinschaft. Der junge Schleiermacher und Herrnhut, Göttingen 2003. – Der Bezug auf die Gemeinschaft des Glaubens ist für Schleiermachers Denken zentraler als manches Rezeptionsinteresse glauben machen will, das in seinem Werk lediglich die Bestätigung der religiösen Grundverfassung des Menschen sieht. Schleiermachers Theologie wird erst dann richtig wahrgenommen, wenn sie nicht lediglich als Entfaltung eines religionsphilosophischen Grundgedankens, sondern als kirchliche Dogmatik gelesen wird.

nicht als Teilaspekt einer Abfolge von Schritten der Heilsordnung isolieren lässt. Gottes Tat an uns ist als ganze Wiedergeburt wie sie als ganze Rechtfertigung, als ganze Heiligung und als ganze Neuschöpfung ist. Insofern haben wir es bei der hier interessierenden Weltfremdheit – was immer das des näheren sein soll – mit einer Sachseite zu tun, die bei der Rede von Gottes rettendem und neuschöpferischem Handeln explizit oder implizit immer mitschwingt.

Die mit der biblischen Metaphorik der Wiedergeburt mitgesetzte Weltfremdheit ist also etwas anderes als eine Absenz auf Zeit. Sie müsste beschreibbar sein als eine gleichsam dauerhafte Auszeichnung desjenigen Individuums bzw. derjenigen Gruppierung, von denen in den Termini der Wiedergeburt geredet wird. Im Vorgriff auf die Darstellungen und Erwägungen der folgenden Abschnitte skizziere ich hier kurz die Richtung meiner Argumentation.

Weltfremdheit im christlichen Sinne wird zu verstehen sein als eine Wiederbeheimatung in der Welt als *Gottes neuer Welt*. Es wird in der Tat behauptet, dass die Welt nicht im landläufigen Sinne Heimat ist und dass diejenigen, die von der Bewohnbarkeit der Welt und vom „Frieden um mich und ein Wohlgefallen an allen nächsten Dingen" sprechen,[55] in spezifischer Weise mit Verdrängung arbeiten müssen. In diesem Zustand kann sie Heimat nicht sein oder werden, es sei denn durch das Ausklammern und Vergessen ihrer Verfallenheit, Grausamkeit und Lebensfeindlichkeit. In diesem Sinne gehört Weltfremdheit in der Tat zur Identität eines Christenmenschen und wird die Theologie bemüht sein, simple Versuche der Weltbeheimatung als Illusion oder Verdrängung zurückzuweisen.

Dies geschieht freilich nicht im Überdruss dessen, der sich abwendet und dessen letztes Wort über die Welt das Urteil über ihre Verfallenheit ist.[56] Vielmehr erweist sich die Welt-

---

55 Nietzsche: KSA 2,702 (MA II, 350), i. O. herv. Die Anspielung ist nur zu offensichtlich.
56 Ein beredtes Beispiel für diese Gattung des Denkens und Schreibens ist der Essay von Horstmann, Ulrich: Das Untier. Konturen einer Philosophie der Menschenflucht, Frankfurt a. M. 1985. Mit allen Stilmitteln

fremdheit des „Wiedergeborenen" als eine, die sich durch die Beheimatung in Gottes neuer Welt speist. Die als neu geglaubte und erfahrene Zugehörigkeit zur Welt und zur Zukunft Gottes, erlaubt es, sich von falschen Bindungen frei zu wissen und das „Wohlgefallen an allen nächsten Dingen" dementsprechend anders zu leben. Aus der Perspektive des Glaubens ist die Wirklichkeit nicht nur die vorfindliche, sondern steht diese Vorfindlichkeit vielmehr unter dem eschatologischen Vorbehalt, dass ihr Sinn erst dann eingetreten ist, wenn Gott alles in allem sein wird. Wer dem Herrn der künftigen Welt schon jetzt zugehört, findet sich demnach in der eigentümlichen Dialektik, die die Weltfremdheit im christlichen Sinne ausmacht: Die Welt ist nicht so Heimat, wie sie uns vor Augen liegt, weil ihre Zukunft und Vollendung noch aussteht. Gleichwohl ist die Weltfremdheit eines Christenmenschen nicht gleichzusetzen mit der Flucht aus ihr. Vielmehr ist die Welt als die, der die Zuneigung Gottes gilt, Ort der illusionslosen Zuwendung und so Ort des Menschen, ja Ort Gottes selbst in der Sendung des Sohnes und der Gegenwart des Heiligen Geistes.

Weltfremdheit ist, so gesehen, eine Konsequenz aus zwei Gegebenheiten: Zum einen aus dem eschatologischen Vorbehalt gegenüber der „vorfindlichen" Welt als vorläufiger und zum anderen aus der Präsenz Gottes in eben dieser. Um keinen der beiden Aspekte wird man kürzen können: Stände der erste alleine da, wäre Weltfremdheit in der Tat nur als Weltflucht zu denken. Sprächen wir andererseits von der Präsenz Gottes in dieser Welt ohne die Hoffnung auf seine Zukunft, wäre dem Vorwurf des grandiosen Zynismus wohl kaum zu entkommen. Die Rede vom eschatologischen Vorbehalt und von der Präsenz Gottes hier und jetzt bedingen einander.[57]

---

von Ironie und Sarkasmus erarbeitet Horstmann den Grundgedanken, dass die nüchterne Analyse des Werks der Menschen als einzig menschliche Reaktion die Bitte um das gründliche Verschwinden dieser Spezies nach sich zieht. Das gerät in all seiner Konsequenz zur paradoxen Farce: Denn erst dann, so Horstmann, ist die menschlich gehütete Leben ausgerottet ist, „wird wieder Eden sein auf Erden." (114, i. O. herv.)
57 Damit richte ich eine Rückfrage an die kurze systematisch-theologische Schlusserwägung im erwähnten Artikel von Reinhold Bernhardt

135

Dies ist freilich nur eine grobe Bestimmung, die sich in ungeschützter Weise großer theologischer Termini bedient und nur zu einer entsprechend holzschnittartigen, formalen Feststellung gelangt. Allzu viel Klärung im Sinne der Themafrage ist damit noch nicht erreicht und um mehr als eine theologische Vorverständigung wird es sich nicht handeln. Aus diesem Grund wende ich mich in einem zweiten Gang noch einmal den kritischen Positionen zu, die explizit mit dem Topos der Weltfremdheit agieren.

## 3. Die Weltfremdheit der Wiedergeburt „nach Nietzsche"

### 3.1 Ergebnisse der Nietzsche-Lektüre

1. *Nietzsches Platonismus-Vorwurf:* Nietzsches diesbezügliche Aussagen (oben 1.b) sind keine Kampfansagen, die es zu widerlegen gälte, sondern Erinnerungen an eine theologische Aufgabe. Diese Aufgabe bestand schon vor Nietzsche und ist sicher von der Art, dass sie nie als „abgearbeitet" wird gelten können. Gemeint ist das ganze Bündel von Fragen und Problemen, das sich aus dem Neben- und Ineinander des griechisch-metaphysischen und des biblischen Gottesgedankens ergibt. Aus Nietzsches Perspektive in JGB hat sich die christliche Rede von Gott gleichsam als Popularversion des griechischen Gottesbegriffs an ihn gehängt. Hätte sie diesen nicht vorgefunden, wäre das palästinische Denken, so Nietzsche, als Provinzepisode in Vergessenheit geraten. Auch wenn das geistesgeschichtlich sicher so nicht zutrifft, so wird man doch sagen können: Die Geschichte der christlichen

---

(Anm. 50), der allein die futurisch-eschatologische Dimension vor Augen zu haben scheint, wenn er schreibt, dass die Rede von Wiedergeburt „einen wichtigen Aspekt der christl. *Heilshoffnung*" zum Ausdruck bringe und die „Ausrichtung auf die noch ausstehende endgeschichtl. Neuschöpfung des Himmels und der Erde" als Element des christlichen Glaubens betone. (1288f) Hier würde interessieren, wie die gegenwärtige Gestalt des Glaubens bzw. der christlichen Existenz davon affiziert wird.

Gotteslehre ist zugleich die Geschichte der Auseinandersetzungen und der Verschmelzungsformen griechischer und biblischer Denkformen und Bilderwelten. Es ist mühelos möglich, Beispiele für beide Extreme zu finden, also für Versuche, Synthesen und Überbietungen als das theologisch Angemessene zu beschreiben oder aber das genaue Gegenteil anzustreben und die christliche Gotteslehre möglichst frei von metaphysischer Begrifflichkeit zu entwickeln. Auf der einen Seite mag man an Augustinus und Thomas von Aquin denken, auf der anderen an Martin Luthers leidenschaftlichen Einspruch gegen die Systemtheologie seiner Zeit oder die Axiomatik der Gotteslehre Karl Barths. Theologisch stand und steht zur Debatte, ob die Metaphysik – gleich ob platonischer oder aristotelischer Provenienz – ein hilfreiches Mittel zur Entfaltung der christlichen Gotteslehre ist, oder ob von ihr eher ein „Sog zur Unfreiheit" ausgeht, wie Dietrich Ritschl formulierte.[58] Nietzsches rüde Angriffe und subtile Aufdeckungen sind ein gewichtiges Indiz dafür, es mit diesem „Sog zur Unfreiheit" sehr genau zu nehmen. In der Tat: Wenn die Eigenschaften Gottes als absolute Attribute verstanden werden, wenn die Gottheit Gottes wesentlich auf seiner Aseität beruht und anderes mehr, kurz, wenn er zureichend gedacht werden soll in seiner strikten Unterschiedenheit von der Welt, dann ist Nietzsches Vorwurf schwer von der Hand zu weisen. In der Tat würde die Zugehörigkeit zu einem so verstandenen Gott überaus starke Züge zur Weltfremdheit als Weltflucht aufweisen. Auf diese stets lauernde Gefahr zum „Sog zur Unfreiheit" hat Nietzsche zurecht hingewiesen. Das bleibt auch dann wahr, wenn man die Massivität mancher seiner Invektiven nicht teilt.

Damit ist nicht behauptet, dass es so etwas wie eine „reine" biblische Theologie, frei von allem metaphysischen Ballast geben könnte. Die Versuche, „das Palästinische" gegen „das Griechische" trennscharf abzugrenzen, endeten noch regelmäßig in Fehlabstraktionen.[59] Außerdem müsste dann

---

58 Ritschl, Dietrich: Zur Logik der Theologie. Kurze Darstellung der Zusammenhänge theologischer Grundgedanken, München ²1988, 176.
59 Als Beispiel Bomann, Thorleif: Das hebräische Denken im Vergleich mit

mit der Annahme operiert werden, dass es so etwas wie ein „reines" Urevangelium gäbe, dem erst sekundär hellenistische Interpretamente zugewachsen wären. Diese Vermutung hat sich aber doch als unhaltbar erwiesen. Ist die Annahme also schon historisch unwahrscheinlich, so gilt es noch mehr in einem rezeptionstheoretischen Sinn: Es wäre hermeneutisch naiv anzunehmen, man könne das metaphysisch und theistisch geprägte Denken des Westens einfach verlassen und unmittelbar biblisches Denken betreiben. Zu sehr ist unsere gesamte Bilder-, Sprach- und Begriffswelt von der biblisch-griechischen Mélange geprägt, als dass dies Aussicht auf Erfolg hätte. Der Versuch, Gotteslehre ohne Platonismen zu betreiben, wird dementsprechend immer ein Grenzgang bleiben.[60] – Auch dies ist übrigens eine Nietzschesche Einsicht, der im Blick auf naive Atheismen notierte, dass kaum etwas so hartnäckig sei wie der Schatten von etwas, was man doch schon lange tot wähnte.[61]

---

dem griechischen, Göttingen [6]1977. Der Band wirkte, als es um die Entdeckung seines Themas ging, als große Befreiung, worin sein bleibendes Verdienst zu sehen ist. Erst wenn man ihn aus diesem Gesprächszusammenhang entfernt und als „Theorie des hebräischen Denkens" liest, werden die Ergebnisse fragwürdig.

60 Eines der beeindruckendsten Beispiele eines solchen Grenzganges ist sicher Martin Luthers Schrift De servo arbitrio. Luther wendet sich darin vehement gegen einen allgemeinen Gottesbegriff und kann doch nicht umhin, in den entscheidenden Passagen über den Deus absconditus auf die metaphysischen Prädikate necessitas und praescientia zurückzugreifen (WA 18, 710.719 u. ö.), was er sich an anderer Stelle eigentlich verboten hatte. Das ist freilich nicht schulmeisterlich zu monieren, sondern allenfalls als Hinweis auf die enorme Schwierigkeit des Unterfangens festzuhalten.

61 „*Neue Kämpfe.* – Nachdem Buddha todt war, zeigte man noch Jahrhunderte lang seinen Schatten in einer Höhle, – einen ungeheuren, schauerlichen Schatten. Gott ist todt; aber, so wie die Art der Menschen ist, wird es vielleicht noch Jahrtausende lang Höhlen geben, in denen man seinen Schatten zeigt. – Und wir – wir müssen auch noch seinen Schatten besiegen!" (Nietzsche: KSA 3, 467 [Fröhliche Wissenschaft 108]). Damit wende ich mich gegen die Deutung bei Dietrich, Walter/Link, Christian: Die dunklen Seiten Gottes 2, Neukirchen 2000, 140, die diesen „Schatten" als Lappalie einer Vergangenheit interpretieren.

## 2. Der metaphernspendende Bereich für die Gotteslehre:

Nietzsche hat immer wieder auf die enge Verknüpfung des Gottesbegriffs mit dem der Kausalität hingewiesen – einige der entsprechenden Stellen wurden oben auch zitiert. Es nimmt, wenn man davon ausgeht, nicht wunder, dass die Gotteslehre vornehmlich in räumlichen Metaphern entwickelt wurde: Die Fundamentalunterscheidung Gottes von der Welt, die Kategorien der Wirkung, die Vorstellung, dass Gottes Ewigkeit gleichsam neben der verfließenden Zeit liege – all dies sind Bilder, die eher den Raum als metaphernspendenden Bereich haben. Dass Weltfremdheit in diesem metaphorischen Bereich leicht, zu leicht, als Weltflucht missdeutbar wäre, leuchtet unmittelbar ein, und so sind es auch solche Bilder derer Stefan Heym sich in seinem oben erwähnten Roman bedient.[62] Soll es darum gehen, diese Fallen zu vermeiden, drängt sich die Überlegung auf, ob nicht die mit dem Zeitbegriff verbundene Metaphorik für das christliche Reden von Gott angemessener ist. Dies ist eine Provokation für die Gotteslehre, freilich, so meine ich, eine hilfreiche, hilft sie doch insbesondere, das mit der Raummetaphorik immer verbundene Kausalitätsdenken und seine Probleme zurückzudrängen.

Es geht darum, „dass wir in der Zeitmetaphorik über Gott denken sollten, also in großer Nähe zu Dimensionen der Erinnerung und Hoffnung, Vergebung und Neugestaltung des Lebens"[63]. Seit längerem wird diese Perspektive erprobt von Dietrich Ritschl und James Barr, dazu kommen in jüngerer Zeit Studien von Christian Link, Wolfgang Schoberth und anderen.[64] Die älteren Arbeiten bereiteten

---

62 Heym: Ahasver, 134–138.159–162.
63 Ritschl, Dietrich: Gottes Wohnung in der Zeit. Eine Anwendung der Metaphorik der Zeit auf Gottes Präsenz und auf gelingendes Leben, ÖR 49 (2000), 149–160, hier 149.
64 Vgl. Ritschl, Dietrich: Memory and Hope. An Inquiry Concerning the Presence of Christ, New York/London 1967; ders.: God's Conversion. An Exposition of Hosea 11, Interpretation (Richmond), July 1961, 286–303; ders.: Gott wohnt in der Zeit. Auf der Suche nach dem verlorenen Gott: Gottes Zukunft – Zukunft der Welt, FS Jürgen Moltmann, hg. v. H. Deuser u. a., München 1986, 250–261; Barr, James: Biblical Words for Time, London 1962; Link, Christian: Die Spur des

insofern das Terrain, als sie das Metaphernfeld überhaupt erkundeten: Was mag Zeit im biblischen Sinne bedeuten und was heißt es für Theologie und Verkündigung, dass Christen/innen in einer eigentümlichen Verflechtung aus Hoffnung und Erinnerung leben? In kurzer, formelähnlicher Beschreibung Ritschls: „Erinnerungen erlauben Hoffnungen. Umgekehrt aber ist in den Hoffnungen die Freiheit zur Erinnerung begründet, nämlich zur Hoffnung, dass die Inhalte der erinnerten Vergangenheit die Zukunft mitbestimmen. Hoffnungen erlauben Erinnerungen."[65] – Die gegenwärtige Debatte scheint sich vor allem um die Frage zu zentrieren, wie die biblische Rede von der Fülle der Zeiten zu verstehen ist. Wenn Mk 1,15 denn ein zentraler Vers des NT ist, was heißt dann die Rede von der Fülle? Wie ist Jesus Christus als Gottes Zeit für uns zu bekennen und zu verkündigen? Wenn die Rede vom Christus praesens Einlösung derjenigen von der erfüllten Zeit ist, dann werden doch offensichtlich die uns vertrauten Zeitbegriffe gesprengt. Wie ist damit umzugehen?[66] Zudem ist die erfüllte Zeit offensichtlich eine, die Hoffnung und Vertrauen auf Gottes Zukunft erweckt. Die Einheit der Zeit, die wir so oder so in der Gegenwart zu denken gewohnt sind, wird in Gottes unverrechenbare Zukunft verlegt, wenn man denn sagen kann: Die Zeit der Gottesherrschaft „bleibt ein Geschehen, das sich ‚von vorn' *in* oder richtiger *an* unserer Zeit ereignet und gerade so deren ‚Sinn', ihr Woraufhin,

---

Namens. Wege zur Erkenntnis Gottes und zur Erfahrung der Schöpfung, Theologische Studien, Neukirchen-Vluyn 1997, 91–119; Schoberth, Wolfgang: Leere Zeit – erfüllte Zeit. Zum Zeitbezug im Reden von Gott: Einfach von Gott reden. Ein theologischer Diskurs, FS Friedrich Mildenberger, hg. v. Jürgen Roloff und Hans-G. Ulrich, Stuttgart 1994, 124–141; Achtner, Wolfgang u. a.: Dimensionen der Zeit. Die Zeitstrukturen Gottes, der Welt und des Menschen, Darmstadt 1998; Hailer, Martin: Ungleichzeitigkeit in der Ökumene. Terrainerkundungen zu einem hermeneutischen Problem, ÖR 49 (2000), 175–190; ders.: Gott und die Götzen. Über Gottes Macht angesichts der lebensbestimmenden Mächte, (Habilitationsschrift, im Druck) Kap. 1 und 4.
65 Ritschl: Logik, 84; ders.: Memory and Hope, 159ff.218ff.
66 Vgl. Schoberth: Leere Zeit, 136 u. ö.; Hailer: Ungleichzeitigkeit, 184ff.

neu qualifiziert."[67] Wenn das ansatzweise richtig ist, wird man sogar noch einen Schritt weiter gehen müssen und sagen, dass Gott selbst zeit-offen ist, weil und sofern er sich in Jesus Christus auf unsere Zeit eingelassen hat. Abschied zu nehmen wäre vom Denken eines statischen Gegenübers aus Zeit und Ewigkeit, also von der Vorstellung, dass Gottes Ewigkeit „gleichsam fix-fertig bereitstünde, so dass das Zeitliche in sie nur aufgenommen werden, in sie nur ‚eingehen' müsste."[68]

3. *Die Gleichzeitikeit des Ungleichzeitigen:* In den vorhergehenden Thesen wurde vor allem auf das Große und Ganze der Gotteslehre abgehoben, in dem die für unser Thema entscheidenden Bestimmungen vorzunehmen sind. Die theologische Wendung des Schlagworts von der „Ungleichzeitigkeit des Gleichzeitigen" ist m. E. geeignet, der Konkretion in anderen Bereichen, namentlich in der Ekklesiologie und Ethik, näher zu kommen.[69] Dies legt sich umso mehr nahe, da hier in überlegter Weise mit temporaler Metaphorik umgegangen werden kann. Mithilfe dieses Schlagworts kann man versuchen, das kreative und kritische Potenzial, das in der Weltfremdheit der Wiedergeburt steckt, auszuleuchten. Wolfgang Huber schreibt dazu:

---

67 Link: Spur des Namens, 115.
68 Link: Spur des Namens, 117.
69 Diese Terminologie hat Geschichte. Sie geht auf den Kunsthistoriker Wilhelm Pinder zurück und wird u. a. von Jürgen Habermas verwendet, um die internen Differenzierungen in modernen Gesellschaften zu beschreiben, etwa in seiner Rede davon, dass „die kulturellen Wertsphären scharf auseinander" treten und sich „nach Maßgabe eines geltungsspezifischen Eigensinns" entwickeln, so Habermas, Jürgen: Theorie des kommunikativen Handelns 2, Frankfurt a. M. 1981, 292, gegen Ende der berühmt gewordenen Zweiten Zwischenbetrachtung zu System und Lebenswelt (171–293). Was der Kommunikationstheoretiker als Phänomen des Auseinanderdriftens beschreibt, gälte es für eine Ekklesiologie konstruktiv zu besetzen: Die Selbstbeschreibung der Kirche wird ohne „geltungsspezifischen Eigensinn" niemals zu leisten sein – ginge sie aber in ihm auf, dann hätten wir es mit einem Klerikalismus schlechtester Form zu tun.

„Christlicher Glaube trägt wie alle Religion das Moment der Ungleichzeitigkeit in sich. Ihm ist ein Traditionsbezug eigen, der einem vermeintlich aufgeklärtem Bewusstsein immer wieder als ein unbegreifliches Überbleibsel längst vergangener Zeiten erscheint. Doch zugleich ist er von einem utopischen Überschuss geprägt, von einem Vorausgreifen auf eine Zukunft, die noch nicht da ist und von der keiner weiß, wann sie kommt. Die Kraft der Erinnerung und die Kraft der Hoffnung zugleich konstituieren die Ungleichzeitigkeit der Religion. Diese Ungleichzeitigkeit kann dann schöpferisch werden, wenn sie die Eindimensionalität eines Alltagsbewusstseins durchbricht [...]: die Ungleichzeitigkeit der Religion befreit zur Erfahrung der Vieldimensionalität der Zeit."[70]

Zu gewährleisten ist hier freilich, dass Ungleichzeitigkeit nicht zur Beziehungslosigkeit wird, also zu einem selbstgenügsamen Verharren desjenigen, der sich für ungleichzeitig hält, bei den eigenen Traditionen und Gebräuchen. Dies würde Ungleichzeitigkeit in Traditionalismus umschlagen lassen und sie, wie Huber treffend bemerkt, nachgerade wirkungslos machen.[71] Aus diesem Grund ziehe ich es vor, entgegen dem normalen Sprachgebrauch von der Gleichzeitigkeit des Ungleichzeitigen zu sprechen: wer sagt denn, dass immer das dem Glauben Zugesprochene mit der pejorativen Vorsilbe „Un-" zu belegen ist? Es geht ja gerade nicht darum, bei einem trotzigen „wir sind eben anders!" zu verharren, sich an der Differenz dieser eigenen, durch Abschließung erkauften Identität zu freuen und sich ihrer durch immer neue Abgrenzungen zu versichern.

Das Schlagwort von der Ungleichzeitigkeit des Gleichzeitigen ist theologisch nur dann sinnvoll, wenn es tatsächlich auf die *Differenz der Zeiterfahrungen* verweist. Im Gegensatz zum commonsensuellen Zeitempfinden, das Zeit als gleichmäßig verfließendes Phänomen deutet, geht es hier um eine Vielfalt von Zeiten. Der Rückbezug auf eine Vergangenheit als Gründungsgeschichte ist für den Glauben nicht eine

---

70 Huber, Wolfgang: Erinnerung, Erfahrung, Erwartung. Die Ungleichzeitigkeit der Religion und die Aufgabe theologischer Ethik, in: Chr. Link, Die Erfahrung der Zeit. Gedenkschrift für Georg Picht, Stuttgart 1984, 321–333, hier 322.
71 Huber: Erinnerung, 326.

einfache Form der Erinnerung, sondern ist für ihn eminent hoffnungshaltig. In diesem Sinne durchbricht der Vergangenheitsbezug des Glaubens die Annahme von der Stetigkeit der Zeit. Ähnlich steht es mit dem Zukunftsbezug: Er ist mehr und anderes als eine Antizipation möglicher kommender Ereignisse aus gegenwärtigen Konstellationen heraus; die Erwartung von Gottes Zukunft, die menschlichem Tun und Erwägen unzugänglich ist, ist etwas grundsätzlich anderes als die eingespielten Formen der Antizipation. – Es sollte möglich sein, in diesem Sinne die Ungleichzeitigkeit des Glaubens zu beschreiben, ohne dabei schöpferisch-kritische Distanz mit Traditionalismus zu verwechseln.

## 4. Weltfremdheit und Nachfolge

Die Grundbestimmung christlicher Weltfremdheit ist, dass es sich bei ihr nicht um Weltflucht, sondern um ein neues sich-Finden in der Welt handelt. Mit dem neutestamentlichen Stichwort ist mitgesetzt, dass die, von denen sie ausgesagt wird, Gottes künftiger Welt zugehören. Genauer: Der Herr, dem sie im Leben und Sterben zugehörig sind, ist ihr Herr, weil und sofern er der Herr auch der künftigen Welt ist. Dieses Glaubensvertrauen entsteht und kann – Deo volente – Dauer bekommen, weil der Glaube aus der Rückversicherung an die historische Sendung Jesu lebt und dieser in der Gegenwart des Geistes inne wird. Die Aussage, Christen und Christinnen seien weltfremd, ist – positiv gewendet – also eine Zugehörigkeitsformel. Ist es nun eben nicht der von Nietzsche perhorreszierte Gott der Philosophen, dem sie zugehörig sind, so gilt aber für sie: Gott der Vater Jesu Christi hat sein Gottsein wesentlich an seine Weltzugewandtheit bei seinem Volk Israel und durch Jesus Christus gebunden. In der Gabe des Heiligen Geistes bildet sich diese Weltzuwendung als Gegenwart wieder ab. Insofern kann die Weltfremdheit der Christen nicht die Form der Abwendung haben, sei es aus Überdruss (Heym) oder Ressentiment (Nietzsche). Weltfremdheit ist, so verstanden, ein Ausdruck für die Freiheit des Christenmenschen in der Welt, die sich als Zuwendung aktualisiert. Dies folgt einer grundsätzlich anderen Logik als die Schöpferkraft des Ressentiments, die – wo sie in Geltung ist – von Nietzsche allerdings zutreffend als programmgewordenen Egoismus demaskiert wurde.

Zugleich aber ist diese Weltzugewandtheit keine, die in der Welt aufginge, als sei Gott mit ihr oder einem besonderen Teil der Welt koextensiv. Die Rede von Kreuz und Auferstehung als für den christlichen Gottesbegriff zentral, besagt in diesem Zusammenhang, dass Gottes Weltzuwendung in ihr sowohl scheitert als auch in diesem Scheitern und über es hinaus ins Recht gesetzt wird. Gegen Nietzsches Perhorreszierung des Gedankens, Gott könne sich mit einem Gekreuzigten solidarisch zeigen, ist zu sagen: Hinter einer solchen Haltung zeigt sich selbst eine Allianz aus den Vorstellungen von Gott und bestimmten Mächten, die Nietzsche seinen platonistischen Gegnern zurecht vorgeworfen hatte.

Dieser Sachverhalt soll abschließend noch einmal ausgesagt werden, indem die „christliche Weltfremdheit" mittels einer anderen biblischen Metapher umschrieben wird, der Rede von der *Nachfolge*. Zwei biblische Metaphern, benachbart und doch distinkt verschieden, können sich wechselseitig erklären und beleuchten.

Der Ruf in die Nachfolge, so wird man sagen dürfen, begründet eine neue Existenz. Dies verdeutlichen schon die synoptischen Berufungsgeschichten, in denen im Leben der in die Nachfolge Gerufenen in der Tat starke Abbrucherfahrungen stattfinden: Die Jünger verlassen ihre gewohnte Umgebung, ihre Familie, das berufliche Umfeld und die wirtschaftliche Absicherung.[72] Sofern man sagen kann, dass die neutestamentlichen Erzählungen von den Jüngern zumindest auch als Folien auf die Existenz der Christinnen und Christen deutbar sind,[73] ist der Schluss in typologischer Absicht zulässig: Nachfolge besteht augenscheinlich nicht in der Ob-

---

[72] Vgl. Luz, Ulrich: Art. „Nachfolge Jesu", TRE 23 (1995), 678–686, hier 680f.
[73] Für das Matthäusevangelium machte das ebenfalls Luz wahrscheinlich, vgl. ders.: Die Jünger im Matthäusevangelium: Das Matthäusevangelium, in: J. Lange (Hg.), Darmstadt 1980, 377–414.

servanz von Regeln oder der Vermittlung einer neuen Erkenntnis oder jedenfalls nicht allein darin. Sie affiziert die ganze Person und gibt ihr eine neue Ausrichtung. Dietrich Bonhoeffer schreibt zurecht:

„So schafft sich der Ruf in die Nachfolge sofort eine neue Situation. In der alten Situation bleiben und nachfolgen schließt sich aus. Das war zunächst ganz sichtbar so. Der Zöllner musste den Zoll, Petrus die Netze verlassen, um hinter Jesus herzugehen. Es hätte ja nach unserm Verständnis auch damals schon durchaus anders sein können. Jesus hätte dem Zöllner eine neue Gotteserkenntnis vermitteln und ihn in seiner alten Situation lassen können. Wäre Jesus nicht der menschgewordene Sohn Gottes gewesen, so wäre das möglich. Weil aber Jesus der Christus ist, darum musste es von vornherein deutlich werden, dass sein Wort nicht eine Lehre, sondern eine *Neuschöpfung der Existenz* ist. Es galt, mit Jesus wirklich zu gehen. Wen er rief, dem war damit gesagt, dass für ihn nur noch eine einzige Möglichkeit des Glaubens an Jesus besteht, nämlich die, dass er alles verlässt und mit dem menschgewordenen Sohn Gottes geht."[74]

Die Rede von der Weltfremdheit aus Wiedergeburt folgt einer ähnlichen metaphorischen Logik. Das Thema der Neubegründung der Existenz hat sie gleichsam schon im Wort. Was Bonhoeffer „Situation" nennt, wird auch für sie tiefgreifend affiziert, weil der oder der „Wiedergeborene" sich in der Tat als neu und anders geschaffen versteht. In diesem Sinn besteht also eine Ähnlichkeit oder Gleichzeitigkeit zwischen den beiden biblischen Begriffen. Die Nachfolgemetaphorik hilft aber nun, den Fokus darauf zu schärfen, dass

---

74 Bonhoeffer, Dietrich: Nachfolge, DBW 4, München 1989, 50, Herv. von mir. Ich belasse es hier beim Aufnehmen dieses wichtigen Motivs aus dem Buch Bonhoeffers. Eine ausführliche Auseinandersetzung hätte zu würdigen, dass das Genus dieser Schrift von 1937 einen eigentümlichen Zwischenstatus zwischen akademischer Untersuchung und Erbauungsliteratur einnimmt und überdies unter mindestens dramatischen Umständen entstand. Man tut dem Band freilich Unrecht, wenn man ihn aus der Zeitsituation heraus „erklären" und damit sozusagen unter Wert entschärfen will; gleichwohl muss doch gesehen werden, dass die in ihm angerissenen Themen des Weltverhältnisses der christlichen Existenz in dem Fragment gebliebenen Spätwerken – der Ethik und den Gefängnisschriften – vielfach aufgenommen und präzisiert werden.

Weltfremdheit im theologischen Sinne pointiert als Weltzuwendung ausgesagt wird. Hier ist die Metapher „weltfremd" nicht unbedingt sprechend aus sich heraus und vielleicht ist es ja auch kein Zufall, dass die Christentumskritik Nietzsche'scher Provenienz, von der zu berichten war, sich just an ihr festmacht. Soll dieser „Schwachstelle" abgeholfen werden – es gehört, notabene, zum Wesen einer Metapher, derartige Schwachstellen zu haben, weil sie sonst keine semantische Provokation darstellen könnte, die sie aber ausmacht –, dann legt sich die Apposition der anderen Metapher nahe.

Nachfolge begründet eine neue Existenz. Sie begründet eine neue Existenz, die ausweislich der einschlägigen neutestamentlichen Texte zunächst durch intensive Differenzerfahrungen gekennzeichnet ist: Die Jünger und Jüngerinnen verlassen ihr soziales Umfeld (Mk 3,31–35), sie gehören einem neuen Ethos zu (Mt 5,13–48), sie müssen mit vielerlei Anfechtungen, Feindschaft und evtl. dem Martyrium rechnen (Lk 10,1–16). Nachfolge führt also in ein Kontrast- und Differenzschema. Freilich ist das nur ein Aspekt der Sache. Zu beachten ist gleichermaßen, dass Nachfolge in ein konstruktives Verhältnis zur Umwelt setzt. Pointiert gesagt: Bestünde die neue Existenz in Weltflucht, könnte sie nimmermehr Nachfolge heißen.

Nachfolge qualifiziert *gleichermaßen* die Nachfolgenden wie ihre Umwelt. Für die ersteren begründet sie eine neue Existenz, die unter anderem die Prioritäten für Erinnerung, Hoffnung und Handlungsoptionen massiv verschiebt. Diese Prioritätenverschiebung geschieht aber inmitten der Umwelten, in denen sie sich finden. In diesem Sinne qualifiziert Nachfolge auch diese Umwelt: Sie ist gleichsam der Nachfolge gewürdigt, also nachfolgefähig.[75] Die Provokation der Nachfolge besteht darin, die Umwelt als eine zu sehen, die nicht per se „in Ordnung" ist, die dem erneuernden Willen Gottes im bescheidenen Werk menschlicher Nachfolge aber gewürdigt wird. Nachfolge beschreibt so gesehen einen Mittelweg zwischen der unkritischen Akklamation herrschender

---

75 So ein Dictum von Konrad Stock.

Zustände und der Rede davon, dass diese sub specie Dei nur der Vernichtung anheim fallen könnten.

Aus der kritischen Distanz ist die Welt nicht verschwunden oder unerheblich, wie es die Rede von Weltfremdheit als Vorwurf meint, sehr wohl aber werden die in ihr geltenden Selbstverständlichkeiten und Regeln unter dem Leitbegriff der Vorläufigkeit betrachtet. Die Umwelt wird betrachtet als *gleichnisfähig und gleichnisbedürftig* hin auf die Zukunft, deren Subjekt Gott ist. In den Worten von Christian Link: Es geht darum, „Entsprechungen aufzusuchen, in denen eine Gestalt der Mensch und Natur gemeinsamen Lebenswelt sichtbar wird, welche gleichnishaft vorweg abbildet, was im Reich Gottes zu seiner Erfüllung und seiner Wahrheit kommt."[76] Die Welt der Gegenwart ist einerseits so beschaffen, dass Gottes Zukunft nicht mit der totalen Abwendung von ihr identisch ist – sie ist gleichnisfähig, weil Nachfolge in ihr und für sie stattfindet. Nicht minder aber ist sie gleichnisbedürftig – wäre sie alles, was sub specie Dei der Fall ist,[77] dann wäre dem schwärzesten Zynismus als Lebenshaltung kaum mehr etwas entgegenzusetzen. In diesem Sinne tritt die biblische Perspektive aus Wiedergeburt und Nachfolge ein

---

76 Link, Christian: Überlegungen zum Problem der Norm in der christlichen Ethik: Schöpferische Nachfolge, FS Heinz Eduard Tödt, hg. v. Chr. Frey/W. Huber, Heidelberg 1978, 95ff, hier 108. Dass sich hier das fundamentaltheologische Thema der rechten Bestimmung des Analogiebegriffs auftut, sei nur noch angemerkt, aber nicht mehr ausgeführt. Dieser wurde gewöhnlich als abstrakte Problemstellung im Rahmen der theologischen Erkenntnistheorie und Kontroverstheologie verhandelt, vgl. Track, Joachim: Art. „Analogie", TRE 2 (1978), 625–650. Es könnte reizvoll sein, hierfür auch auf exegetische und materialdogmatische Diskussionen zurückzugreifen und z. B. vom impliziten Analogiebegriff der Rede von der Nachfolge zu handeln.

77 Natürlich ist erlaubt, den Satz 1 aus Ludwig Wittgensteins Tractatus hamartiologisch zu lesen und die Welt als alles, was der (Sünden–)Fall ist, zu deuten. Der dabei entstehende Aphorismus kann als Wittgenstein-Exegese nicht gelten, widerspricht er der Kosmologie des Traktats doch in direkter Weise. Dass es theologisch trotzdem oder gerade deshalb hilfreich ist, so zu sprechen, zeigt Frisch, Ralf: Theologie im Augenblick ihres Sturzes. Theodor W. Adorno und Karl Barth: Zwei Gestalten einer kritischen Theorie der Moderne, Wien 1999, 150–163, bes. 153.

in einen Streit um die Wirklichkeit. Sie wird der Überhöhung des Faktischen als aus sich heraus gut genauso widersprechen wie dem Wahn, das Heil in der Abwendung zu suchen. Dass dies eine eminent konstruktive und mitnichten weltflüchtige Perspektive ist, sollte in den jeweiligen Konkretionen des christlichen Lebens erfahrbar sein.

# *Zur neuen Welt kommen*

## Überlegungen zur theologischen Logik der Metapher „Wiedergeburt"

WOLFGANG SCHOBERTH

Bei der Bedeutung, die der Begriff „Wiedergeburt" in großen Teilen der christlichen Frömmigkeit hat, kann es überraschen, wie wenig Aufmerksamkeit ihm in der Systematischen Theologie zuteil wurde. „Wiedergeburt" scheint in der Praxis des Glaubens verortet zu sein, nicht aber in der theologischen Reflexion. Otto Weber spricht sogar davon, dass der „Begriff der regeneratio [...] in der Dogmatik eine wahre Leidensgeschichte durchgemacht habe."[1] Die theologische Reserve gegenüber dem Konzept „Wiedergeburt" hat freilich darin ihre guten Gründe, dass es leicht missverstanden werden kann und oft auf irreführende Weise gebraucht worden ist. Die folgenden Überlegungen gehen allerdings davon aus, dass solcher Missbrauch nicht dazu führen sollte, die theologischen Perspektiven, die die Metapher der Wiedergeburt eröffnen kann, aus dem Blick zu verlieren. Vielmehr soll gerade in Nachzeichnung der theologischen Logik dieser Metapher gezeigt werden, wie die eigentümlichen Veränderungen, die mit dem christlichen Glauben verbunden sind, beschrieben werden können.

In der Rede von der Wiedergeburt sind, soviel kann vorweg gesagt werden, zwei wesentliche Elemente beieinander, die in der neuzeitlichen Theologie oft auf problematische Weise getrennt wurden. Wo theologisch von Wiedergeburt die Rede ist, ist einerseits die Selbsterfahrung des Glaubens im Blick,

---

1 Weber, Otto: Grundlagen der Dogmatik, Bd. 2; Neukirchen-Vluyn ⁷1987, 401. Weber gibt einen knappen Überblick über die Verwendung des Wiedergeburtsbegriffs in der Theologiegeschichte.

andererseits aber auch das Handeln Gottes, das jeder subjektiven Gläubigkeit vorausliegt. Wenn es gelingt, beide Momente zur Geltung zu bringen, dann kann die Aufmerksamkeit auf die Metapher der Wiedergeburt einen Beitrag dazu leisten, die problematische wechselseitige Isolierung von subjektiver Religiosität und dogmatischer Gottesrede zu überwinden. Dazu sind zunächst die problematischen Implikationen und irreführenden Weichenstellungen zu benennen, die in den tradierten Vorstellungen von Wiedergeburt enthalten sind; anschließend sollen einige der Perspektiven aufgezeigt werden, die diese Metapher eröffnet.

Mit der so umrissenen Aufgabenstellung dieses Beitrages ist es verbunden, dass hier gerade der Gebrauch des Wortes „Wiedergeburt" außer Betracht bleiben soll, der in der religiösen Gegenwartskultur die weiteste Verbreitung hat: Das Verständnis von Wiedergeburt als Reinkarnation. Dieses Thema verdiente zwar ohne Zweifel eine eingehende Bearbeitung, geht aber deutlich in eine andere Richtung als die durch den biblischen Sprachgebrauch vorgezeichnete. Nicht nur ist Reinkarnation keine biblische Vorstellung; die mit Reinkarnation verbundene Perspektive auf das individuelle Schicksal nach dem Tode wäre theologisch auch in anderen Zusammenhängen zu verhandeln. Nicht zufällig enthält die gängige Rede von der Reinkarnation fast durchweg Anklänge an asiatische Religionen, wobei freilich auffällt, dass die abendländische Rezeption der Reinkarnationsvorstellung ihren Sinn gegenüber ihren ursprünglichen Kontexten deutlich verschoben hat. Das westliche Verständnis von Reinkarnation lässt sich wohl zutreffend als eine Mischung aus Traditionsstücken des christlichen Auferstehungsglaubens und östlichen Denkelementen beschreiben. Die Frage nach den Bedingungen der Rezeption der Reinkarnationsvorstellung und ihren Transformationen umreißt eine lohnende religionssoziologische Aufgabe; dabei wäre auch nach den Bedürfnissen zu fragen, die eine solche europäisierte Reinkarnationsvorstellung offensichtlich befriedigt. Weder diese religionssoziologische Fragestellung noch auch die eschatologische Frage nach der Zukunft über den Tod hinaus steht aber im Zentrum meiner Überlegungen. Dabei bleibt freilich festzuhalten, dass die eschatologische Perspektive für ein Verständnis von Wiedergeburt von zentraler Bedeutung ist. Wie diese Perspektive aber im theologischen Nachdenken über Wiedergeburt zur Geltung gebracht werden kann, muss der Fortgang der Überlegungen zeigen.

## 1. Die problematische Verinnerlichung von Wiedergeburt

In der Theologie der Reformatoren, deren Zentrum sich mit dem Begriff der Rechtfertigung angeben lässt, spielt Wiedergeburt keine eigenständige Rolle. Der Ausdruck wird zwar nicht selten gebraucht, er trägt dabei aber kein eigenes Gewicht und wird auch nicht zum Gegenstand eingehender Überlegungen. Allenfalls kann gesagt werden, dass Wiedergeburt hier die subjektive Wirklichkeit des Heilsgeschehens benennen kann. Auch in der lehrmäßigen Entfaltung der protestantischen Theologie, wie sie seit dem Ende der Reformationszeit unternommen wurde, spielt die Wiedergeburtsvorstellung nur eine untergeordnete Rolle. Der Versuch einer systematischen Darstellung des Heilsgeschehens und der Heilsaneignung führte dazu, dass Wiedergeburt als ein einzelnes und identifizierbares Moment in diesem Geschehen aufgefasst wurde. Die begriffliche Vielfalt, mit der das Heilsgeschehen in der Bibel, dann aber auch bei den Reformatoren beschrieben wurde, hier im Bestreben einer klaren lehrmäßigen Erfassung geordnet und systematisiert. Die dabei erarbeiteten diffizilen Bestimmungen und Unterscheidungen werden den biblischen Texten freilich oft kaum gerecht. Die begrifflichen Schwierigkeiten zeigen sich in der altprotestantischen Orthodoxie schon darin, dass letztlich keine Einigkeit über den genauen Ort der Wiedergeburt im Heilsgeschehen erzielt werden konnte: Ob sie vor oder nach der Bekehrung stehe, wie ihr Verhältnis zur Taufe zu denken sei etc., bleibt umstritten.

Diese Randstellung des Wiedergeburtsbegriffs in der reformatorischen Theologie, aber auch in der altprotestantischen Orthodoxie wird durch den Pietismus programmatisch revidiert. Am Wiedergeburtskonzept lässt sich der Widerspruch des Pietismus zur orthodoxen Betonung der Lehre deutlich ablesen. War dort die Objektivität des Heilsgeschehens im Zentrum gestanden, so legt der Pietismus das Gewicht auf die subjektive Erfahrung des Heils. Die Wiedergeburt als das Ereignis, in dem sich das in Christus geschehene Heil im Leben des einzelnen Christen jeweils manifestiert, wird zu einem zentralen Terminus pietistischer Frömmigkeit und Theologie. In einer theologisch folgenreichen Verschiebung gilt die Aufmerksamkeit nun weniger dem Heilsgeschehen extra nos als vielmehr den Veränderungen, die der Glaube in einzelnen Christen bewirkt. In der Folge gewinnt die Selbstbeobachtung des gläubigen Subjekts zunehmend an Bedeutung – eine Selbstbeobachtung, die von der reformatorischen Theologie gerade abgewiesen worden war.

Der Pietismus reagiert damit auf die der reformatorischen Theologie innewohnende Gefahr, in der Betonung der Objektivität des Heilsgeschehens den Glauben zu einer vollends unanschaulichen und unerfahrbaren Angelegenheit werden zu lassen. Dagegen wird mit Recht betont, dass der Glaube reale Veränderungen im Leben bewirkt, und dass diese dann auch theologisch zu benennen und bedenken sind. Man kann sich hierbei auch darauf berufen, dass das Neue Testament von solchen Veränderungen vielfältig zu berichten weiß. Theologisch fragwürdig wird freilich die Tendenz, Wiedergeburt als biografisches Datum aufzufassen. Dies stellt Dietz Lange mit Recht heraus: „Die Identifikation der Gottesbegegnung mit einem bestimmten seelischen Erlebnis zu einem bestimmten Zeitpunkt macht die Gewissheit leicht zur Selbstgewissheit anstelle der unverfügbaren, weil allein Gott verdankten Glaubensgewissheit. Die Folge ist Unfähigkeit zur Selbstkritik."[2] Diese Unfähigkeit zur Selbstkritik, in der die Berufung auf das eigene Wiedergeborensein gleichsam zur göttlichen Legitimierung der eigenen Ansichten und Überzeugungen wird, findet zum Beispiel in der religiösen Rechten in den USA ihren unmittelbaren politischen Niederschlag. Biografische Verortung von Wiedergeburt kann freilich auch umgekehrt in die quälende Frage führen, ob der

---

2 Lange, Dietz: Glaubenslehre, Bd. 2, Tübingen 2001, 149.

eigene Glaube so stark und das eigene Leben so untadelig sei, wie es einem Wiedergeborenen gebühre.

Das Zwillingspaar von Selbstgewissheit und Selbstzweifel erweist die pietistische Wiedergeburtsvorstellung als ein Kind der Neuzeit. So konnte das Konzept dann auch aus seinem religiösen Kontext auswandern und in der Aufklärung zur biografischen Aufgabe für jeden Menschen werden. Kant spricht das in aller Deutlichkeit aus: „Der Mensch, der sich eines Charakters in seiner Denkungsart bewußt ist, hat ihn nicht von der Natur, sondern muß ihn jederzeit erworben haben. Man kann auch annehmen: daß die Gründung desselben, gleich einer Art der Wiedergeburt, eine gewisse Feierlichkeit der Angelobung, die er sich selbst tut, sie und den Zeitpunkt, da diese Umwandlung in ihm vorging, gleich einer neuen Epoche, ihm unvergeßlich mache."[3] Die Aufgabe, das eigene Leben neu zu machen und es allererst richtig zu orientieren, kann als ein charakteristisches Moment neuzeitlicher Selbstbilder angesehen werden. Die Verinnerlichung der Wiedergeburtsvorstellung ist so Teil der für die Neuzeit bezeichnenden Wendung auf das Subjekt. Dabei wird das eigene Leben zunehmend zur Aufgabe und zum verwirklichenden Entwurf. Damit ist freilich die biblisch-theologische Basis des Wiedergeburtsbegriffs aufgelöst: Die Begründung der Wiedergeburt im Handeln Gottes wird ebenso undeutlich wie ihre Ausrichtung auf die erhoffte Zukunft Gottes. Dennoch wird die für die Aufklärung charakteristische Fassung von Wiedergeburt in der Folge auch für ihren religiösen Gebrauch bestimmend: Wiedergeburt wird zum Datum, das jeweils neu vergegenwärtigt werden muss, und zur Aufgabe, die im Leben des Gläubigen zu verwirklichen ist.

Die im Pietismus eingeschlagene Richtung wird in der theologischen Erweckung weitergeführt, indem auch sie das Gewicht auf die Erfahrung des eigenen Wiedergeborenseins legt. Hier gilt freilich ebenso, dass der Erfahrungsge-

---

[3] Kant, Immanuel: Anthropologie in pragmatischer Hinsicht, in: ders., Werke 12: Schriften zur Anthropologie, Geschichtsphilosophie und Pädagogik 2. Register zur Werkausgabe, hg. v. W. Weischedel, Frankfurt a. M. [8]1991, 395–690; 636f = B 268f.

winn, der die Wirklichkeit des christlichen Lebens wahrzunehmen und zu bedenken lehrt, verbunden ist mit theologischen Erwartungen, die die subjektive Erfahrung nicht erfüllen kann. Menschliches Leben, auch das Leben der Gläubigen, erweist sich einem einigermaßen nüchternen Blick keineswegs als so stetig und zuverlässig, dass es die Gewissheit des Glaubens tragen könnte. In der Frömmigkeit konnte versucht werden, durch Riten der Vergegenwärtigung des Wiedergeburtserlebnisses solches Schwanken zu überwinden; freilich konnte solche Selbstvergewisserung kaum je stabil sein und wurde oft genug zur bloßen Beteuerung oder zur peinlichen Befragung des eigenen Selbst oder – schlimmer noch – zur verdächtigenden Untersuchung des Standes anderer.

Hatte im Pietismus und der Erweckung der Begriff der Wiedergeburt auch dogmatisch eine fundamentale Rolle zu übernehmen, so zeigte sich zunehmend die Brüchigkeit dieses Ansatzes. Die subjektive Erfahrung der eigenen Gläubigkeit wurde mit theologischen Begründungslasten versehen, die sie nicht tragen konnte. Die tragende Rolle des Wiedergeburtsbegriffs erwies sich spätestens Anfang des 20. Jahrhunderts als unhaltbar. Zum Scheitern der Erfahrungstheologie führte freilich nicht der Begriff der Wiedergeburt selbst, sondern die Einsicht, dass er die mit ihm verbundenen Funktionen einer Grundlegung der Theologie nicht gewährleisten konnte. Dass mit diesem Scheitern freilich das ganze Thema der Glaubenserfahrung in den Hintergrund trat, ist selbst wieder eine problematische Verkürzung in der evangelischen Dogmatik. Nicht schon der Ansatz bei der Erfahrung selbst, sondern die spezifische Fassung, in der die Glaubenserfahrung unter dem Begriff der Wiedergeburt gefasst wurde, wurde zur theologischen Belastung und führte dazu, dass Wiedergeburt als ein Thema der theologischen Reflexion verschwand. Die Frage stellt sich allerdings, wie Glaubenserfahrung thematisiert werden kann, ohne wiederum den genannten Gefahren zu erliegen. Gerade die Aufmerksamkeit auf die genuine theologischer Logik der Metapher Wiedergeburt kann allerdings aus diesem Dilemma führen. Betrachtet man nämlich Sinndimensionen, die mit der Rede von einer Wiedergeburt verbunden sind, so stehen diese gerade der Verinnerlichung, der Subjektivierung und der Ablösung vom Handeln Gottes entgegen. Wenn die Rede von der Wiedergeburt die Vorstellung der leiblichen Geburt aufgreift – um sie dann freilich auch zu überbieten – dann sind daran zumindest folgende Momente festzuhalten:

- Wiedergeburt ist wie Geburt nur als passives Widerfahrnis zu verstehen. Wie die Geburt auf den schlechthinnigen Anfang individuellen menschlichen Lebens verweist, so ist auch Wiedergeburt im Leben der Christen in keiner Weise als Resultat oder Moment unseres Willens zu verstehen. Nicht nur die Gegebenheit meiner biologischen Existenz, sondern gerade auch die Wirklichkeit meines geistlichen Lebens widerspricht der neuzeitlichen Idee des Menschen als eines Schöpfers seiner selbst.
- Als passives Widerfahrnis ist Wiedergeburt mithin streng an das Handeln Gottes zu binden. Auch Wiedergeburt geschieht allein aus Gnade; damit ist zugleich ausgeschlossen, dass der Rekurs auf das Wiedergeborensein legitimatorisch zur Betonung des eigenen Standes gebraucht werden kann. Wenn anders Wiedergeburt eine zutreffende Metapher für das Leben im Glauben sein kann, dann geht aus ihr gerade hervor, dass Glauben keine Sache des Wollens ist, dem meine eigene Überzeugung oder Aktivität zugrunde liegt. Nicht zufällig verweist Wiedergeburt auf die Sphäre des Organischen, wie sie auch in zahlreichen biblischen Gleichnissen und anderen Redeweisen für ein Verstehen des Glaubens gebraucht wird. Glauben ist kein Tun, sondern ein Wachsen, das sich nicht erzwingen lässt und das darauf angewiesen ist, Bedingungen vorzufinden, unter denen es gedeihen kann.
- Zugleich gehört zur Metapher der Wiedergeburt der Ausgriff aufs Ganze: Man kann nicht halb geboren sein. Dies verweist freilich auf eine innere Spannung in der Vorstellung von der Wiedergeburt, die sorgfältig bedacht werden muss. Denn das Leben aus der Wiedergeburt ersetzt und beendet nicht die leibliche Existenz, sie ist auch keine ungebrochene, stetige und gleichsam demonstrierbare Wirklichkeit. Ein theologisch sinnvoller Begriff von Wiederge-

burt impliziert, dass sie sich an diesem Leben zeigt und doch auf eigentümliche Weise verborgen ist.
– Darum kann Wiedergeburt nicht als ein identifizierbarer Moment in einem psychologisch fassbaren Geschehen sein und schon gar kein biografisches Datum. Die Metapher ist sinnvoll nur da, wo mit ihr ein immer neu radikaler Anfang gedacht wird. Die Idee eines Stufenweges läuft der Metapher strikt entgegen.

## 2. Wiedergeburt und Taufe

Wenn im Johannesevangelium Wiedergeburt gerade auch mit der Taufe verbunden wird, so widerspricht das dem Gesagten nur vordergründig. Nicht nur sollten die unterschiedlichen Kontexte, in denen neutestamentlich die Rede von der Wiedergeburt erscheint, vor einer allzu schnellen Identifikation von Wiedergeburt und Taufe warnen. Es ist auch fraglich, ob die Taufe angemessen verstanden wird, wenn sie ganz als biografisches Datum erscheint: Sie ist gerade nicht zuerst die Aufnahme in die christliche Kirche und auch nicht das Datum der Initiation in den Glauben, sondern Ausdruck und Siegel der Zugehörigkeit zur Wirklichkeit Gottes. Was in der Taufe geschieht, lässt sich darum in der Vorstellung einer linearen Zeit nicht erfassen. Wenn Luther im Kleinen Katechismus formuliert, dass „der alte Adam in uns durch tägliche Reue und Buße soll ersäuft werden [...] und wiederum täglich herauskommen und auferstehen ein neuer Mensch", dann kommt diese andere Erfahrung der Zeit prägnant zur Sprache. Es gehört zu den spezifischen Erfahrungen des Glaubens, dass die Taufe im Leben immer wieder neu anfänglich wirksam wird. Dabei ist es das Spezifikum der Taufe, dass ihre Heilsbedeutung gerade nicht im subjektiven Bewusstsein des Täuflings festzumachen ist; sie ist vielmehr Unterpfand der im Leben der Gläubigen immer wieder neu zu entdeckenden und zu erfahrenden Zugehörigkeit zur neuen Welt Gottes.

So entspricht die Radikalität, die in der Metapher der Wiedergeburt enthalten ist, dem Geschehen der Taufe: Es geht gerade nicht um die Auffrischung oder Verbesserung des Lebens in der alten Welt, sondern um einen gänzlichen Herrschaftswechsel. Darum gehört zur Wiedergeburtsmetapher wie zu einem theologischen Verständnis der Taufe untrennbar das Bewusstsein des Todes hinzu. Wiedergeburt ist nur denkbar, wenn dabei ein Sterben der alten Welt mitgedacht ist. Diese schlechthin entscheidende Dimension gerät aber da aus dem Blick, wo Taufe und Wiedergeburt vorrangig im Horizont gläubiger Individualität und subjektiver Religiosität wahrgenommen werden. Von ihren biblischen Kontexten her verweisen beide Komplexe auf den Gegensatz von alter und neuer Welt. Als Veränderungen am Individuum, die ja allemal nur Modifikation in dieser Welt sein können, blieben sie theologisch unterbestimmt. In der Metaphorik der Wiedergeburtsvorstellung gesprochen: Hier geht es gerade nicht um ein Noch-einmal-Geborenwerden, sondern um das Hineingeborenwerden in die Welt Gottes. Wiedergeburt ist etwas anderes als eine, wenn vielleicht auch radikale, Einstellungsänderung, sondern – wie das Geborenwerden als Zur-Welt-Kommen verstanden werden kann – der Eingang in die neue Welt. Nur so lässt sich auch festhalten, dass Wiedergeburt keine mögliche Perspektive menschlichen Handelns und Wollens sein kann: Ein „neuer Mensch" werden ist ohne Zweifel eine schwierige und schwerwiegende Angelegenheit, aber doch als menschliche Anstrengung denkbar. Die Anthropologie der Aufklärung, wie sie für die Neuzeit geradezu paradigmatischen Charakter hat, macht eben die Verwirklichung dieses Ideals zu ihrem Zentrum. In dieser Ausrichtung würde der Begriff der Wiedergeburt theologisch geradezu irreführend, weil er abgekoppelt würde von Gottes Handeln und der Gegenwart seiner neuen Schöpfung. Als Ausweis der eigenen Qualifikation – dem Neugewordensein in dieser Welt – ist er nicht nur mit allen möglichen Aufbrüchen und Reformen zu verwechseln: Ein anderer Mensch und eine andere Sozialität kann man vielleicht aus eigener Kraft und mit höchst unterschiedlichen Resultaten werden.

Die Zugehörigkeit zur Welt Gottes dagegen ist nie als sinnvolles Ziel menschlicher Aktivität zu denken, sondern allemal nur als unverdientes Widerfahrnis der Gegenwart Gottes. Nur in diesem weiten Horizont kann auch Auferstehung mehr sein als eine rhetorische Figur für lebensgeschichtliche Zäsuren und den immer wieder zu vollziehenden Neubeginn im menschlichen Leben. „Wiedergeburt" impliziert ganz buchstäblich und keineswegs übertragen ein Leben, in dem der Tod nicht das unwiderrufliche Ende ist, sondern der Anfang, weil in ihm die Bedingungen und Beschränkungen dieses Lebens keine letzte Gültigkeit haben. Wenn theologisch konsequent von Wiedergeburt die Rede sein soll, dann ist damit die Zumutung verbunden, den Tod als überwunden zu denken und in eins damit die Zugehörigkeit zu Gottes Ewigkeit.

### 3. Wiedergeburt und Erfahrung

Die Radikalität der Wiedergeburtsmetapher, wie sie hier kurz umrissen wurde, legt es nahe, die Unanschaulichkeit der Wiedergeburt zu betonen. Ist Wiedergeburt der Eintritt in die neue Welt Gottes, so sprengt sie die Kategorien der Erfahrung in dieser Welt. Gleichwohl muss auch von den Erfahrungen der Wiedergeburt gesprochen werden, wenn die Metapher nicht ihren Realitätsgehalt und ihre die Wirklichkeit erschließende Kraft verlieren soll. Dass solche Erfahrungen nicht mit subjektiver Befindlichkeit zu verwechseln sind, und auch nicht gleichsam „von außen" unmittelbar wahrnehmbar sind, ist nach dem Gesagten offensichtlich. Aus der inneren Logik der Wiedergeburtsmetapher geht hervor, dass das Leben der Wiedergeborenen in einer paradoxen unanschaulichen Erfahrbarkeit wahrgenommen werden muss: Einerseits kann dieses Leben oder gar Wiedergeburt selbst gerade nicht als Erfahrungsdatum ausgewiesen oder fixiert werden; andererseits würde die Rede von Wiedergeburt leer, wenn sie den Anhalt an den Erfahrungen dieses Lebens verlöre. Diese Paradoxie ist nur dann mehr als ein leerer Selbstwiderspruch, wenn der Gegenstand dieser Erfahrung nicht an meinem neuen Leben abgelesen werden kann, sondern in meinem alten Leben als Verheißung und neue Wirklichkeit gegenwärtig ist. Paul Tillich beschreibt diesen Doppelaspekt: „Wenn von der Erfahrung der Wiedergeburt gesprochen wird, ist nicht gemeint, dass derjenige, der vom göttlichen Geist ergriffen ist, seine Erfahrung durch empirische Beobachtungen verifizieren könne. Obgleich ‚neugeboren', sind die Menschen noch keine neuen Wesen, sondern sie sind in eine neue Wirklichkeit eingetreten, die sie zu neuen Wesen machen kann."[4] Freilich ist Tillichs Formulierung dahingehend missverständlich, dass sie nahe zu legen scheint, es ginge um die fortschreitende Verwirklichung eines Ideals wiedergeborenen Lebens. So berechtigt es ist, auf einer Beschreibung der Erfahrungen zu bestehen, die mit dem neuen Leben verbunden sind, so wenig ist doch schon deutlich, was hier als Erfahrung soll gelten können.

Jürgen Moltmann weist mit Recht auf die Vielfalt der Erfahrungen hin, „die Menschen mit der Wiedergeburt zum Leben machen."[5] Er betont ebenfalls, dass es nicht angehen kann, „dass bestimmte innere Erfahrungen zum Maßstab für die Wiedergeburt gemacht werden, um den Glaubensstand anderer daran zu messen. Aber die Theologie darf aus Angst vor eigentümlichen Erfahrungen und pietistischer Introspektion nicht auf die Beschreibung der Erfahrungen des Geistes verzichten. Im Neuen Testament reden Glaubende und Apostel jedenfalls reichlich von ihren Erfahrungen."[6] Gerade der Verweis auf die neutestamentliche Rede von den Erfahrungen im Geist legt allerdings eine andere Richtung nahe als Moltmann selbst sie beschreibet. Er nennt die Erfahrungen überschwänglicher Freude, des Friedens, der Nachfolge und andere zur Beschreibung dessen, was aus der Wiedergeburt folge. Es ist sicher nicht zu bestreiten, dass diese Momente mit dem neuen Leben im Glauben verbun-

---

[4] Tillich, Paul: Systematische Theologie 3, Frankfurt a. M. [4]1984, 255. – Den Hinweis auf die Nähe mancher der hier vorgetragenen Überlegungen zu Tillichs Ausführungen verdanke ich Ênio Müller, São Leopoldo/Brasilien. Auf eine ausführlichere Diskussion von Tillichs Erwägungen muss ich hier verzichten.

[5] Moltmann, Jürgen: Der Geist des Lebens. Eine ganzheitliche Pneumatologie, München 1991, 167.

[6] Moltmann: Geist des Lebens, 167.

den sind. Sie sind aber allemal Folgen des neuen Lebens im Glauben, nicht seine Wirklichkeit selbst; und wiederum kann gerade die Erfahrung von Gottes Wirklichkeit in die Entzweiung mit dem schlechten Bestehenden führen, aus der Schmerz und nicht friedliches Einverständnis resultiert. Erst so kann die Rede von der Wiedergeburt der Gefahr einer frommen Autosuggestion entgehen.

Es ist darum wenig hilfreich, auf solche Qualifikationen des Selbsterlebens besonderes Gewicht zu legen, weil damit die Wendung zum Subjekt und seiner Befindlichkeit kaum zu vermeiden ist. Eine solche Beschreibung legt zudem den aus Pietismus und Erweckung bekannten, höchst fragwürdigen Umkehrschluss nahe: Den Versuch nämlich, an der Wahrnehmung von Freude und Frieden der subjektiven Wirklichkeit und Gewissheit von Wiedergeburt habhaft zu werden. Dabei wird gerade das vernachlässigt, was die neutestamentliche Rede von den Erfahrungen des Geistes bestimmt, insofern diese zentriert ist um den Inhalt solcher Erfahrungen: Erfahrung ist immer Erfahrung von etwas; und die Erfahrungen des Glaubens sind etwas anderes als die Beobachtung der eigenen Gläubigkeit. Nur die Betonung des Inhalts der Erfahrung des Glaubens kann aber vor subjektiver Beliebigkeit und dem Gestus individueller Überlegenheit schützen: Glaubenserfahrung ist die Abwendung von der Auseinandersetzung mit den eigenen Fähigkeiten und den Stadien der eigenen Entwicklung; sie überlässt sich vielmehr den Wegen Gottes.

Dass die Erfahrung des Geistes Gottes kein Interesse an der Selbstbeobachtung hat, kennzeichnet die paulinische Auseinandersetzung mit den korinthischen Enthusiasten. Wenn er die Prophetie, also die klare und verständliche Auslegung des Geisteszeugnisses, der ekstatischen Zungenrede vorzieht, so ist damit auch die kommunikative Dimension der Geisterfahrungen im Blick. Solange Erfahrung nur „meine" Erfahrung ist, ist sie von subjektiver Täuschung nicht zu unterscheiden. Darum bedarf gerade die individuelle Erfahrung der Kommunikation mit anderen und der Korrektur durch die Gemeinschaft der Glaubenden. Von hier aus wird deutlich, dass das Gewicht, das die Reformatoren auf die

Objektivität des Glaubens legen, keineswegs in einem Widerspruch zu seiner subjektiven Erfahrung treten muss, im Gegenteil: Damit solche subjektiven Erfahrungen wirklich als Erfahrungen des Glaubens Bestand haben können, bedürfen sie der Überprüfung, der Bereicherung, der Präzisierung durch andere Gläubige.

## 4. Gemeinschaft der Wiedergeburt

Darum sind Erfahrungen des Glaubens niemals nur individuelle Erfahrungen. Sie haben ihren Ort auch und gerade in der Gemeinde. Schon Schleiermacher betonte mit Recht den Gemeinschaftsaspekt von Wiedergeburt: Gerade als Vereinigung mit Christus ist für ihn Wiedergeburt notwendig mit der Eingliederung in die Gemeinschaft der Wiedergeborenen verbunden.[7] So sehr die Metapher der Wiedergeburt bezogen ist auf den einzelnen Gläubigen, so kommt mit ihr doch gerade zur Sprache, dass Glaube ohne ein Einwurzeln in der Gemeinschaft derer, die sich von der Geschichte Gottes prägen lassen, nicht denkbar ist.

Aber auch hier gilt, dass damit keine neue Eigenschaft der Menschen, die zur Gemeinschaft der Glaubenden gehören, und auch keine neue und gleichsam göttliche Qualität ihres sozialen corpus auszumachen ist. Auch in ihrer sozialen Dimension ist Wiedergeburt keine neue Qualifikation des Alten und keine Erweiterung menschlicher Möglichkeiten. Kirche hat ihr Wesen nicht darin, dass sich Menschen jetzt zu neuer Gemeinschaft assoziieren, sich dieser Gemeinschaft anvertrauen und ihr Leben an ihr ausrichten; Kirche hat ihr Wesen überhaupt nicht in sich selbst. Sie ist vielmehr nur da und immer da Kirche, wo in ihr in allemal vorläufiger und

---

[7] Schleiermacher, Friedrich D. E.: Der christliche Glaube. 1821/22 (1. Auflage), hg. v. H. Peiter, Berlin/ New York 1984, §§ 128ff. Schleiermacher verengt diese Einsicht aber sogleich, wenn er diese Eingliederung als die Hineinnahme in das Gottesbewusstsein Christi versteht: Wiedergeburt erscheint als Veränderung meiner und unserer Gestimmtheit in der unverwandelt gebliebenen Welt.

fragmentarischer Gestalt die Gottesherrschaft über diese Welt und die Gegenwart seiner künftigen Welt bezeugt wird. Mit der Terminologie Tillichs ließe sich formulieren, dass die Kirche die Gemeinschaft ist, in der das neue Sein aus Christus verkündigt und gelebt wird. Dabei ist die Kirche freilich auch gekennzeichnet durch die Zweideutigkeit, die jeder irdischen Existenz eigen ist.[8] Es wäre eine lohnende Aufgabe für die Ekklesiologie wie für die die Praktische Theologe, genau zu bedenken und zu beschreiben, wie die Kirche ihrem Sein als Gemeinschaft der Wiedergeburt – dieser Ausdruck wäre vielleicht treffender und weniger missverständlich als das gängigere „Gemeinschaft der Wiedergeborenen" – auch in ihren konkreten Vollzügen entsprechen kann. Kirche ist nicht die Versammlung derer, die in ihrem Leben den anderen ontologisch und moralisch überlegen wären. Vielmehr gehört es zu ihrem Sein als Geschöpf des Wortes Gottes, dass sie solche Sorge um den eigenen Stand hinter sich lassen kann. Und es gehört zu den Wesensmerkmalen der christlichen Gemeinden, dass sich in ihnen die Glaubenden wechselseitig bestärken und ermutigen in der Ausrichtung des Lebens auf die Wirklichkeit Gottes: eben dies wäre ein Leben aus der Wiedergeburt. Erst so kann es zu einer „Erneuerung des Sinnes" (Röm 12,2) kommen, in der sich die Wahrnehmung der Welt und des eigenen Lebens verwandelt.

## 5. Neue Schöpfung und das Leben als Christ

Diese Verwandlung kommt dadurch zur Sprache, dass Wiedergeburt und neue Schöpfung theologisch untrennbar zusammengehören: Wiedergeburt wäre so zu verstehen als die Entsprechung zu Gottes neuer Schöpfung im Hinblick auf das Leben der Gläubigen. Wenn diese Veränderungen des Lebens als Wiedergeburt beschrieben werden können, so ist damit verbunden, dass sie nicht als Verbesserung und Korrektur der bisher gegangenen Wege zu verstehen sind. Die

---

[8] Tillich: Systematische Theologie 3, 254.

Veränderung des Sinnes, die der Glaube hervorbringt, ist nicht lediglich eine neuer Deutung der bekannten Dinge; vielmehr ist im Glauben die Geltung der Kategorien, in denen die Welt bisher wahrgenommen wurde, außer Kraft gesetzt. Er folgt darin den Zumutungen, wie sie Gleichnisse Jesu enthalten, dass nämlich die Welt in den eingespielten Kategorien überhaupt nicht angemessen wahrgenommen werden kann. Die Metapher der Wiedergeburt hat demnach ihre ethische Pointe darin, dass sie gerade nicht in der Perfektionierung des Individuums, sondern in der Erfahrung der Welt und des Lebens im Lichte der gegenwärtigen Zukunft Gottes hat. Wiedergeburt heißt dann auch nicht, dass ich ein anderer geworden wäre, sondern dass mir die Welt anders und neu geworden ist. Sie wird erfahrbar als Schöpfung Gottes und Gleichnis. Die Wege auszuschreiten, die solcherart Gottes Zukunft entsprechen, – wie zögernd und unsicher auch immer – ist das Leben als Christ. Christliche Ethik ist nur dann mehr und anderes als die bessere Moral, wenn sie sich ihres Anfangs im Neuwerden durch Gottes Handeln bewusst bleibt und dieses Wissen dann im Leben zur Geltung zu bringen unternimmt. So allein kann sie den kosmischen Dimensionen gerecht werden, die mit der Rede von der Wiedergeburt untrennbar verbunden sind: Die neue Schöpfung, die in der Wiedergeburt als Ahnung und Verheißung bestimmend wird für das Leben, bricht in die alte Welt ein und verwandelt sie, indem sie Sünde und Tod, die Kennzeichen dieser Welt, überwindet. Darum wäre jede individualistische Deutung von Wiedergeburt zumindest eine Verharmlosung.

Diese Gegenwart der Verheißung lässt sich wiederum nicht in die gängige Zeitlogik auflösen, nach der „Verheißung" das bisher uneingelöste Versprechen einer zukünftigen Erfüllung wäre. Vielmehr unterscheiden sich Gottes Verheißungen von Versprechen darin, dass sie das Leben jetzt verwandeln, und zwar in der Weise, die der Wahrheit entspricht, die diese Welt im Lichte Gottes wahrnimmt: Versöhnt und gleichermaßen der Offenbarung der Herrlichkeit harrend. Erfahrungen der Wiedergeburt sind solche, die die gegenwärtige Wirklichkeit von Gottes Zukunft wahrnehmen und die Spuren des anbrechenden Gottesreiches – in diesem Leben! – zu lesen vermögen. Mit der Metapher Wiedergeburt ist damit ein Leben im Blick, das sich die Predigt des Mannes aus Nazareth gesagt sein lässt in der ihr eigenen Doppelbewegung: Gottes Reich ist da; darum steht ein Leben aus der Ahnung der Herrlichkeit offen.

# *Transformationsmotive in Science Fiction und Fantasy*

MARTIN ENGELBRECHT

*1. Einleitung*

Nicht nur die Science Fiction, sondern jedes erzählende Kunstgenre könnte man, wenn man wollte, unter dem Gesichtspunkt ordnen, ob und wie sich die Protagonisten der jeweiligen Geschichten im Laufe der Handlung innerlich wandeln. Auf diese Weise ließen sich drei Bereiche abgrenzen. Der erste Bereich bestünde aus Romanen oder Filmen – häufig auch Serien –, in denen der Held oder die Helden von Anfang bis Ende keinerlei innere oder charakterliche Veränderung durchmachen. Ein geradezu klassisches Beispiel für diese Art der trivialen Unterhaltung aus dem Bereich der Science Fiction sind die „Flash Gordon" Kurzfilme aus den dreißiger Jahren des vorigen Jahrhunderts, in denen der Protagonist Hunderte von Abenteuern hinter sich bringt, um am Ende äußerlich und innerlich völlig unbe- und ungerührt aus ihnen hervorzugehen. Für solche Produktionen gilt das Verdikt von Ursula LeGuin, selbst prominente Science Fiction Autorin, die schreibt: „often the more action there is, the less happens".[1]

Ein zweiter Bereich ließe sich zusammenstellen mit Geschichten oder Filmen, in denen eine innere allmähliche Entwicklung der Protagonisten einen zentralen Teil des Fortlaufs der Geschichte bildet. In der Science Fiction – die für diese Art des Erzählens in Deutschland nicht gerade berühmt ist – realisieren die Autoren solche Entwicklungen häufig,

---

1 U. K. LeGuin im Vorwort zu „Vaster Than Empires and More Slow" aus: LeGuin, Ursula K.: The Winds Twelve Quarters, London ²1989, 181.

indem sie ihre Heldinnen und Helden in die berühmten „fremden Welten" stellen.[2]

Der allmählichen Entwicklung eines Helden ließe sich dann aber noch die plötzliche Wandlung durch ein punktuelles externes Ereignis irgendeiner Art, gegenüberstellen, sozusagen eine „Transformation", die das ganze Leben eines denkenden Wesens oder eine Gruppe bis an die Wurzeln ihres Daseins verändert. Natürlich ist diese Art des Erzählens kein exklusives Merkmal der Science Fiction, doch besitzt sie dadurch, dass sie nicht auf die Plausibilitäten der Alltagswelt beschränkt ist, gerade hier eine weit größere Reichweite als viele andere erzählende Genres.

Der vorliegende Text will „Transformationen" in der Science Fiction und in einigen prominenten Beispielen der Fantasy nachspüren. Da – wie sich im Folgenden zeigen wird – solche Motive in der Science Fiction außerordentlich häufig auftreten, setzt diese Betrachtung einen Schwerpunkt bei Transformationen, die im weitesten Sinne religiöse Bezüge aufweisen.

Für die Mehrzahl der Leser, die mit diesem Genre vermutlich wenig vertraut sind, ist an den Anfang eine kleine erläuternde Hinführung zum Thema Science Fiction gestellt, in dem auf eine Reihe von Fragen, bzw. Bildern eingegangen wird, die üblicherweise an das Genre herangetragen werden. Den Kern des Textes bildet ein Überblick über die unterschiedlichen Typen von Transformationsmotiven in der Science Fiction, sowie in einigen prominenten Fantasyromanen, verbunden mit Hinweisen auf in ihnen angelegte implizite oder explizite religiöse Bezüge. Zu Beginn aber noch eine kurze Anmerkung zur Entstehung dieses Textes, der in

---

[2] So gibt es in der Science Fiction auch Entwicklungsromane wie z. B. Card, Orson Scott: Ender's Game, New York 1985 (dt.: Das große Spiel, Bergisch Gladbach 1992) oder von der bereits erwähnten Le-Guin, Ursula K.: The Dispossessed, New York 1974 (dt.: Planet der Habenichtse, München 1976). Eine bemerkenswerte Fernsehserie, die anders als üblich auch die innere Entwicklung ihrer Protagonisten detailliert und liebevoll beobachtete, war die von J. Michael Straczynski produzierte Reihe „Babylon 5". Siehe dazu z. B. Devi, Torsten: Das Babylon 5 Universum, Königswinter 1985.

der vorliegenden Aufsatzsammlung getrost den Status eines Exoten für sich beanspruchen kann.

Das Schreiben dieses Aufsatzes hatte in mehrfacher Hinsicht den Charakter eines Experiments, und zwar eines Experiments, das von der interdisziplinären Zusammenarbeit am Bayreuther Institut zur Erforschung der religiösen Gegenwartskultur angestoßen wurde.[3] Für den Autor, der nicht Theologe sondern Soziologe ist, und sich auch nicht als christlich versteht, ist die Mitarbeit an einem theologischen Sammelband sozusagen eine „Fremdkulturerfahrung". Diese Reise in eine andere Denkwelt ging von der Überzeugung aus, dass ein Einarbeiten in andere Diskurse dem Erkenntnisfortschritt so zuträglich ist, dass es sich gelegentlich lohnt, die bequemen Bahnen des gewohnten Argumentierens und Denkens zu verlassen. Ob sich aus der Gegenüberstellung von Science Fiction Romanen und christlichen Deutungswelten ein „Mehrwert" für die Leser ergibt, hängt vor allem von ihnen selbst ab, und von ihrer Bereitschaft, sich auf die SF-Geschichten und ihr Denken einzulassen.[4]

## 2. Eine kurze Einführung in ein Genre mit schlechtem Ruf

Die Science Fiction und ihre Nachbargenres Horror und Fantasy sind Kunstgenres, die in Deutschlands akademisch-

---

[3] Der Autor war dort 1999–2004 mit der Begleitung und Durchführung einer Reihe von Projekten befasst, die sich im Kern alle damit beschäftigen, zu erforschen welche Formen von Religiosität und Spiritualität sich in der Gegenwart bei Mitgliedern der großen Volkskirchen entwickeln, welche Bilder von Kirche und christlichen Deutungswelten die Menschen haben und ob, bzw. wie sie diese Größen in Beziehung setzen. (Siehe dazu z. B. Engelbrecht, Martin: Religious Perspectives of Catholic and Protestant „Wanderers" in a Rural Region of Present Day Germany, in: H.-G. Ziebertz (Hg.), Imagining God, Münster 2001, 261–272 und Engelbrecht, Martin/Kraus, Daniel: Von Fenstern nach draußen und Türen nach drinnen, in: Forum, hg. v. der Deutschen Evangelischen Arbeitsgemeinschaft für Erwachsenenbildung, Frankfurt a. M. 2001, 36–41.

[4] In diesem Sinne sind die Literatur- und Filmhinweise auch als eine kleine Leseanleitung für interessierte Einsteiger in das Genre gedacht.

intellektuellen Diskursen bislang so gut wie kein „kulturelles Kapital" im Sinne Bourdieus darstellen.[5] Lediglich wenn ein Roman mit dem Etikett „utopisch" belegt wird, kann er als ernst zu nehmende Literatur diskursfähig werden, so George Orwells „1984", Aldous Huxleys „Schöne neue Welt" oder Anthony Burgess' „Uhrwerk Orange".[6] Anders liegt der Fall im englischsprachigen Raum, in dem der Begriff „SF" ein normaler Bestandteil des Literaturgeschäfts ist.[7] Auch in diesem Genre wie in jedem anderen gibt es eine enorme Bandbreite an literarischem Können wie an Marktorientierung.

In letzter Zeit scheint die Science Fiction – wohl primär durch eine Reihe amerikanischer Film- und Fernsehproduktionen (Star Wars, Star Trek, Akte X und eine zahllose Reihe kleinerer Serien und Filme) – stärker in das Bewusstsein auch der deutschen akademischen Öffentlichkeit zu treten.[8] Gleichzeitig dürfte in zunehmendem Maße das Diktum von Martin Schwonke zutreffen, dass „utopisches Denken" zu „einem Bestandteil des Bewusstseins der Menschen in fortgeschrittenen Industrieländern geworden" ist: „Wir sind auf neue, andere Möglichkeiten eingestellt, auch wenn wir sie nicht immer begrüßen."[9]

---

5 Bourdieu, Pierre: Die feinen Unterschiede, Frankfurt a. M. 1987.

6 Dass es vor allem negative Utopien absoluter staatlicher Kontrolle wie „1984", „Fahrenheit 451" oder „Brave New World" waren, die im Nachkriegsdeutschland diskursfähig wurden, lag vermutlich daran, dass sie von den Meinungsbildnern im Literaturbereich im Spannungsfeld der Aufarbeitung des Nationalsozialismus und der Auseinandersetzung mit dem Kommunismus allein für intellektuell satisfaktionsfähig gehalten wurden.

7 Der prominente SF-Autor und Essayist Brian Aldiss weist allerdings auf die Begrenzungen hin, die das Genre auch hier durch seinen Namen erleidet und plädiert für den Begriff „surreale Dichtung". Siehe dazu: Aldiss, Brian: Das Etikett Science Fiction ist zum Hindernis geworden, in: W. Jeschke/S. Mamczak (Hg.), Das Science Fiction Jahr 2003, München 2003, 439–451.

8 Als ein Indikator dafür kann z. B. eine Dissertation wie die von Ingrid Weber gelten, die die Serie „Star Trek" als „Entwurf von Kontakten mit dem Fremden" untersucht. Weber, Ingrid: Unendliche Weiten – Die Science-Fiction-Serie Star Trek als Entwurf von Kontakten mit dem Fremden, Saarbrücken 1997.

9 Schwonke, Martin: Naturwissenschaft und Technik im utopischen

Ein Versuch, SF für theologisch interessierte Leserinnen und Leser diskursfähig zu machen, lässt es deshalb sinnvoll erscheinen, einige Bilder zu bearbeiten, die dem Genre gerade in intellektuellen Kreisen in Deutschland hartnäckig anzuhaften scheinen. Dies soll im Folgenden mit der Beantwortung einer Reihe von fiktiven „FAQs"[10] geschehen, eine Vorgehensweise, die sich – wie passend – einem der kulturverändernsten technischen Phänomene der Gegenwart verdankt: dem Internet.

– Ist SF nicht ein US-amerikanisches Sonderphänomen?

Nein. Obwohl der größte Markt für SF und verwandte Genres tatsächlich in den USA liegen dürfte, ist sie ein Projekt aller hoch technisierten und -industrialisierten Kulturen der Erde. Der Roman „Frankenstein" der Engländerin Mary Shelley gilt vielen als der Ausgangspunkt der SF im heutigen Sinne.[11] Auch im früheren Ostblock war und ist Science Fiction bis heute weit verbreitet.[12] Die erste große Zeit der deutschen SF waren die Jahre der Weimarer Republik.[13] Nach

---

Denken der Neuzeit, in: E. Barmeyer, Science Fiction, München 1972, 57–75.

10 „Frequently Asked Questions" ist eine im Internet immer populärer werdende Art, Fragen, die Kunden oder Interessierte erfahrungsgemäß immer wieder stellen, bereits vorab zu beantworten.

11 Die Frau des englischen Dichters Percy Shelley schrieb diesen Roman, der mit vollem Titel „Frankenstein, or The Modern Prometheus" heißt, in der Schweiz und ließ ihn in Ingolstadt seinen Ausgangspunkt nehmen. (Siehe dazu Aldiss, Brian: Der Milliarden Jahre Traum, Bergisch Gladbach 1987, 46–66).

12 Als Beispiele seien genannt: Die russischen Autoren Boris und Arkadij Strugatzki, deren Roman „Picknick am Wegesrand" (Berlin, 1976) die Vorlage für den Film „Stalker" von Andrej Tarkowskij lieferte, der polnische Autor Stanislaw Lem, der in Deutschland als die Inkarnation des „niveauvollen" SF Schriftstellers zu gelten scheint und der Tscheche Carel Čapek, auf dessen Roman „R.U.R." der Begriff Roboter zurückgeht (siehe dazu: Clute, John: Science Fiction – Die Illustrierte Enzyklopädie, München 1996, 54).

13 Wichtige Autoren waren u. a.: Bernhard Kellermann, (der sein Hauptwerk „Der Tunnel" allerdings vor dem ersten Weltkrieg schrieb), Otto Willi Gail und natürlich Hans Dominik. Der Filmemacher Fritz Lang schuf eine Reihe SF- und SF nahe Filme, der berühmteste von ihnen „Metropolis" (1926).

dem Krieg etablierte sich das Genre in Deutschland nur mühsam neu,[14] ist aber spätestens in den neunziger Jahren auch hier zu einem Massenphänomen geworden. Als Paradebeispiel für eine nichtwestliche Nation, die sich zu einer Hochburg der SF entwickelte, kann Japan gelten, z. B. in Form der berühmt-berüchtigten „Godzilla" Filme, aber neuerdings auch mit Comics, den so genannten „Mangas" bzw. ihrer Filmversion, den „Animes", die im Moment dabei sind, sich in Deutschland ein Massenpublikum zu erobern. Das lässt sich als Hinweis darauf lesen, dass das oben zitierte Diktum Martin Schwonkes auch über die abendländischen Kulturkreise hinaus Geltung beanspruchen kann.

– Handelt SF nicht nur von Raumschiffschlachten und Strahlenpistolen?

Jein. Es gibt in der SF ein – unzweifelhaft außerordentlich populäres – Subgenre, das als „Space-Opera" Berühmtheit erlangt hat und das das Bild der SF nach außen weithin dominiert. Hier entwickeln die SF-Elemente keine wirkliche Eigendynamik, sondern sie sind Staffage für Handlungsschemata, die sattsam aus Kriegs- und Actionfilmen und natürlich aus dem Wildwest Genre bekannt sind. Der Kino Mehrteiler „Star Wars",[15] der das Gesicht des neueren SF-Kinos entscheidend geprägt hat, ist trotz der in ihm enthaltenen mythischen und religiösen Elemente (ihm entstammt der populäre Orden der „Jedi-Ritter"[16]) ein geradezu paradigmatischer Vertreter dieser Sparte.

---

14 Hier seien als Beispiele die deutsche „Groschenheft" Reihe „Perry Rhodan" genannt, aber am anderen Ende der Palette auch Autoren wie Carl Amery (ders: Der Untergang der Stadt Passau, München, 1983; ders.: An den Feuern der Leyermark, München 1981). Im Filmbereich neben der mittlerweile Kultstatus genießenden Serie „Raumschiff Orion" vor allem die Regisseure Rainer Erler („Operation Ganymed", „Das blaue Palais") und der wie eine Reihe anderer nach Hollywood ausgewanderte Roland Emmerich („Independence Day").
15 Siehe dazu u. a. Hahn, Ronald M. u. a.: Lexikon des Science Fiction Films, Bd. 1, München 1997, 530ff.
16 Laut Zeitungsberichten haben bei der kürzlich erfolgten Volkszählung in Großbritannien so viele Menschen die Frage nach der Religionszu-

– Versucht SF die Zukunft vorherzusagen?

„Science Fiction wird oft als extrapolative Literatur beschrieben, ja geradezu so definiert. [...] Es ist nicht der Zweck des Gedankenexperiments [...] die Zukunft vorherzusagen – Schrödingers berühmtes Gedankenexperiment unternimmt ja gerade den Beweis, daß eine Vorhersage der ‚Zukunft' auf den Quantenniveau unmöglich ist –, sondern die Realität, die gegenwärtige Welt zu beschreiben. Science Fiction sagt nicht vorher, sie beschreibt"[17].

– Ist das Welt- und Menschenbild der SF nicht das eines naiven technischen Machbarkeits-Optimismus?

Die Menschenbilder der SF sind so vielfältig wie ihre Themen und Autoren. In der SF dominiert kein bestimmtes Menschenbild, optimistische und pessimistische, philanthropische und zynische Menschenbilder existieren – wie fast alles in diesem Genre – in einem zwanglosen Durcheinander nebeneinander her. Auch politisch findet sich das gesamte Spektrum möglicher Haltungen in der SF wieder, vom militanten Hurra-Patriotismus eines Robert A. Heinlein[18] bis hin zu den leidenschaftlichen Antikriegsromanen von Joe Haldeman[19] und U. K. LeGuin.[20]

– Wie lässt sich SF denn überhaupt definieren?

Es gibt vermutlich so viele Definitionen von Science Fiction, wie es Menschen gibt, die über sie nachdenken,[21] wobei kei-

---

gehörigkeit mit „Jedi" beantwortet, dass „das statistische Amt nun für die Jedi-Ritter einen neuen Computercode einrichten will" (Nordbayerischer Kurier, 12.10.01, 3). Dies ist als Index für die gewaltige Popularität der Fantasiereligion wohl nicht überbewertet.
17 LeGuin, Ursula K.: Die linke Hand der Dunkelheit, München 2000, 16.
18 Z. B. in seinem Roman, Heinlein, Robert A.: Starship Troopers, New York 1959 (dt.: Sternenkrieger, Bergisch Gladbach 1979).
19 Z. B. Haldeman, Joe: Forever War, New York 1974 (dt.: Der ewige Krieg, München 1977).
20 Z. B. Le Guin, Ursula K.: The Word for World is Forest, New York 1972 (dt.: Das Wort für Welt ist Wald, München 1975).
21 Siehe dazu z. B. den Sammelband von Barmeyer, Eike: Science Fiction, München 1972.

ne Definition als konsensfähig gelten kann. Die Gründe dafür sind einfach. Gelegentlich wird als Definiendum der SF genannt, dass sie naturwissenschaftlich-technische Entwicklungen weiterdenkt und sich dabei einem empiristisch-materialistischem Plausibilitätsrahmen verpflichtet fühlt. Es zeigt sich, dass diese Begrenzung zu viele wichtige Autorinnen und Autoren des Genres ausklammert, als das sie tragfähig wäre. Manch einer führt da unerklärliche Phänomene ein, die Menschen oder Gesellschaften verändern, ohne diese Phänomene in irgendeiner Weise zu plausibilisieren. So ist für Philip Wylie die plötzliche Trennung der Welt in zwei parallele Welten – eine für die Männer und eine für die Frauen – nur ein Rahmen, um über die in dieser Trennung der Geschlechter manifest werdenden Probleme der Beziehungen zwischen Männern und Frauen nachzudenken. Das Phänomen selbst wird an keiner Stelle erklärt.[22] Olaf Stapledon spekuliert in seinem essayhaften Roman „Sternenmacher" über einen Schöpfergott, der mit unterschiedlichen Universen experimentiert[23] und Roger Zelazny lässt in seiner Kurzgeschichte „Unicorn Variations[24]" Einhörner und andere Fabelwesen auftreten, ohne dies weiter zu begründen. Auch die Abgrenzung gegen „Nachbargenres" wie Fantasy oder Horror kann kaum noch gelingen, wenn z. B. die „grauenerregende" Rasse von Monstern in H. P. Lovecrafts Roman „Der Schatten aus der Zeit"[25] als technologisch hoch stehende außerirdische Wesen beschrieben werden,, oder wenn Anne McCaffreys „Drachenreiter" neben ihren Fabelwesen auch über „High Tech" verfügen.[26]

---

[22] Wylie, Philip: The Disappearance, New York 1951 (dt.: Das große Verschwinden, München 1977).

[23] Stapledon, Olaf: Der Sternenmacher, München 1969 (engl. Original: Star Maker, London 1937).

[24] Zelazny, Roger: Unicorn Variations, in: S. Williams (Hg.), Hugo and Nebula Award Winners from Asimov's Science Fiction, New York/Avenel/New Jersey, 7–30.

[25] Lovecraft, Howard Phillips: Der Schatten aus der Zeit, Frankfurt a. M. 1982.

[26] McCaffrey, Anne: Dragonquest, New York 1971, und seine Folgebände.

Tatsächlich steht der Begriff SF mehr für eine Art Paradigma des experimentellen künstlerisch-philosophischen Denkens in einer Art „utopischem Modus", der eine präzise Definition nicht sinnvoll macht. Ich möchte als Ausgangspunkt für die weitere Erörterung einen Zugang wählen, dem es zwar an Schärfe mangelt, die dafür aber einen Rahmen bietet, um die ganze Breite des Genres zu erschließen: Ich betrachte SF als „Wirklichkeit[27] plus ‚X'". Dieses „X" kann aus einzelnen Größen bestehen (so z. B. der Trank, der aus Dr. Jekyll Mr. Hyde macht)[28]. Es kann aber auch zu einem ganzen Universum (oder deren viele) anschwellen und sich auf den ersten Blick völlig von jeder uns gewohnten Lebenswirklichkeit lösen. Ein weiterer Vorteil dieser Definition zeigt sich an dem Einwand, dass sie ja eigentlich auf jedes Produkt menschlicher Vorstellungskraft zutrifft, das der Welt „wie sie ist" etwas hinzufügt, das sie nach den in ihr geltenden Regeln des vorherrschenden Wirklichkeitsverständnisses nicht enthalten dürfte. Tatsächlich gibt es in dieser Perspektive zwischen der SF und anderen literarischen bzw. filmischen Genres wie Märchen, Sagen und religiösen Mythen, aber auch dem surrealen Roman keinen grundsätzlichen Bruch. Und genauso wie diese Genres „schiebt die

---

[27] Die Problematik des Wirklichkeitsbegriffs auch nur einigermaßen angemessen zu beschreiben, erforderte wiederum ein eigenes Buch. Ich beziehe mich hier auf einen sozial definierten Wirklichkeitsbegriff, wie ihn P. Berger und Th. Luckmann beschreiben: „Unter den vielen Wirklichkeiten gibt es eine, die sich als Wirklichkeit par excellence darstellt. Das ist die Wirklichkeit der Alltagswelt. Ihre Vorrangstellung berechtigt dazu, sie als die oberste Wirklichkeit zu bezeichnen" (Berger, Peter/Luckmann, Thomas: Die gesellschaftliche Konstruktion der Wirklichkeit, Frankfurt a. M. ⁵1980, 24. Die Frage, was eher Teil dieser Wirklichkeit sein kann, potenzielles außerirdisches Leben oder ein allmächtiger Gott, belegt schon, dass es bei aller Plausibilität vielfältige Schwierigkeiten aufwirft, von einer konsensfähigen ersten Wirklichkeit auszugehen. Im Umgang mit dieser Frage gibt es aber durchaus Orientierungsregeln. Eine davon lautet: Wenn man auf etwas stößt, das man für irrationalen Unsinn zu halten geneigt ist, hat man soeben die Grenze des eigenen Wirklichkeitsverständnisses erreicht.
[28] Stevenson, Robert, L.: The Strange Case of Dr. Jekyll and Mr. Hyde, GB, (erstmals erschienen 1888).

Science Fiction die Grenzen des Romans (und jeder anderen Kunstform, ME) immer weiter hinaus".[29] Das „X" sprengt den Plausibilitätsrahmen unserer Alltagswelt.[30] Die Regeln dessen, was „normal", „möglich" oder „vernünftig" ist, werden zur formbaren Masse, die zu völlig neuen Konstellationen gerinnen kann. Unser Alltagsbewusstsein wird ausgehebelt und wir machen eine literarische (oder filmische) Fremdheitserfahrung.[31]

## 3. Science Fiction und Religion

Noch ein paar Bemerkungen zu der für deutsche Leser vermutlich auf den ersten Blick exotisch erscheinenden Beziehung zwischen SF und Religion. Die Beziehungen speziell der anglophonen SF zu religiösen, insbesondere christlichen Deutungswelten sind weit enger, als es einem kontinentaleuropäischen Betrachter auf den ersten Blick erscheinen mag. Man muss dabei gar nicht an sich explizit als christlich verstehende Autoren wie G. K. Chesterton oder C. S. Lewis denken. Robert Reilly trifft den Punkt, wenn er schreibt: „since the dominant philosophical/theological tradition of the West is Christian, numbers of these authors produce works that utilise or react to the Christian tradition".[32] Werke, die sich mit Fragen auseinander setzen, die eine histori-

---

29 Hilary Rubinstein in ihrer Einführung zu: Mitchisons, Naiomi: Memoiren einer Raumfahrerin, Bergisch Gladbach 1980, 5. Es dürfte auch immer schwieriger werden, solche klassischen literaturwissenschaftlichen Gattungen auf die Gegenwartsproduktionen der SF, der Horror- und Fantasyautoren im filmischen und literarischen Bereich überhaupt noch anzuwenden.
30 Siehe zu den Merkmalen einer sozial konstruierten Realität und ihrer Plausibilitätsregeln z. B. Mehan, Hugh/Wood, Housten: Fünf Merkmale der Realität, in: E. Weingarten u. a. (Hg.), Ethnomethodologie – Beiträge zu einer Soziologie des Alltagshandelns, Frankfurt a. M. ²1979, 29–63.
31 Dies bezieht sich in erster Linie auf die Inhalte. Im Erzählstil ist die SF von einer vergleichsweise kurzen Phase in den siebziger und achtziger Jahren abgesehen eigentlich immer eher konservativ gewesen.
32 Reilly, Robert: The Transcendent Adventure, Westport 1985, 5.

sche oder ideengeschichtliche Affinität zu christlichen Traditionen aufweisen, gibt es in Fülle, wobei das Interesse der Autoren sich aber keinesfalls ausschließlich auf die historische oder künstlerische Ebene beschränkt. Die Auseinandersetzung gerade neuerer amerikanischer SF mit dem Christentum findet in einem aktuellen politischen Feld statt, in der innenpolitischen amerikanischen Auseinandersetzung, in der die „New Christian Right"[33] eine, wie es scheint, immer stärkere Rolle in politischen Fragen spielt, z. B. bei Themen wie der Auseinandersetzung um die Evolutionslehre oder den Kreationismus als Lehrstoff amerikanischer Schulen. Dabei können die Autoren aber auch – mehr als z. B. in Deutschland – davon ausgehen, dass ihre Anspielungen auf christliche, oft genug protestantische theologische Versatzstücke vom Publikum verstanden werden.[34]

Romane, Filme und TV-Serien, deren religiöse Motive und Anspielungen im amerikanischen Kontext entstanden, erscheinen auch in Deutschland, wo dieser Hintergrund freilich meist im Dunkeln bleibt. Tatsächlich scheint lange Zeit in Deutschland ein gewisses Tabu bezüglich der religiösen Dimension von SF geherrscht zu haben. So wurde z. B. in der Übersetzung des Romans „The Lathe of Heaven"[35] die Floskel „Praise God from whom all blessings flow" einfach weggelassen.[36] Erst in jüngerer Zeit wird der deutsche Markt für die Darstellung von Religionen in ihrer Vielfalt durchlässiger. Deshalb sei auch davor gewarnt, vorschnell einen ver-

---

33 Siehe dazu u. a. Beyer, Peter: Religion and Globalization, London/Thousand Oaks/New Delhi 1994. An Romanen, die sich mit der „New Christian Right" auseinander setzen, in dem sie eine Diktatur christlicher Fundamentalisten in den New York schildern sei z. B. genannt: Butler, Oktavia: Parable of the Talents, New York 2000.
34 So weist z. B. Otto Kallscheuer darauf hin, wie stark in den Vereinigten Staaten der gemeinsame Bezug auf christliche Metaphern im politischen Diskurs ist: Kallscheuer, Otto: Gottes Wort und Volkes Stimme, Frankfurt a. M. 1994, 112–148, siehe dazu auch: Boyer, Paul: When Time Shall Be No More. Prophecy Belief In Modern American Culture, Cambridge 1992.
35 LeGuin, Ursula, K.: The Lathe of Heaven, New York 1971.
36 LeGuin: Lathe, 152, für die deutsche Übersetzung siehe: LeGuin, Ursula K.: Die Geißel des Himmels, München, 1974, 126.

stärkten Trend zu bestimmten religiösen Motiven in den gegenwärtigen amerikanischen Produktionen zu diagnostizieren. Motive dieser Art lassen sich bis ins 19te Jahrhundert hinein nachweisen und ihre verstärkte Wahrnehmung in Deutschland hat eher mit einer Öffnung der deutschen Diskurse zu tun, als mit einer Trendwende „zum Religiösen" in den amerikanischen Produktionen.

Neben diesen Bezügen zu den Religionen – speziell der christlichen – gibt es auf der anderen Seite auch einige Fälle, in denen künstlerische Motive aus der SF von Autoren oder Lesern weltanschaulich überhöht und selbst zu „quasireligiösen" Phänomenen weiterentwickelt wurden. Die drei spektakulärsten Beispiele seien genannt:

- Der in den vierziger Jahren des vergangenen Jahrhunderts als SF Schriftsteller bekannt gewordene Lafayette Ron Hubbard entwickelte seine Vorstellungen nicht nur zu einer Philosophie weiter, sondern gründete auch eine Vereinigung, die unter dem Namen „Scientology" geradezu zum Inbegriff moderner pseudowissenschaftlicher Sekten wurde.[37] Seine Anfänge erklären sich aus dem nahezu grenzenlosen und aus heutiger Sicht ebenso naiv wie überheblich wirkenden Fortschrittsoptimismus dieser Ära in Amerika, einem Zeitgeist, der in der Science Fiction spätestens mit dem Vietnamkrieg zerfiel, um in dieser Uniformität nie wiederzukehren.
- Einer der umstrittensten Fragen, die häufig als Beweis der Wirklichkeitsfremdheit der SF angeführt wird, ist die Frage nach der Existenz intelligenten Lebens auf Planeten außerhalb unseres Sonnensystems. Parallel zu der wissen-

---

37 Siehe dazu auch: Aldiss, Brian, W.: Der Milliarden Jahre Traum, Bergisch-Gladbach 1987, 291ff, sowie Hauser, Linus: Möge die Macht mit Dir sein! – Was Science Fiction und Religion miteinander zu tun haben, in: W. Jeschke/S. Mamczak (Hg.), Das Science Fiction Jahr 2003, München 2003, 15–68, sowie, um nur eine der zahlreichen kirchlichen Veröffentlichungen zum Thema Scientology zu nennen: Schmid, Georg/Schmid, Georg Otto (Hg.): Kirchen, Sekten, Religionen – Religiöse Gemeinschaften, weltanschauliche Gruppierungen und Psycho-Organisationen im deutschen Sprachraum, Zürich 2003, 474ff.

schaftlichen Erörterung des Themas hat sich in den Vereinigten Staaten (aber keineswegs nur dort) die Überzeugung entwickelt, dass so genannte UFOs[38] die Erde besucht haben und bis heute besuchen. In Deutschland verbindet sich vor allem der Name Erich von Däniken mit der Popularisierung dieser Überzeugung. Die Einschätzung des Charakters der Außerirdischen ist dabei geteilt. Während die eine Ansicht die UFO-Piloten als Philanthropen sieht, die die Menschheit auf unterschiedlichste Weise voranbringen werden, geht die andere davon aus, dass die Außerirdischen sich – oft in Verschwörung mit irdischen Machthabern wie z. B. der US-Regierung – der Erde bemächtigen wollen.[39]

– Der dritte Fall ist neueren Datums und kann als ein weiterer Hinweis für die Affinitäten von Science Fiction und Religion gelesen werden. Ein aus dem ehemaligen protestantischen Pastor Tim LaHaye und dem Profiautor Jerry B. Jenkins bestehendes Autorenteam beschreibt in dem zwölfteiligen Romanzyklus „Left Behind" die Endzeit der Welt und hat mit diesen Romanen in Amerika einen Massenerfolg erzielt, der sich durchaus mit dem der „Harry Potter" Romane messen kann.[40] Die erzählte Geschichte

---

38 Da das Akronym „UFO" für nichts weiter steht als „unidentified flying object", im Deutschen meist mit „unbekanntes Flugobjekt" übersetzt, ist die Sichtung eines UFOs in der Tat kein seltenes Phänomen. In dem Moment, wo man am Himmel ein fliegendes Objekt sieht, das nicht zuzuordnen ist, hat man per definitionem ein UFO gesehen.

39 Praktisch alle von UFOlogen verwendeten Bilder und Überlegungen gehen auf literarische oder filmische Vorlagen zurück, die viel zu zahlreich sind, als das sie hier genannt werden könnten. Umgekehrt sind zahlreiche Topoi der UFOlogen später von SF-Autoren und Filmproduzenten aufgegriffen und z. T. ironisiert worden. Der deutsche Regisseur und Produzent Roland Emmerich beispielsweise greift in seinem Film „Independence Day" sowohl die Ängste als auch die Hoffnungen auf, die mit den UFOs verbunden werden, gibt in seinem Film aber den von der Feindseligkeit der Außerirdischen Überzeugten recht: Die Zerstörung New Yorks und die Eroberung der Welt durch die bösartigen Außerirdischen beginnt ausgerechnet mit einem Wolkenkratzer, auf dem sich Hunderte von UFOlogen mit Schildern aufhalten, auf denen u. a. die Einladung „Make yourself at home" steht.

40 Siehe dazu: Kasper, Hartmut: Beam me up, Jesus! – Die „Left Behind"

orientiert sich dabei mit Konzepten wie der des (in diesem Fall aus Rumänien kommenden) Antichristen, der Entrückung und der Schlacht von Armageddon an traditionellen Endzeitvorstellungen evangelikaler Bewegungen. Neu ist freilich, dass die Autoren ihren SF-Romanen tatsächlich prophetischen Rang zuschreiben, wenn sie „durch die prophetische Brille Gottes in die Zukunft schauen wollen", um so zu sehen, „wie sich bestimmte Ereignisse und Dinge am Ende entwickeln werden".[41]

Die vielfältigen Beziehungen zwischen der SF und religiösen Gegenwartsphänomenen ließen sich noch weiter verfolgen. Die Grundlinien dürften jedoch deutlich geworden sein. Schon seit ihrer frühesten Zeit hat sich das Genre der Science Fiction direkt und indirekt mit Religion auseinandergesetzt: direkt in der Bezugnahme auf religiöse Systeme und Phänomene, indirekt dadurch, dass sowohl Kunst als auch Religion sich immer an Grundfragen des Menschseins abarbeitet. Diese Dimension von SF wird nun auch hierzulande immer stärker wahrgenommen, was mit der generellen stärkeren Öffnung der deutschen Massenmedien für religiöse Themen zu erklären ist.[42]

---

    Utopie oder: Wie man die Welt sieht, wenn man „durch die prophetische Brille Gottes in die Zukunft" blickt, in: W. Jeschke/S. Mamczak (Hg.), Das Science Fiction Jahr 2003, München 2003, 69–98.
41 Kasper: Beam me up, 78.
42 Während langer Jahrzehnte waren die christlichen Kirchen in Deutschlands filmischem Unterhaltungsbereich fast ausschließlich durch zwei Protagonisten repräsentiert: G. K. Chestertons Pater Brown (bekannt durch die Verfilmungen mit Heinz Rühmann) und Giovanni Guareschis Don Camillo (verfilmt mit dem Komiker Luis Fernandel). In den letzten Jahren aber wurden vor allem im Fernsehen Geistliche aller Konfessionen, Nonnen und sogar muslimische Hodschas zu festen Bestandteilen des Besetzungsrepertoires der unterschiedlichsten Filme und Fernsehserien.

## 4. Transformationsmotive in der Science Fiction

Nach diesen ausführlichen, für ein profundes Verständnis des Phänomens aber notwendigen Vorbemerkungen wenden wir uns nun dem Kern des vorliegenden Textes zu, den Transformationsmotiven in der Science Fiction. Der Fokus unserer Betrachtung liegt dabei bei der Transformation einzelner Menschen. Freilich ist dies eine etwas willkürliche Entscheidung, denn oft genug werden in der SF ganze Gesellschaften transformiert und die Folgen dann am Beispiel einzelner Protagonisten exemplarisch erzählt. Auf solche Fälle greifen wir deshalb ebenfalls zurück, wenn sie für unser Thema von Belang sind.

### 4.1 Transformation von Leben durch Wissenschaft und Technik

Die Transformation menschlichen Lebens durch Wissenschaft und Technik – besonders die Transformation des menschlichen Leibes in eine Maschine – ist ein fester Bestandteil des Erzählrepertoires der SF. Bis zum heutigen Tag strahlen die meisten dieser Erzählungen und Filme einen für deutsche Konsumenten gelegentlich unglaublich erscheinenden Optimismus aus. Ein Beispiel dafür ist die Kurzgeschichte von Lewis Padgett[43] „Der Transplant", in der das Gehirn eines durch einen Unfall verstümmelten Ingenieurs zur zentralen Steuereinheit eines Raumschiffs gemacht wird.[44] Ein alter Freund des Ingenieurs versucht das Raumschiff zu entführen und ihn zu töten, doch er erwehrt sich nicht nur seiner Feinde, sondern lässt den Entführer um der alten Freundschaft willen laufen. Die Schilderung lässt dabei keinen Zweifel, dass die Mensch-

---

43 Pseudonym für Henry Kuttner und Catherine Moore.
44 Padgett, Lewis: Der Transplant, in: Science Fiction Stories 34, Frankfurt a. M. 1973, 5–36. Anne McCaffrey machte aus einer ähnlichen Idee einen ganzen Zyklus um ein von einem weiblichen Gehirn gesteuertes Raumschiff (McCaffrey, Anne: The Ship Who Sang, New York, 1969 und mehrere Nachfolgebände, dt.: Ein Raumschiff namens Helva, München 1973).

lichkeit des Ingenieurs durch die Transformation nicht nur nicht gelitten hat, sondern sogar noch vertieft worden ist. Schon etwas doppelbödiger gerät die Erzählung „Keine Frau ward je geboren" von Catherine Moore.[45] Eine Sängerin wird bei einem Unfall bis zur Unkenntlichkeit verbrannt, ihr Gehirn jedoch gerettet. Ein Freund und Mitarbeiter von ihr erschafft für das Gehirn einen Körper aus magnetisierten Metallringen, der zu einer perfekten Nachbildung eines menschlichen Körpers gestaltet ist. Es gelingt der Sängerin, den Körper zu beherrschen und sie plant, ihre Karriere wieder aufzunehmen. Doch ihr „Schöpfer" hält sie für nicht glücklich; es reut ihn, sie erschaffen zu haben. In einer packenden Schlussszene erweist sich, dass ihr künstlicher Körper dem normaler Menschen nicht nur weit überlegen ist, sondern dass es gerade ihre Perfektion ist, die sie einsam macht. Sie löst sich von ihren männlichen „Schöpfern", die eher als sie einengend gezeichnet werden, und macht sich auf den Weg, die Möglichkeiten auszuloten, die ihr ihr übermenschlicher Körper bietet. Die Geschichte – eine Variation auf das Pygmalion Motiv – ist nicht zuletzt deshalb spannend, weil sehr subtil die Frage gestellt wird, was den männlichen Schöpfer des neuen Körpers der Sängerin wirklich stört, ihr vermutetes Leid oder die immer deutlicher werdende Überlegenheit und Unabhängigkeit der Frau.

Mit Hilfe der Technik zu Supermenschen transformierte Männer und Frauen sind auch Gegenstand zahlloser schlicht gestrickter amerikanischer Unterhaltungsfilme und -serien so z. B. „The Six Million Dollar Man" aus den siebziger Jahren mit Lee Majors oder die Spielfilmreihe um den Maschinenmenschen „Robocop" (1987, 1990, 1993). Hier verkommt die menschliche Dimension der Transformation so gut wie immer zum Hintergrund für Spezialeffekte.

Ein aktuelles Beispiel für eine gelungene zeitgenössische Variation des Transformationsthemas Mensch-Maschine ist der Roman „Forever Peace" von Joe Haldeman.[46] Junge Sol-

---

45 Moore, Catherine: Der Kuss des schwarzen Gottes, München 1982, 271–327.
46 Haldeman, Joe: Forever Peace, New York 1998. Der Titel wurde vom

daten werden operativ in telepathisch vernetzte Teams verwandelt, die per Gedankenübertragung so genannte „Soldier Boys" lenken, gepanzerte Kampfmaschinen, die die Verluste der amerikanischen Armee aus Propagandagründen auf Null drücken sollen, da die lenkenden Soldaten in sicheren, Dutzende von Kilometer entfernten Bunkern sitzen. Doch die telepathische Vernetzung bringt durch ein zunehmendes gegenseitiges Kennenlernen der Soldaten einen Friedenswunsch hervor, der den Militärs aus dem Ruder läuft.

An dieser Stelle bringt uns unser literarischer „Suchalgorithmus" zum ersten Mal mit dem Motiv der empathischen Kommunikation zusammen. Dieses Motiv, das keineswegs immer mit Transformationen verbunden sein muss und das sich überdurchschnittlich häufig bei weiblichen Autoren findet, geht von der Idee aus, dass irgendeine neue Form des empathisch/telepathischen Austauschs entwickelt wird, der über die gängigen Möglichkeiten menschlicher Kommunikation hinausgeht und die Gegenwartsgesellschaft transformiert.[47] Wir werden auf diese Idee noch öfter stoßen.

Parallel zur gewollten Transformation des menschlichen Leibes durch die Technik entwickelten sich Szenarios der ungewollten Transformation, in der Regel mit einer pessimistischen Grundtendenz. Hier spielte vor allem radioaktive Strahlung eine Schlüsselrolle, von beklemmenden Szenarios wie in dem britischen Film „The Damned",[48] in dem Kinder unfreiwillig radioaktiver Strahlung ausgesetzt werden, um

---

Autor als bewusste Anspielung auf den Roman gewählt, der ihn berühmt gemacht hatte, „Forever War", ein zur Zeit des Vietnam Kriegs geschriebener Antikriegsroman (siehe Fußnote 19).

47 Eine weiteres Transformationsmotiv, das in optimistischer Grundstimmung das Ziel einer verbesserten Kommunikation unter den Menschen aufgreift ist der Starfarer Zyklus von Vonda McIntyre. In ihrer vierteiligen Romanreihe (McIntyre, Vonda: Starfarer, Kontakt, Metaphase und Nautilus, jeweils Bergisch-Gladbach, alle 1997) verwandelt sich eine Gruppe von Biologen in die genveränderte amphibische Rasse der „Taucher", die ihr soziales Leben stark auf Austausch – auch körperlichem – und Nähe aufbauen. Die „Taucher" bilden in den Romanen eine von mehreren „Miniutopien".

48 GB 1961, siehe dazu Hellmann, Christian: Der Science Fiction Film, München 1987, 153ff.

sie so gegen die Folgen eines Atomkriegs zu immunisieren, bis hin zu „The Incredible Shrinking Man",[49] in dem ein Mann durch unbekannte Strahlung bis auf Molekülgröße schrumpft. In einen naiv optimistischen Kontext wurde die Radioaktivität in den Superheldencomics der 50er und 60er Jahre gestellt. Hier wurde sie vor allem als Mittel zur Erlangung übermenschlicher Kräfte geschildert, die bekanntesten Gestalten entstammen dabei den beiden erst kürzlich neu verfilmten Comicserien des „Marvel" Verlags, „Spiderman" und „Hulk".

Eine Geschichte, in der Absicht und Zufall durcheinandergeraten, ist die Satire „Das Netz der Chozen" von Jack Chalker.[50] Sie ist für uns besonders interessant, weil die Transformationsgeschichte den Rahmen für eine Satire über die Utopiehoffnungen amerikanischer religiöser Splittergruppen bildet.[51]

Der „Aufklärer" Bar Holliday landet auf einem Planeten, der von einem leeren Auswandererschiff umkreist wird. Auf dem Planeten scheint es kaum Leben zu geben, außer einer Rasse bizarr aussehender friedlicher Pflanzenfresser mit menschlichen Gesichtern, den Beinen von Kängurus und Hasenohren. Kaum gelandet, wird auch Holliday in einen dieser Pflanzenfresser verwandelt. Er lernt mit den anderen zu kommunizieren und erfährt, dass sie die Nachkommen einer christlichen Splittergruppe sind, die auf dem Planeten ein „durch die Gnade Gottes"[52] herbeigeführtes Eden einrichten wollte, eine „Welt ohne Not, Gewalt und Angst, in

---

49 Regie Jack Arnold, New York 1957, basierend auf dem Roman von Matheson, Richard: The Shrinking Man, New York 1956 (dt.: Die unglaubliche Geschichte des Mr. C, München 1987).

50 Chalker, Jack: Das Netz der Chozen, München 1981 (amerik. Original: The Web of the Chosen, New York 1978).

51 Gruppen dieser Art sind freilich nicht auf die Vereinigten Staaten beschränkt. Derzeit gerät beispielsweise immer wieder eine religiöse Gruppe in Bayern in die Presse, die ebenfalls versucht, durch Abschirmung von der restlichen Welt eine Art Utopie zu verwirklichen. Die Gruppe namens „Twelve Tribes" weigert sich, ihre Kinder in die öffentlichen Schulen der Umgebung zu schicken (siehe dazu u. a. Nürnberger Nachrichten, 8. Oktober 2002, 17).

52 Chalker: Netz der Chozen, 41

der alle Menschen in Wohlstand, Frieden und Gleichheit leben konnten".[53] Doch auch die Kolonisten wurden allesamt Opfer der merkwürdigen Transformation. Holliday entdeckt mit der Zeit, dass die Verwandlung durch einen Virus verursacht wurde. Der Virus wurde von „Moses", dem Computergehirn des Auswandererschiffes erschaffen, der die Ziele der Auswanderer so interpretierte, dass er sie mit Hilfe des Virus genetisch in eine gigantische Herde friedlicher Pflanzenfresser verwandelte. Holliday und einige andere Chozen rebellieren gegen den Computer und gegen Hollidays Auftraggeber, die die Chozen fürchten und vernichten wollen. Am Ende sind es die von ihrem irregeleiteten digitalen religiösen Führer befreiten Chozen, die die Menschheit als vorherrschende Rasse der Galaxis ablösen.

*4.2 Transformation von menschlichem Bewusstsein in Computersoftware (und zurück)*

Ein in jüngerer Zeit immer mehr in den Vordergrund tretender Sonderfall der Transformation von Menschen durch die Technik ist die Transformation menschlichen Bewusstseins in Computersoftware. Berühmt gemacht durch die „Neuromancer" Trilogie des Amerikaners William Gibson[54] und ohne Zweifel forciert durch die immer größere Alltäglichkeit von Computern, Programmen und Netzwerken bildet die Transformation menschlichen Bewusstseins in Software den Hintergrund für zahllose Romane und Filme, darunter der Kinofilm „The Matrix" (1999), und seine beiden Sequels (2002 und 2003), oder der von Roland Emmerich produzierte Film „The 13th Floor".[55] In all diesen Produktionen

---

53 Chalker: Netz der Chozen, 41
54 Gibson, William: Neuromancer, Ace 1984; ders.: Count Zero, London 1986; dt.: Mona Lisa Overdrive, London 1986 (dt.: Neuromancer, München 1984; dt.: Biochips, München 1988; dt.: Mona Lisa Overdrive, München 1989).
55 Basierend auf dem bereits 1964 erschienenen Roman von Galouye, Daniel: Welt am Draht, München 1964.

spielt die Frage „Wie wirklich ist die Wirklichkeit"[56] eine zentrale Rolle. Dabei wird in der Regel die virtuelle Wirklichkeit als Scheinwirklichkeit interpretiert, eine Rückkehr – oder gelegentlich auch ein erstes Vordringen – in unsere Welt als Befreiung. So in dem genannten „The 13th Floor". Eine Computerfirma entwickelt eine lebensechte Simulation einer Stadt im Jahre 1937, in die die Mitarbeiter der Firma ihr Bewusstsein über eine Schnittstelle in der Simulation agierende Persönlichkeitsprogramme „downloaden" können. Der Chef der Firma entdeckt jedoch die erschreckende Wahrheit, dass die Welt, in der die Firma existiert, selbst eine Simulation ist. Die Schöpfer dieser Simulation versuchen, die „Simulation in der Simulation" zu zerstören und „downloaden" sich selbst in die Welt dieser Computerfirma, wobei sie rücksichtslos die Bewohner dieser Welt töten – sie sind ja nur „Programme". Nach vielen Verwicklungen gelingt es dem Haupthelden, in die „echte Wirklichkeit" zu entkommen, in dem er sich selbst in den Körper seines Schöpfers transferiert. Einer seiner „Mitprogramme" gibt den Schöpfern der Simulation noch die Bitte auf den Weg, sie „hier unten" in Ruhe zu lassen.

Der Film thematisiert neben der Frage nach der Wirklichkeit auch die Frage der Verantwortung eines Schöpfers für seine Schöpfung. Außerdem spielt er – wie viele andere seiner Art – mit den mythischen Qualitäten, die Computer und Netzwerke im Bewusstsein vieler Menschen zu besitzen scheinen.

In Computer transferiertes menschliches Bewusstsein spielt auch in der vielschichtigen Romanwelt Sheri Teppers eine wichtige Rolle. Im letzten Band der „Westriding" Trilogie[57] wird die Welt „Toleranz" von den Gehirnen der Dekane der „Brannigan-Galaxität", einer riesigen Universität gelei-

---

56 Um mit dem Titel eines Buchs von Paul Watzlawick zu sprechen (München 1978).
57 Tepper, Sheri: „Gras", München 1997, amerik. Original: „Grass", New York 1989, dies.: „Hobbs Land", München 1998, amerik. Original: „Raising the Stones", New York 1990, dies.: „Toleranz", München 1999, amerik. Original: „Sideshow", New York 1992.

tet. Doch abgelöst von ihrer Körperlichkeit verwandeln sie sich in monströse Diktatoren, die um sich herum brutale Kulte der Anbetung und Unterwerfung formen. Auf diesen für unser Thema hochinteressanten Romanzyklus werden später noch einmal zurückkommen.

### 4.3 Transformation als Bestandteil außerirdischer Lebenszyklen

Ein nicht so spektakuläres, aber oft sehr intelligent gemachtes Thema der Science Fiction ist die Spekulation über die biologischen Besonderheiten außerirdischen intelligenten Lebens und die Folgen, die diese Besonderheiten auf die Gesellschaft der Außerirdischen und die mit ihnen im Kontakt stehenden Menschen haben könnten. Klassiker dieses „Subgenres" sind z. B. Hal Clements „Unternehmen Schwerkraft",[58] in dem eine Zivilisation unter extremen Schwerkraftbedingungen geschildert wird, und Philip José Farmers „The Lovers".[59] Dieser Roman erzählt eine Liebesgeschichte zwischen einem Menschen und einer Außerirdischen, die ihre Tragik dadurch erhält, dass die Außerirdische zwar Kinder von ihrem Geliebten haben kann, bei der Geburt jedoch sterben muss, was für ihre Rasse ein normaler Bestandteil des Lebenszyklus ist. Viele der beschriebenen extraterrestrischen Lebewesen durchlaufen ihre Transformationen sogar regelmäßig. Ein Beispiel findet sich in dem Roman „Der Splitter im Auge Gottes" von Larry Niven und Jerry Pournelle.[60] Die liebevoll und detailliert beschriebenen Mitglieder der Rasse der „Splits" wechseln am Ende ihrer Menstruationsphase das Geschlecht, müssen jedoch sterben, wenn sie

---

[58] Clement, Hal: Unternehmen Schwerkraft, München 1968 (amerik. Original: Mission of Gravity, New York 1953).
[59] Farmer, Philip José: The Lovers, New York 1962 (dt.: Die Liebenden, München/Zürich 1978).
[60] Niven, Larry/Pournelle, Jerry: Der Splitter im Auge Gottes, München 1977 (amerik. Original: A Mote in God's Eye, New York/London/Sydney 1977).

in dieser Phase nicht schwanger werden. Diese biologische Eigenheit verursacht zyklische Bevölkerungsexplosionen, denen zwangsläufig Zivilisationszusammenbrüche folgen. Die verzweifelten Versuche der Splits, dieses genetische Erbe zu überwinden, bilden den Rahmen ihrer Begegnung mit den Menschen.

Eine der faszinierendsten Transformationsgeschichten über außerirdische Wesen, die auch eine Fülle religiöser Motive aufweist, stammt von Orson Scott Card. Der Autor, von seiner religiösen Herkunft her Mormone,[61] nimmt in seiner „Ender" Tetralogie einen sehr weiten Blick auf eine ganze Reihe menschlicher Religionen und Philosophien, selbst die lutherische Kirche kommt vor, wenn auch nur am Rande.[62] Im zweiten Band „Sprecher für die Toten" beschreibt Card eine Rasse von menschenähnlichen Lebewesen, den „Pequenhinos", die Eingeborenen eines von brasilianischen Auswanderern besiedelten Planeten. Zwei „Xenologen", Experten für nichtmenschliches intelligentes Leben, die mit den „Pequenhinos" zusammenleben um sie zu erforschen, werden von diesen in einem grausamen, kreuzigungsähnlichen Ritual getötet. Erst nach langer Suche gelingt es dem Haupthelden Ender, den komplizierten Lebenszyklus der „Pequenhinos" zu begreifen und damit zu verstehen, warum die beiden Menschen sterben mussten. Sie wurden getötet, weil sie „Kulturheroen" waren, die den „Pequenhinos" Wissen über sich selbst gaben. Das, was den Menschen als brutaler Mord erschien, ist in der Kultur der Pequenhinos die größte Ehre, die ein männliches lebendes Wesen erfahren kann: Ein männlicher „Pequenhino" wird nur zeugungsfähig, wenn er „gepflanzt wird", d. h. er wird getötet, auf den Boden gelegt und aus seinem Leichnam wächst ein Baum,

---

[61] Es stellt sich die Frage, ob man mit der dürren Angabe einer Religionszugehörigkeit wie in diesem Fall irgendeinen Erklärungszuwachs bereitstellt. Wahrscheinlicher ist, dass die Wahrnehmung der Geschichte Cards von dem Klischeebild „Mormone" eher getrübt als geschärft wird.

[62] Sie ist die Hauptreligion auf dem skandinavisch anmutenden Planeten „Trondheim", siehe Card, Orson S.: Ender, Bergisch Gladbach 1992, 375.

ein so genannter „Vaterbaum". Dieser Vaterbaum ist die geschlechtsreife Version der „Pequenhinos". Die Vaterbäume besitzen Bewusstsein und sind in der Lage miteinander und mit den „Pequenhinos" zu kommunizieren. Nur Männern, die sich große Verdienste um die Kultur der „Pequenhinos" erworben haben, wird die Ehre zuteil, ein „Vaterbaum" werden zu dürfen. Durch den Tod wird der Verstorbene buchstäblich zur lebensspendenden Pflanze, die Wissen bewahrt, Gemeinschaft stiftet und Fortpflanzung möglich macht.

Sind die religiösen Anspielungen in Cards Text noch vielschichtig und subtil, so benutzt die Engländerin Naiomi Mitchison in ihrer satirischen Utopie „Memoiren einer Raumfahrerin" das Transformationsmotiv zu einem unverhüllten Angriff auf religiöse Enthaltsamkeits- und Reinheitsvorstellungen.[63] In dem Anfang der sechziger Jahre erstmals erschienen Buch beschreibt sie Mary, eine Forscherin aus einer utopischen menschlichen Zukunftsgesellschaft, die fremde Planeten aufsucht, um mit den dort existierenden intelligenten Lebensformen Kontakt aufzunehmen.[64] Auf einem Planeten wird eine Rasse raupenähnlicher Lebewesen entdeckt. Die ausschließlich aus Frauen bestehende Expedition beginnt mit den Raupen zu kommunizieren, deren Lieblingsbeschäftigung es ist, sich gemeinsam „im Sumpf zu wälzen", also sexuelle Kontakte zu haben, und mit ihrem farbigen Kot Mosaike zu formen. Schnell freunden sich Menschen und Außerirdische an. Doch dann werden die Raupen von einer Rasse von Schmetterlingen attackiert, deren Hauptwaffe die mentale Projektion von Schuldgefühlen ist, die so stark sind, dass sie sogar töten können. Die Schmetterlinge versuchen so, den sexuellen Kontakt um jeden Preis zu unterbinden. Die Forscherinnen finden heraus, dass die Raupen sich nach einiger Zeit verpuppen und, ohne das selbst zu wissen, als

---

63 Mitchison: Memoiren einer Raumfahrerin.
64 Hier stoßen wir ein weiteres Mal auf das Motiv empathischer Kommunikation. Die Astronautinnen sind alle in dieser Technik empathischer Fremdkulturkommunikation ausgebildet, die Mitchison wie eine Weiterentwicklung kulturanthropologischer Forschungsmaximen präsentiert.

Schmetterlinge ausschlüpfen. Doch nur wenn die Raupen sich des Kotformens enthalten, werden den Puppen unverletzte, lebensfähige Schmetterlinge entschlüpfen; und nur wenn sie keinen sexuellen Kontakt haben, bleiben sie unbefruchtet. Schmetterlinge, die aus befruchteten Raupen hervorgehen, sterben bei der Ablage der Eier, aus denen wiederum die Raupen hervorgehen. In seltenen Fällen jedoch gelingt es den Schmetterlingen, eine Raupe durch die ständige Projektion von Schuldgefühlen vom Sexualkontakt abzuhalten. Eine solche Raupe wird als steriler Schmetterling geboren, der keine Eier legen kann und frei ist für ein Leben im „Stand der Gnade",[65] in „akuter Glückseligkeit".[66] Dies zu erreichen ist das höchste Ideal der Schmetterlinge, auch wenn ein völliges Erreichen des Ziels gleichbedeutend wäre mit ihrem Ende als biologischer Spezies. Ähnlich wie die Schuldgefühle wird auch das Glücksgefühl der vollendeten Schmetterlinge auf telepathischem Wege auf die menschlichen Forscherinnen übertragen, die so den in die Rasse existenziell eingebauten Konflikt in seiner ganze emotionalen Tiefe miterleben. Die Frage, die sich für die menschlichen Forscherinnen als unlösbar erweist, ist: „Hatten die Schmetterlinge das moralische Recht, ihre eigene Larvenform mit solcher Grausamkeit zu behandeln, nur damit es gelegentlich zu diesem Glücksempfinden kam?"[67]

Ein letztes Transformationsmotiv, diesmal aus der Welt der Fantasy, soll den Lesern nicht vorenthalten werden. Der derzeit wohl populärste Autor dieses Genres, Terry Pratchett, beschreibt in seinem Roman „Helle Barden",[68] die Probleme, die die Werwölfin Angua bei dem Versuch hat, als Mitglied einer „sozialen Randgruppe" Wächter in der Stadtwache zu werden. Die im Horrorgenre üblicherweise als schreckerregend und bedrohlich geschilderte Transforma-

---

[65] Mitchison: Memoiren einer Raumfahrerin, 138
[66] Mitchison: Memoiren einer Raumfahrerin, 152.
[67] Mitchison: Memoiren einer Raumfahrerin, 152.
[68] Pratchett, Terry: Helle Barden, München 1996 (engl. Original: Men at Arms, London 1993). Der Roman ist Teil des vielbändigen satirischen „Scheibenwelt-Zyklus".

tion vom Menschen zum Wolf wird in diesem Roman für Pratchett zum Anlass, ironisch über die Wahrnehmung von Minderheiten nachzudenken. Für Angua sind ihre Transformationen eine ständige Folge von Peinlichkeiten und Verlegenheiten, sowohl in ihrem Alltagsleben – sie verliert bei der Transformation all ihre Kleider – als auch bei ihrem Partner, der sie versehentlich kurz nach einer Liebesnacht dem Mondlicht aussetzt und damit ihre Transformation auslöst.

### 4.4 Transformation durch den Kontakt mit Außerirdischen

Die Transformation durch den Kontakt mit Außerirdischen war lange Zeit ein Thema, das schwerpunktmäßig im Kontext zahlloser Invasionsfilme und -romane in der Tradition von H. G. Wells' „War of the Worlds"[69] stand. Dieses Genre spielte mit den Überwältigungs- und Vergewaltigungsängsten der Leser und Zuschauer. Vor allem in den fünfziger und sechziger Jahren des vorigen Jahrhunderts gab es eine Reihe spektakulärer Produktionen mit diesem Motiv, die bekannteste davon ohne Zweifel der Film „Die Dämonischen".[70] Ein Arzt entdeckt in seiner Heimatgemeinde immer mehr Menschen, die sich merkwürdig kalt und fremd benehmen. Mit der Zeit entdeckt er, dass die Menschen von einer außerirdischen Rasse infiltriert werden, die ihre Körper im Schlaf übernimmt. Selbst

---

[69] Erstmals erschienen 1898. An dieses Buch und seine bekannteste Verfilmung „Kampf der Welten", 1953, amerik. Original „War Of The Worlds" schlossen zahlreiche mittelmäßige „Invasionsfilme" an, z. B. „Invaders from Mars", 1953, „Earth Versus The Flying Saucers", 1956, aber z. B. auch das qualitativ vergleichsweise hochwertige „Das Dorf der Verdammten", 1960, engl. Original: Village Of The Damned, nach dem Roman The Midwich Cuckoos von John Wyndham.
[70] 1956, amerik. Originaltitel: „Invasion of the Bodysnatchers", Regie Don Siegel. Weitere Filme aus diesem Genre waren z. B. die englischen „Quatermass" Filme: „Schock", 1955, engl. Original „The Quatermass Experiment", „Feinde aus dem Weltall", 1957, engl. Original, „Quatermass II", oder „The Thing", dt. „Das Ding aus einer anderen Welt", 1951, nach eine Kurzgeschichte von John W. Campbell.

seine Freundin wird nach einem auf tage- und nächtelanges Wachen folgenden Sekundenschlaf „übernommen" und verrät ihr gemeinsames Versteck. Das vom Regisseur ursprünglich geplante Ende – Der Hauptdarsteller steht auf einer Autobahn und schreit den vorbeifahrenden Autos zu „You're next, you're next" – wurde von den Produzenten durch ein tröstlicheres Ende ersetzt.[71]

Diese Linie setzt sich bis in die Gegenwart fort, so z. B. in Octavia Butlers „Clay's Ark".[72] Hier werden – ähnlich wie in Chalkers bereits erwähnten „Web of the Chozen" – die Menschen durch Mikroorganismen verwandelt. Anders als bei Chalker sind die Mikroorganismen jedoch außerirdischen Ursprungs und der Grundton des Romans ist nicht heiter, sondern düster und apokalyptisch. Die außerirdischen Mikroben beherrschen die Menschen. Sie verleihen ihnen übermenschliche Kräfte und ziehen sie in einem quasi-sexuellen Verlangen dazu, andere Menschen anzustecken. Der Astronaut Elia, der die Krankheit auf die Erde brachte, versucht, wider den seinem Körper nun innewohnenden Drang, die Krankheit auf ein abgelegenes Nest in der Wüste Arizonas zu beschränken, doch das Entkommen eines Kranken und die nachfolgende Transformation der ganzen Menschheit ist unausweichlich. Wie fast immer bei Butler strahlt die Gemeinschaft der Angesteckten und Verwandelten eine merkwürdige Ambivalenz aus. Ihre Mitglieder sind durch ihre Krankheit zu einer schärferen gegenseitigen Wahrnehmung fähig, die an das Motiv der bereits angesprochenen emphatischen Kommunikation erinnert. Sie können u. a. die Körpertemperatur und die Herzfrequenz ihrer Gegenüber wahrnehmen. Der frühere Laienprediger Elia nennt die „Normalen", die Opfer, aber damit aber auch Mitglieder der Gruppe werden, interessanterweise „Converts". Der Roman endet damit, dass Keira, eine durch die Mikroorganismen vom Blutkrebs geheilte „Convert", am Radio den Zusammenbruch der menschlichen Zivilisation in ihrer bisherigen Gestalt verfolgt.

---

[71] Siehe dazu Hellmann: Der Science Fiction Film, 98ff.
[72] Warner, 1984.

Robert Silverberg gab dem Thema der Transformation durch Außerirdische eine philosophische Wendung. Der Protagonist seines Romans, „Exil im Kosmos",[73] der Diplomat Richard Müller, besucht eine fremde Rasse, die „Hydraner", die ihn operativ verändern. Von nun an ist er dazu verurteilt, seine innersten Gefühle permanent und unkontrolliert an seine Umgebung abzustrahlen. Er nimmt vor seinen Mitmenschen Zuflucht in einem mit tödlichen Fallen gespickten Labyrinth, um sich von der Welt abzusondern. Seine Leiden schildert er einem Regierungsagenten, der ihn aufspürt: „Ich weiß nicht, ob die Hydraner mir einen böswilligen Streich spielen wollten, oder ob sie wirklich versuchten, mich von einem Defekt zu heilen, meiner Unfähigkeit, ihnen meine Emotionen zu zeigen. Sie sind fremdartig. Man kann nur mutmaßen. Aber sie machten ihre kleine Operation sehr ordentlich. Und dann kehrte ich zur Erde zurück, Held und Aussätziger zugleich. Kommen Sie in meine Nähe, wird Ihnen schlecht. Warum? Weil Sie eine volle Dosis Menschentum von mir kriegen, die Sie daran erinnert, daß auch Sie ein Tier sind. Ein endloser Rückkoppelungsprozess. Sie hassen mich, weil Sie etwas über Ihre eigene Seele lernen, wenn Sie mir nahe kommen. Und ich hasse Sie, weil Sie sich vor mir zurückziehen müssen. Ich bin Träger einer Seuche, verstehen Sie, und die Seuche, die ich übertrage, ist die Wahrheit."[74] Dennoch wird Müllers Veränderung zum Segen für die Menschheit, weil er allein in der Lage ist, zu einer noch fremdartigeren Rasse Kontakt aufzunehmen. Im Fall von Silverbergs Roman wird die optimistische Sicht der Empathie ins Negative verkehrt. Hier haben die Menschen Grund, ihr Inneres zu verbergen.

Doch nicht alle Transformationen durch Außerirdische geraten zu Albträumen.[75] Der komplexe Roman „Die Feu-

---

73 Silverberg, Robert: Exil im Kosmos, München 1971 (amerik. Original: The Man in the Maze, New York 1969).
74 Silverberg: Exil im Kosmos, 126f. Hier erhält das Motiv der empathischen Kommunikation eine eindeutig negative Wendung.
75 Eine spektakuläre und viel diskutierte Transformation durch Außerirdische durchläuft der Protagonist des Films „2001 A Space Odyssey"

erschneise"[76] von James Tiptree[77] spielt in vielfacher Weise mit Transformationen durch den Kontakt mit Außerirdischen. Eine Gruppe von Telepathen, alle miteinander von der Gesellschaft an den Rand gedrängte, geängstigte Individuen, wird von der US-Armee zu Versuchszwecken benutzt. Unfreiwillig geraten sie in Kontakt mit der Rasse der Tyrenni, Telepathen, die eine Fluchtmöglichkeit von ihrem zum Untergang verurteilten Planeten suchen. Verschiedene Tyrenni tauschen voller Panik mit den Menschen auf dem Wege telepathischer Bewusstseinsübertragung die Körper. Die Menschen, die so in den Körpern Tyrenni gefangen sind, und einige Tyrenni selbst entfliehen dem Untergang des Planeten, in dem sie mit ihren Geist in den Körper des galaktischen Riesenwesens eindringen, das die Vernichtung Tyrees hervorruft. Bereits vorher ist das Bewusstsein der durch eine Klitorisektion psychisch schwer geschädigten Menschenfrau Margaret während des telepathischen Kontakts der Tyrenni und der Menschen in das Bewusstsein dieses Wesens geraten und hat mit Hilfe eines Computerprogramms Verbindung zu ihm aufgenommen. Es gelingt Tyrenni und Menschen gemeinsam mit Hilfe Margarets das Riesenwesen auf ihre Seite zu bringen. Am Ende verbinden sich alle Wesen zu einer neuen größeren Einheit, die sich auf die Suche nach ihrer Bestimmung macht.

Hier taucht das Motiv der empathischen Kommunikation in der Fähigkeit der Tyrenni zum telepathischen Perspektivenwechsel auf – sie können ganze „Wissens- und Erfahrungspakete" telepathisch übermitteln. Dabei betont Tiptree, anders als die meisten Autorinnen und Autoren die zentrale Notwendigkeit des Respekts vor der Intimsphäre des anderen, die notwendig ist, wenn eine solche Kommunikationsform nicht in völlige Entblößung der menschlichen Psyche ausarten soll. Die „Ahura", die „Kunst der Ge-

---

von Stanley Kubrick. Siehe dazu z. B. Hellmann: Science Fiction Film, 186ff.
76 Tiptree, James: Die Feuerschneise, München 1980 (amerik. Original: Up the Walls of the World, Berkley 1978).
77 Pseudonym für die amerikanische Psychologin Alice Sheldon.

dankenverwahrung" ist die zentrale Tugend der „Tyrenni".[78]

Dieses Motiv wird noch deutlicher bei einem weiteren Roman, der eine Transformation durch Außerirdische behandelt, und zwar „Hobbs Land"[79] der Amerikanerin Sheri Tepper, auch dies einer der Romane mit einer Fülle von expliziten religiösen Motiven. Hobbs Land wird als langweiliger Planet beschrieben, der Lebensmittel für andere Planeten liefert. Nur die „Siedlung Eins" weist als pittoreske Besonderheit einen Tempel mit einem Gott der ausgestorbenen Ureinwohner auf. Die Geschichte beginnt, als dieser Gott stirbt und damit merkwürdigerweise den ganzen Ort längere Zeit psychisch lähmt. Der Gott nimmt sogar einen Menschen mit in den Tod und zwar den Dorftrottel, der sich um ihn gekümmert hatte, indem er den Tempel sauber hielt und den Gott mit kleinen Tieren fütterte. Nach einer Weile scheint sich das Leben im Ort wieder zu normalisieren. Doch der Gott ist in Wirklichkeit nicht tot, er hat sich nur umstrukturiert und indem er Körper und Geist des gestorbenen Dorftrottels in sich aufnahm einen neuen Zugang zu den Menschen gewonnen. Nun beginnt er sich aktiv Hobbs Land zuzuwenden. Mit Hilfe eines pilzähnlichen Gewebes errichtet er ein Netzwerk auf dem Planeten, in das die Menschen eingebunden sind. Die empathischen Kommunikation wird in Teppers Roman durch dieses Netzwerk möglich gemacht. Dabei scheint Tepper Wert darauf zu legen, zu zeigen, dass der Gott die Menschen zwar tröstet und einander näher bringt, dass er dabei aber die persönliche Integrität der Individuen respektiert.[80] Nur einige wenige Menschen, vor allem chronisch gewalttätige Männer, halten die neue Atmosphäre der friedfertigen Kooperation nicht aus und verlassen den Planeten.

---

78 Tiptree: Die Feuerschneise, 8f.
79 Tepper, Sheri: Hobbs Land, München 1998 (amerik. Original: Raising the Stones, New York 1990), der zweite Band des schon erwähnten Westriding-Zyklus, siehe Fußnote 57.
80 Das belegen eine Reihe von Stellen, darunter Tepper: Hobbs Land, 378f.

Teppers Roman enthält neben dieser Utopie eine starke und bissige Religionskritik. Sie ist verpackt in das Gegenbild des friedfertigen matriarchalisch strukturierten Hobbs Land: Das Land Voorstood auf dem Nachbarplaneten Ahabar. Es wird von den Anhängern eines Glaubens bewohnt, der aus den alten monotheistischen Religionen der Erde entstanden ist.[81] In Voorstood zählen nur die Männer, deren Herrschaft religiös legitimiert ist. Doch die Voorstooder sind in Verlegenheit, denn die vom ihrem Propheten angekündigte Apokalypse tritt nicht so schnell ein wie geplant. Da den Männern ihre misshandelten Frauen davonlaufen, ist die noch notwendige Generation gläubiger Jünger gefährdet. Um die Frauen wieder zurückzulocken, beschließen die Männer eine nach Hobbs Land geflohene Sängerin wieder ins Land zu holen, damit sie mit ihren Liedern die Frauen zurückbringen soll. Doch mit der Entführung der Sängerin und ihres Enkels holen sich die Voorstooder, ohne es zu wissen, den Gott der Bewohner von Hobbs Land auf ihren Planeten. Schritt für Schritt wird das ganze Land von der pilzähnlichen Substanz des Gottes durchdrungen. Die Voorstooder geben ihre Gewalt auf, lassen ihre Sklaven frei und ändern ihre Einstellung zu den Frauen. Doch es geht nicht schnell genug für die Sängerin, die getötet und im Hof des Propheten öffentlich aufgehängt wird.

Voorstoods Beschreibung enthält zwar einige Elemente, die auf den Islam als Zielpunkt ihrer Kritik hinweisen (z. B. die Pflicht der Frauen, sich bis auf die Augen zu verhüllen, um die Männer nicht in Versuchung zu bringen), aber die Beschreibung dieses Landes ist weit vielschichtiger. So weist z. B. die Beschreibung der Männer und der sicher nicht zufällig Klangähnlichkeiten zum deutschen Begriff „Vorstadt" aufweisende Name des Landes auf die Männerkultur amerikanischer „Suburbs" hin, die auch z. B. für Octavia Butler den Rahmen vieler Erzählungen bildet. Die Voorstooder sind stolz auf ihre Gewalttätigkeit, sie stecken sich für jeden gelungenen Terroranschlag Trophäen ins Haar. Am Ende

---

81 Tepper: Hobbs Land, 669.

fragt der Sohn der Sängerin seinen Vater, einen Voorstooder, der an der Entführung seiner eigenen Frau beteiligt war, was er und seine Spießgesellen denn eigentlich von den anderen Menschen wollen, die sie unterdrücken. Die Antwort des Vaters lautet: „Daß ihr so werdet wie wir, Junge. Nur, daß ihr so werdet wie wir."[82] Hier wie bei einer Reihe von anderen SF Romanen von Frauen stellen die Autorinnen matriarchalisch strukturierte Utopien einer von Gewalt gezeichneten Männerwelt entgegen.[83]

Am Ende des dritten Bandes von Teppers Trilogie[84] stellt sich heraus, dass der Gott von Hobbs Land selbst gar kein Lebewesen ist, sondern eine Schöpfung einer außerirdischen Rasse, der „Arbai", die ihn erschufen, um sich so gegen die Aggressionen der Menschen zu schützen. Da an diesem Punkt der Geschichte noch ein interessantes Transformationsmotiv auftaucht, werden wir weiter unten noch ein weiteres Mal auf Teppers Romane und das Netzwerk von Hobbs Land stoßen.

## 4.5 Reinkarnation und die Wiederkehr vom Tod als Transformationsmotive

Wenn ein deutscher SF-Leser das Wort „Wiedergeburt" liest, so wird er wohl in denn allermeisten Fällen den Begriff der Reinkarnation damit verbinden.[85] Auch diese Spielart der Transformation menschlichen Lebens findet sich in der Sci-

---

82 Tepper: Hobbs Land, 525.
83 So auch z. B. in Octavia Butlers Xenogenesis Trilogie: Butler, Octavia: Dawn, New York 1987; dies.: Adulthood Rites, New York 1988; dies.: Imago, New York 1989. Deutsch in der letzten Ausgabe in einem Band unter dem völlig irreführenden Titel „Die Genhändler" veröffentlicht: Butler, Octavia: Die Genhändler, München 1999.
84 Das bereits erwähnte Buch Tepper: Toleranz (amerik. Original: Sideshow, New York 1992).
85 Eine hervorragende Einführung zu den weit verbreiteten Vorstellungen über Reinkarnation in der deutschen religiösen Gegenwartslandschaft bietet Rüdiger Sachau in seinem Buch: Sachau, Rüdiger: Westliche Reinkarnationsvorstellungen, Gütersloh 1996.

ence Fiction und ihren Nachbargenres. Eine Variante davon, die hier nur am Rande erwähnt werden soll, ist vor allem im Horrorgenre beheimatet, und zwar die zahllosen Romane und Filme um „Untote" aller Art.[86]

In der Science Fiction hingegen taucht das Motiv der Reinkarnation eher selten auf. Dennoch gibt es einige bemerkenswerte Ausnahmen. Nancy Kress schildert in ihrem Roman „Schädelrose",[87] wie Menschen durch eine Gehirnoperation die Erinnerung an ihre früheren Inkarnationen zurückerlangen. Auch Philip José Farmer greift in seinem „Flusswelt"[88] Zyklus die Idee einer Wiedergeburt nach dem Tod auf. Sie bildet allerdings nur den Hintergrund, um verschiedene Gestalten der Literaturgeschichte, darunter Mark Twain und Cyrano de Bergerac durch endlose Abenteuer zu jagen.

Eine zentrale Funktion hat das Reinkarnations- oder in diesem Falle besser Inkarnationsmotiv in dem mit religiösen Motiven hoch aufgeladenen Romanzyklus „Canopus in Argos: Archives" der in Deutschland auch außerhalb der SF-Szene bekannten Autorin Doris Lessing.[89] Die hoch entwickelte Kultur von Canopus versucht, eine Reihe von Planeten,

---

[86] Dieses Thema würde einen eigenen Artikel erforderlich machen. Das Thema, das Leben mittels Magie über den Tod hinaus zu verlängern, ist uralt. Der Horrorfilm des zwanzigsten Jahrhunderts variiert das Thema in zahllosen Dracula Verfilmungen, z. B. im deutschen Stummfilm die klassische Verfilmung „Nosferatu" von Friedrich Wilhelm Murnau mit Max Schreck in der Hauptrolle, die amerikanische und wohl berühmteste Version mit Bela Lugosi von 1931, weiterhin in Filmen über wieder ins Leben tretende Mumien (z. B. „The Mummy" mit Boris Karloff), über Werwölfe, Zombies und so weiter. Siehe dazu auch: Giesen, Rolf: Sagenhafte Welten – Der phantastische Film, München 1990.

[87] Kress, Nancy: Schädelrose, München 1994 (amerik. Original: Brain Rose, William Morrow 1990).

[88] Farmer, Philip J.: Die Flusswelt der Zeit, München 1979 (amerik. Original: To Your Scattered Bodies Go, New York 1971) und mehrere Nachfolgebände

[89] Lessing, Doris: Shikasta, London u. a. 1979; dies.: The Marriages Between the Zones Three, Four and Five, London u. a. 1980; dies.: The Sirian Experiments, London u. a. 1982; dies.: The Making of the Representative for Planet 8, London u. a. 1983 und dies.: The Sentimental Agents in the Volyen Empire, London u. a. 1983.

darunter auch die Erde, in ein Gewebe kosmischen Austauschs einzubinden, ein Austausch, der vor allem psychischer, um nicht zu sagen mystischer Struktur ist. Doch der Strom zur Erde wird schon in der Zeit der frühen Steinzeitkulturen unterbrochen. Die Erdbewohner, sich selbst überlassen und von anderen, bösartigen Kulturen infiltriert, entwickeln sich nicht so, wie Canopus das geplant hat, sondern degenerieren zu einer gewalttätigen Rasse. Aus der reichen, blühenden Erde wird „Shikasta the hurt, the damaged, the wounded one"[90]. Canopus schickt Agenten auf die Erde, um den Menschen zu helfen und den verderblichen Einfluss der anderen galaktischen Kulturen zurückzudrängen. Diese Agenten „inkarnieren" auf der Erde. So wird der Protagonist des ersten Romans, der Canopeaner Johor auf der Erde als George Sherban wiedergeboren. Er wird von ausgesuchten Menschen (meist selbst Canopeaner) aufgezogen und gelehrt, um den Menschen wieder zu der segensreichen Verbindung mit Canopus zu verhelfen. Lessing wird durch diese Herangehensweise in die Lage versetzt, die Welt aus der überlegenen Perspektive Johors zu beschreiben und gleichzeitig die Belastungen und Verwirrungen zu schildern, denen er in seiner irdischen Jugend ausgesetzt ist. Der Roman endet damit, dass die mystisch-psychische Energieverbindung zwischen Canopus und der Erde wieder etabliert werden kann.

Ein Roman, in dem das Reinkarnationsmotiv explizit in einen religiösen Kontext gestellt wird, ist Michael Bishops „Die Cygnus Delegation".[91] Eine Delegation von Außerirdischen besucht einen protestantisch fundamentalistischen Stadtstaat auf dem Gebiet der zerfallenen ehemaligen Vereinigten Staaten. Die Außerirdischen werden als hässliche roboterähnliche Wesen geschildert, die kalte, feuchtdunkle Räume bevorzugen und sich von Äpfeln und toten Katzen ernähren. Der Hauptheld, ein junger Schriftsteller namens Julian wird engagiert, um diese Nahrung zu besorgen. Einer der Außerirdischen stiftet eine Ehe zwischen dem agnostischen

---

[90] Lessing: Shikasta, 38.
[91] Bishops, Michael: Die Cygnus Delegation, München 1980 (amerik. Original: A Little Knowledge, Berkley 1977).

Julian und der angehenden Diakonin Margot. Den Höhepunkt der Geschichte bildet die (vom Autor selbst so benannte) „Offenbarung", in der sich ein Außerirdischer als eine nahe Vorfahrin von Julian entpuppt, die auf einer neuen Stufe des Daseins wiedergeboren wurde und zur Erde kam, um den Menschen zu „etwas mehr Wissen" zu verhelfen. Im abschließenden Monolog der außerirdischen Vorfahrin entwickelt sich das gnostisch inspirierte Weltbild des Romans: „Ihr werdet es auch noch erleben, ihr zwei, wenn der Tod euch aus diesem Kerker herausholt – denn das ist es, der tiefste Kerker von allen – und euch in Körper steckt, wie ich jetzt einen habe. Einen Körper, der es auch (sic!) leichtmacht, das Licht in euch selbst zu sehen, damit ihr versteht, daß es darauf ankommt, eine Kerbe weiter hinaufzusteigen, und dann noch eine und dann wieder eine, soweit man kommen kann – bis du der letzten Fallgrube entronnen und wieder ganz am Anfang bist. Dann wird das Universum wie ein Zündholz ausgeblasen, und wir alle sind endlich miteinander im Wahren Gott vereint [...]. Wir alle zusammen sind nämlich dann der Wahre Gott, verstehst du?" Die „Cygnostikoi", so Julians Vorfahrin, sind keine gewöhnlichen „Außerirdischen". Sie sind die nächste Stufe, die jeder Mensch durchlaufen muss, um die gnostische Botschaft zu begreifen, eine Botschaft, die ihm im „tiefsten Kerker", der menschlichen Existenz, kaum zugänglich ist. Julian und Margot werden als Sendboten der neuen Wahrheit ausgesandt.

### 4.6 Transformation in eine neue Wirklichkeit hinein

Die bisher vorgestellten Varianten des Transformationsmotivs hatten gemeinsam, dass die Protagonisten der Geschichten oder Filme jeweils eine in den meisten Fällen leibliche, punktuelle Transformation durchliefen. Die folgenden Geschichten greifen auf eine andere Variante zurück: Die schlagartige Veränderung betrifft die gesamte Realität, in die der oder die Protagonisten eingebettet sind. Statt das sie selbst transformiert werden, werden sie in eine andere Wirklichkeit hineintransformiert.

Ein illustratives Beispiel dafür liefert die Kurzgeschichte „Das Kind von Morgen"[92] von Ray Bradbury: Bei einer Geburt unterläuft den Ärzten mit der modernen geburtsbegleitenden Technik ein Fehler und das Kind wird in eine „andere Dimension hineingeboren".[93] Das Kind selbst ist nicht verändert, doch es erscheint den Eltern, die es aus der Dreidimensionalität der Erde heraus betrachten, als eine kleine blaue Pyramide. Da es keine Möglichkeit gibt, das Kind zurückzuholen, und die Eltern mit der Trennung von ihrem Kinde durch den Graben der Dimensionen nicht fertig werden, begeben sie sich schließlich selbst in diese andere Dimension, um mit ihm zusammen zu sein. Der Transfer ist erfolgreich, und die Ärzte lassen die Familie allein. Die Geschichte endet mit den Worten: „Das Weiße Rechteck und der Weiße Quader schauten nicht einmal auf, als die Tür ins Schloß fiel."[94]

Sowohl Zeitreisegeschichten, als auch Erzählungen oder Filme, die die physikalische Idee der Paralleluniversen aufgreifen, fallen unter die zahlreichen Beispiele für diese Art der Transformation. Eine für unser Thema sehr interessante Variante des Themas bietet der Roman „Die Geißel des Himmels"[95] von Ursula LeGuin. Sein Protagonist, der junge Mann George Orr, ist in der Lage, mit seinen Träumen die Welt immer wieder neu und verändert zu erschaffen. Einzig er selbst erkennt diese Fähigkeit. Er lehnt es jedoch ab, so fundamental in das Leben einzugreifen und versucht, die Fähigkeit mit allen Mitteln zu unterdrücken, so auch mit Drogen. Als er von der Gesundheitsbehörde ertappt wird, gerät er in die Therapie eines Psychologen namens Haber, der eine Reihe dieser Transformationen miterlebt und die erstaunliche Fähigkeit seines Patienten erkennt. Orr muss zulassen, dass sich Haber seine Fähigkeit mit Hilfe von Hypnose zur Verbesserung der Welt zu Nutze zu machen versucht. Doch immer wenn Haber ein Weltproblem mit Hilfe der Träume zu beseitigen versucht, entstehen weitere, aus dem Lösungs-

---

92 Bradbury, Ray: Das Kind von Morgen, Zürich 1984, 46–67.
93 Bradbury: Kind von Morgen, 48.
94 Bradbury: Kind von Morgen, 67.
95 LeGuin: Geißel des Himmels.

versuch resultierende Probleme. So lässt Haber Orr beispielsweise von einer geeinten Welt ohne Kriege träumen. Orr bringt daraufhin aber eine neue Wirklichkeit hervor, in der die Bedrohung durch Außerirdische die Staaten der Erde zur Kooperation zwingt. Zuletzt transferiert Haber Orrs Fähigkeit mit Hilfe einer Maschine auf sich selbst, da er davon überzeugt ist, besser als er eine heile Wirklichkeit herbeiträumen zu können. Doch es gelingt ihm nicht, eine konsistente Wirklichkeit zu erträumen. Orr merkt als einziger, dass die Wirklichkeit aus den Fugen zu gehen droht, und kann Habers Maschine im letzten Moment abstellen. Die Welt überlebt Habers wissenschaftlich humanistischen Ehrgeiz, muss aber mit dem Chaos seines letzten Traumes leben.

Ursula LeGuin, die selbst eine Nachdichtung des Tao Te King schrieb,[96] verfasste mit „The Lathe of Heaven" eine romanhafte Diskussion taoistischen Gedankenguts in Auseinandersetzung mit wissenschaftlichem Humanismus, in der die Protagonisten Orr und Haber jeweils für die beiden Philosophien stehen.

Auch Orson Scott Card erzählt in seinem bereits diskutierten „Ender"-Zyklus von einer Transformation, in der neue Wirklichkeit geschaffen wird. Als eine menschliche Siedlergruppe den Planeten „Lusitania" besiedelt, ahnt sie noch nicht, dass er neben der Gruppe der „Pequenhinos" (siehe oben Abschnitt 3.3) auch einem tödlichen, intelligenten Virus Heimat bietet. Bald befinden sich die Lusitanier in einem Dilemma. Sie müssen den Virus besiegen, der sie zu vernichten droht. Da die „Pequenhinos" jedoch in Symbiose mit dem Virus leben, darf er nicht getötet werden, sondern er muss durch eine friedliche Varietät ersetzt werden, die die Menschen am Leben lässt und gleichzeitig den „Pequenhinos" das Leben ermöglicht. Da der Virus sich selbst schneller repariert, als die Lusitanier ihn modifizieren können, dringen sie mit Hilfe eines Computerwesens in den „irrealen Realraum" ein, wo sie die Möglichkeit haben, allein durch ihre Wünsche Dinge Wirklichkeit werden zu lassen. Dieser

---

[96] Tzu, Lao: Tao Te Ching – A New English Version by Ursula K. LeGuin, Boston 1997.

„irreale Realraum", der an jeden einzelnen Punkt der irdischen Dimensionen grenzt, enthält unendlich viele „Philoten", Potenziale, Möglichkeiten des Seins, die immer dann, wenn in unserer Welt etwas neues entsteht, in diese Welt eindringen und es „beseelen". „Die Schöpfung ruft sie, und sie kommen zum Muster."[97] Den Protagonisten gelingt die Erschaffung eines harmlosen Virus, der den bedrohlichen ersetzen kann. Gleichzeitig erschafft sich einer von ihnen, der durch einen Unfall zum Krüppel wurde, einen neuen Körper und Ender, der Hauptheld des Romanzyklus, erschafft sich selbst neu in zwei Existenzformen, die zu den Protagonisten des letzten Romans werden.

Eine weitere, etwas konventionellere, aber nichtsdestotrotz häufig auftretende Variante des Motivs der Transformation der Wirklichkeit ist die Entdeckung der „eigentlichen" Wirklichkeit. Der Protagonist erlebt eine Transformation einfach dadurch, dass ihm gezeigt wird, dass die Wirklichkeit, in der er gelebt hat, nicht die letzte Wahrheit ist. Dieses Motiv findet sich häufig in der Literaturgeschichte, denn es ist ein einfaches Mittel, einer Handlung eine völlig neue Wendung zu geben. Dennoch soll es hier nicht unerwähnt bleiben, weil die Entdeckung einer „Wirklichkeit hinter der Wirklichkeit" auch in der Science Fiction, dem Horrorgenre und der Fantasy ein wichtiges Stilmittel ist. Ein Beispiel für diese Art der Transformation ist, wenn z. B. Corwin von Amber in Roger Zelaznys gleichnamigem Zyklus entdeckt, dass er in Wirklichkeit der Erbe eines Fantasyreichs in einer Parallelwelt ist[98]. Das bekannteste Beispiel stammt wohl aus dem derzeit populärsten Fantasy Zyklus überhaupt. Denn ohne Zweifel tut sich für die Leser wie für den Protagonisten eine neue Wirklichkeit auf, wenn der kleine Harry Potter von Wildhüter Hagrid erfährt: „Harry, yer a wizard",[99] „Harry, Du bist ein Zauberer."

---

97 Card, Orson C.: Xenozid, Bergisch Gladbach 1992, 494.
98 Zelazny, Roger: Nine Princes in Amber, New York 1970 und mehrere Nachfolgebände.
99 Rowling, Joan K.: Harry Potter and the Philosopher's Stone, London 1997, 60.

## 4.7 Transformation durch Hingabe

Mit einem letzten, für die Science Fiction möglicherweise etwas ungewöhnlich anmutenden Motiv gelangt dieser Überblick an sein Ende. Auch diese Art der Transformation ist selbstverständlich nicht ausschließlich in der Science Fiction zu finden, im Gegenteil, es ist dort eher selten: Ein Protagonist transformiert sich selbst und die Welt durch einen Akt der Hingabe.[100] Dies findet sich z. B. in U. K. LeGuins Kurzgeschichte „Vaster Than Empires And More Slow"[101]. Eine Gruppe von Forschern gelangt auf einen nur von einem riesigen Wald besiedelten Planeten. Das anfänglich noch vage Unbehagen der Forscher verwandelt sich im Laufe der Zeit in Angst und noch später in panikartige Furcht. Ein junger Mann namens Osden entdeckt die Furcht. Er ist ein Empath, der dazu verurteilt ist, die Gefühle anderer Menschen zu teilen, ohne sich ihnen entziehen zu können. Sein einziger Abwehrmechanismus ist, das Gefühlte im Gespräch hemmungslos bloßzulegen, womit er sich alle seine Mitforscher zu Feinden macht. Doch er entdeckt durch seine Fähigkeit, dass der Wald eine einzige große Intelligenz ist, die jedoch noch nie mit anderen denkenden Wesen Kontakt hatte. Die Angst der Forscher ist in Wirklichkeit die Angst des Waldes vor den Fremden, die er – ähnlich wie Osden selbst – an die Forscher weitergibt. Osden verschmilzt sein Be-

---

100 Das Motiv der Rettung des Lebens anderer durch das Opfer des eigenen Lebens weist in eine ähnliche Richtung, ist hier aber nicht gemeint, da damit in der Regel kein eigentliches Transformationsmotiv verbunden ist. Dieses Motiv ist natürlich alles andere als selten. So stellt sich z. B. in dem eben erwähnten Harry Potter Zyklus heraus, dass es der Opfertod seiner Mutter war, der den Haupthelden vor dem tödlichen Fluch seines Erzfeindes bewahrte (Rowling: Harry Potter and the Philosopher's Stone, 321). Ähnlich opferte sich der berühmte „Mr. Spock" aus der in Deutschland unter dem Namen „Raumschiff Enterprise" berühmt gewordenen Serie „Star Trek" am Ende des 1982 gedrehten Spielfilms „Star Trek II, The Wrath of Khan", um die Enterprise und ihre Besetzung zu retten. Er erlebte zwei Jahre später in dem Film „Star Trek III, The Search for Spock" eine Auferstehung. Ähnliche Motive gibt es ohne Zahl in und außerhalb des Genres.
101 LeGuin: The Winds Twelve Quarters, 181–217.

wusstsein mit dem des Waldes und ist so in der Lage, Frieden zwischen dem Wald und den Forschern zu stiften.

Mehr als jedes andere Transformationsmotiv verleitet natürlich das Motiv der Transformation durch Hingabe zu einer Aufladung mit explizit religiösen Versatzstücken. Beispiele dafür wären z. B. Thomas Mielkes „Der Pflanzen Heiland"[102] oder die Allegorie auf die Heilsgeschichte, die der christliche Schriftsteller und Apologet C.S. Lewis[103] in das Zentrum des ersten Bands seines „Narnia Zyklus" stellt. In diesem in den Bereich der Fantasy einzuordnenden Roman schildert Lewis, wie eine Gruppe von Kindern durch einen Kleiderschrank in das Märchenland „Narnia" vordringt.[104] Narnia wird beherrscht von der weißen Hexe, die das Land zu ewigem Winter verurteilt hat. Gegner dieser Hexe ist der Löwe Aslan, der als Erlöser des Landes vorhergesagt wird. Eines der Kinder verrät die Gruppe an die weiße Hexe. Es kommt zu einer Begegnung zwischen ihr und Aslan, bei der sich herausstellt, dass sie ein in der „Deep Magic" dieser Welt verankertes Recht auf das Blut eines jeden Verräters hat.[105] Aslan beschließt, sich selbst für den Verräter zu opfern. In einem ausführlichen Kapitel, betitelt „The Triumph Of The Witch"[106] wird der Opfergang Aslans mit zahlreichen Anspielungen auf die Leidensgeschichte Christi geschildert. Aslan wird verhöhnt, gequält und getötet. Doch in dem Kapitel „Deeper Magic From Before The Dawn Of Time"[107] ersteht Aslan von den Toten, überwindet die Hexe und führt Narnia in einen neuen Frühling.

---

102 Mielke, Thomas: Der Pflanzen Heiland, München 1981.
103 Lewis, in der SF Szene vor allem für seine „Perelandra" Trilogie bekannt, verstand sich als Christ und schrieb auch seine Belletristik, inklusive seiner SF-Romane, als Allegorien auf seinen Glauben. Siehe dazu u. a. Aldiss: Milliarden Jahre Traum, 238ff.
104 Siehe dazu den ersten Band des siebenteiligen Zyklus: Lewis, Clive Staples: The Lion, The Witch And The Wardrobe, Glasgow 1980, erstmals erschienen 1950.
105 Lewis: Lion, 129.
106 Lewis: Lion, 132–141.
107 Lewis, Lion, 142–151.

An diese Stelle gehört auch der Schluss der Tepperschen „Westriding" Trilogie, die schon mehrfach angesprochen wurde. Als die in 3.2 erwähnten in Computer transferierten fehlgeleiteten menschlichen Geister in einem letzten Amoklauf alle Menschen auf dem Planeten „Toleranz" töten wollen, opfert sich eine der Helden des Romans. Sie verschmilzt mit dem „Gott" aus Hobbs Land (siehe Abschnitt 3.4), aktiviert ihn ein letztes Mal und kann so ihre Freunde retten und den Planeten einer neuen Zukunft zuführen.

Einen mit religiösen Motiven aus den unterschiedlichsten Traditionen gespickten Parforceritt bietet Dan Simmons mit dem letzten Band seiner „Future History"[108] „Hyperion". Die vielfältig verschachtelte, sich über den Zeitraum von fast 1000 Jahren hinziehende Handlung der vier Bände zu schildern ist kaum in Kürze möglich, deshalb beschränken wir uns auf den letzten Band.[109] Die katholische Kirche beherrscht die von Menschen besiedelte Galaxis. Ihr Machtmittel ist die „Kruziform", ein vom „Core", den denkenden Superprogrammen eines galaktischen Pendants des heutigen Internets entwickelter Parasit. Er ist in der Lage, jeden einzelnen Menschen nach seinem Tod zu einer leiblichen Wiederauferstehung zu führen. Jeder Christ, der dem „Pax", wie die katholische Regierung sich nennt, treu ergeben ist, trägt so eine Kruziform, mit deren Hilfe er stets wieder auferstehen kann, wenn er durch Krankheit, Unfall oder Alter sterben muss. Gleichzeitig wird er aber durch die Kruziform zur Marionette der Kirche und des Core, der, wie sich herausstellt, die Kirche eigentlich beherrscht. In diese Situation hinein kommt die Erlösergestalt Aenea, begleitet vom Erzähler, ihrem späteren Ehemann Endymion. Aenea ist kein reiner Mensch, ihr Vater war ein „Cybrid", eine Art künstlicher Mensch, ebenfalls von Programmen des Core entwickelt. Der Core hatte eine Sphäre

---

108 Ein weiteres „Subgenre" der SF. Das Etikett wird verwendet, wenn Autoren großflächige, z. T. über Jahrtausende angelegte Historien der Zukunft der Menschheit zeichnen (siehe auch Clute, John: Science Fiction – Die illustrierte Enzyklopädie, München 1996, 66f).
109 Simmons, Dan: Endymion – Die Auferstehung, München 1999 (amerik. Original: The Rise of Endymion, New York 1997).

entdeckt, die als „bindende Leere" bezeichnet wird, und gleichsam die philosophische Schlüsselidee des ganzen Romanzyklus bildet. Aenea erklärt in einem ihrer Vorträge vor ihren Schülern was die bindende Leere ist: „Die Bindende Leere ist weder mystisch noch metaphysisch, sie fließt aus den physikalischen Gesetzen des Universums und gehorcht ihnen, aber sie ist ein Produkt dieses sich entwickelnden Universums. Die Leere wird aus Denken und Fühlen geformt. Sie ist ein Artefakt des Bewusstseins des Universums von sich selbst."[110] Die bindende Leere wird also gleichermaßen von allen denkenden Rassen des Universums unabsichtlich gemeinsam erzeugt und sie speichert in sich ihre Erinnerungen und ihre Gefühle. Liebe ist – so lehrt Aenea ihre Schüler – die Kraft, die von der bindenden Leere ausgeht und die sie zusammenhält, eine Kraft, die ausdrücklich als eine physikalische Kraft verstanden wird.[111] Einzelne künstliche Intelligenzen aus dem Core, sozusagen „Abweichler", begriffen die Natur der bindenden Leere und verstanden, dass sie sie nur nutzen konnten, wenn sie ihre „empathiefreie Spielart der Intelligenz"[112] erweitern. Sie „müssen sich zu einer Rasse weiterentwickeln, die der Empathie fähig ist"[113]. Zu diesem Zweck wird der Vater Aeneas entwickelt. Er verbindet sich mit einer menschlichen Frau, Aeneas Mutter. Aenea selbst trägt in ihrem Blut eine andere Form der DNS, die zweierlei leistet: Zunächst befreit sie denjenigen, der sie in seinem Blut trägt, von der Kruziform. Dann aber, und das ist ihr eigentlicher Zweck, ermöglicht sie dieser Person den Zugang zur bindenden Leere, den Zugang zum Bewusstsein von zahllosen toten und lebenden Wesen und zuletzt auch die Teleportation, d. h. die Reise durch die bindende Leere an jeden Ort des Universums. Aenea gibt diese DNS in einem dem Abendmahl ähnlichen Ritual an ihre Schü-

---

110 Simmons: Endymion-Auferstehung, 492.
111 Simmons: Endymion-Auferstehung, 493. Die Vorstellungen von Simmons scheinen eine gewisse Affinität zu den Theorien des Biologen Rupert Sheldrake aufzuweisen, siehe zu Sheldrake u. a. Peat, David: Synchronizität, München 1992, 184ff.
112 Simmons: Endymion-Auferstehung, 501.
113 Simmons: Endymion-Auferstehung, 501.

lerinnen und Schüler weiter. Damit wird Aenea zum Todfeind des Pax. Sie stellt sich den Mächten des Pax und des Core und landet auf „Pacem", der Welt, auf der der neue Vatikan herrscht. Dort wird sie – am Karfreitag, wie der Leser erfährt – von den Folterern des Core und des Vatikans getötet. Mit dem Schmerz ihres Todes erzeugt sie den „gemeinsamen Augenblick", ein Anstoßsignal, das allen Menschen der Galaxis die bindenden Leere uneingeschränkt zugänglich macht und das Ende der Herrschaft von Pax und Core einläutet.

Hier finden wir ein weiteres Mal das Motiv des empathischen Verstehens, das in diesem Fall durch die „bindende Leere" als Medium jedem zugänglich wird. Interessant ist die Gegenüberstellung der beiden Konzepte: Die Kruziform als mechanisches Instrument einer absoluten Kontrolle eines sich verselbstständigt habenden Datennetzes und seiner künstlichen Intelligenzen, das durch eine zwar materiell verortete, aber nichtsdestotrotz mystisch anmutende geteilte und herrschaftsfreie Wirklichkeit überwunden wird. Diese Gegenüberstellung findet sich ja auch bei anderen Autoren wie z. B. bei Tepper in Gestalt der beiden Welten Voorstood und Hobbs Land. Die zum empathischen Verstehen transformierte Welt wird bei allen erwähnten Autorinnen und Autoren als Gegenbild zu einer Welt der Entfremdung und der gewaltsamen Konflikte gezeichnet.[114]

## 5. Schlussbemerkung

Zahllose Romane und Filme mussten bei diesem Überblick über Transformationsmotive in der Science Fiction aus Platzgründen übergangen werden.[115] Tatsächlich hat der

---

114 Freilich gibt es auch eine Reihe von Romanen, in denen die Telepathie als Herrschaftsinstrument im Zentrum steht. Wird sie noch in E. E. Smiths Lensmen-Zyklus von einer Elite nur zum Schutz der Menschheit eingesetzt, so schlägt diese optimistische Sicht z. B. in Octavia Butlers Patternist-Zyklus drastisch um. Hier organisieren sich die Telepathen in einer Hierarchie der Stärke und die nichttelepathischen Menschen, die „Stummen", werden zu rechtlosen Sklaven.
115 Darunter der Klassiker des „Schatzinsel" Autors R. L. Stevenson. Ste-

Versuch, die Science Fiction entlang von Transformationen aufzurollen, etwas Willkürliches, da alle evolutiven Konzepte damit außerhalb des Blickwinkels bleiben. Dennoch trägt die Analyse einiges aus. Transformationen sind nicht nur ein beliebtes Stilmittel, um die Plausibilitäten der Alltagswelt zu überschreiten. Sie lassen sich auch als biografische, historische oder sogar kosmologische Wendepunkte in Geschichten einbauen, um so zu neuen Visionen zu kommen. Dabei steht das Motiv der reinen Unterhaltung gleichberechtigt neben vielen künstlerischen Versuchen, die vielfältigen Philosophien der Autoren in allegorische Gewänder zu kleiden.

Einen neueren Trend scheinen dabei die Autorinnen und Autoren zu bilden, die ihre Helden – und mit ihnen meist die ganze Menschheit – mittels unterschiedlicher Transformationen in die Lage versetzen, über Empathie, Telepathie oder verbesserte körperliche Fähigkeiten die Kommunikation mit ihren Mitmenschen zu verbessern. Sie werden mit übermenschlichen Kompetenzen der „Rollenübernahme" ausgestattet. Denn darum scheint es im Kern zu gehen. Der Soziologe George Herbert Mead beschreibt den Wert dieser Kompetenz so: „Die unmittelbare Wirkung dieser Übernahme einer Rolle liegt in der Kontrolle, die der Einzelne über seine eigenen Reaktionen ausüben kann. Die Kontrolle der Handlungen des Einzelnen im kooperativen Prozess kann im Verhalten des Einzelnen selbst stattfinden, wenn er die Rolle des anderen zu übernehmen vermag. Diese Kontrolle der Reaktion des Einzelnen durch die Übernahme der Rolle des anderen ist es, was, vom Standpunkt der Organisation des Gruppenverhaltens aus gesehen, den Wert dieser Art der Kommunikation ausmacht."[116] Die Autoren knüpfen an die-

---

venson: The Strange Case, das geradezu als paradigmatisches Werk der Transformation gelten kann, oder der Film „E.T. The Extra-Terrestrial" (Regie Steven Spielberg), deutsch: „E.T. der Außerirdische", der eine Fülle allegorischer Anspielungen auf die christliche Heilsgeschichte bis hin zur Auferstehung enthält, die Alien Tetralogie und viele andere.

116 Mead, George H.: Geist, Identität und Gesellschaft, Frankfurt a. M. [8]1991, 300f.

ser Idee an. Sie deuten sie allerdings in einem „stärkeren" Sinne, als die Rollenübernahme üblicherweise in der interaktiven Soziologie gedeutet wird. Rollenübernahme bedeutet für die Autorinnen und Autoren nicht nur, die soziale Rolle eines anderen deuten zu können, um adäquat auf sie zu reagieren, sondern sie bedeutet darüber hinaus, zu einem Verständnis seiner emotionalen und existenziellen Subjektivität zu kommen. Dieses Verstehen bildet im Denken der Autoren die Bedingung der Möglichkeit einer Verständigung.[117] Am reinsten findet sich dieser Typus verkörpert in den Telepathen des Planeten Tyree (siehe Abschnitt 4.4). Bei Haldeman (Abschnitt 4.1) sorgt ironischerweise die aus Propagandagründen entwickelte Militärtechnik für die Ausstattung der Menschen mit diesen Fähigkeiten, bei Simmons (Abschnitt 4.7) und Tepper (Abschnitt 4.4) werden die Menschen durch gigantische Netzwerke psychisch miteinander verbunden. Diese „Superkommunikatoren" scheinen einen neuen literarischen Typus zu bilden, der von den SF Autorinnen und Autoren den „Supermännern" entgegengestellt wird, die in der westlichen Unterhaltungsindustrie auch weit über die Science Fiction hinaus immer noch eine bestimmende Kernfigur bilden. Sie lassen sich aber auch Gegenfigur zu vielen Strömungen der europäischen Gegenwartsliteratur lesen, die sich in der Beschreibung der Vereinsamung und Kommunikationsarmut der Gegenwartsmenschen erschöpfen. Damit setzt die SF ihre Funktion fort, Spiegel nicht der Zukunft, sondern der Gegenwart der Menschen mit ihren Ängsten, aber auch ihren Hoffnungen zu sein. Der Ideenreichtum der SF findet wie in jeder anderen menschlichen Tradition sein Ende erst an den Grenzen der menschlichen Fantasie überhaupt.

---

117 Es ist festzuhalten, dass keine der solcherart transformierten Gesellschaften von den Autorinnen und Autoren als konfliktfrei dargestellt wird.

# Heilwerden aus Gottes Zukunft – Wiedergeburt in der Erfahrung der Seelsorge

INGRID SCHOBERTH

## 1. Einleitung

Die Leitkategorie Wiedergeburt findet sich in der neueren und neuesten Seelsorgeliteratur nur selten. Spricht dieser terminologische Befund nun dafür, dass das, was mit Wiedergeburt bezeichnet worden ist, nicht mehr als tragender Fragehorizont im Blick ist? Im Folgenden soll an einigen Beispielen untersucht werden, ob der durch „Wiedergeburt" bezeichnete Zusammenhang in neueren Konzeptionen möglicherweise in einer anderen Terminologie erscheint. Damit muss sich das Verfahren dieses Beitrags unterscheiden von einer Nachzeichnung des Begriffsgebrauchs. Vielmehr ist hier zu fragen, ob der Ausdruck „Wiedergeburt" in seiner praktisch-theologischen Funktion durch andere Kategorien und Bestimmungen ersetzt worden ist.

Ich gehe dazu aus von der Seelsorgelehre Eduard Thurneysens,[1] die gleichsam als Wendepunkt stehen kann: Für seine Bestimmung des seelsorglichen Handelns der Kirche ist „Wiedergeburt" eine zentrale Kategorie, ja gar ein Begriff, mit dem er die theologische Bestimmtheit der Seelsorge festhalten will; nach Thurneysen verschwindet der Begriff zu-

---

1 Der bei Thurneysen tragende „Begriff" der Wiedergeburt findet sich vor allem in den Passagen zur „evangelischen Buße" § 13ff, wobei deutlich auf den Herrschaftswechsel insistiert wird, der den Menschen in der Seelsorge in den Gehorsam Christi stellt: *„Das ist seine Wiedergeburt und seine Bekehrung. Weil es das Evangelium ist, das hier alles bewirkt, darum ist die Buße bei allem Ernst des Gerichtes eine freudige Buße."* Thurneysen, Eduard: Die Lehre von der Seelsorge, Zürich [7]1994, 242.

nehmend aus der Literatur. Mit Thurneysen beginnen heißt zugleich aus der wieder entdeckten Aktualität seiner Seelsorgelehre zu schöpfen, die im gegenwärtigen Diskurs um die Seelsorge wieder verstärkt rezipiert wird: Hier sind wesentliche Einsichten formuliert, die die Seelsorge auf ihre theologische Substanz befragen. Freilich sind auch die Gründe zu bedenken, die zu einer Abkehr von Thurneysens Ansatz führten. Das theologische Niveau dieses Ansatzes sollte aber nicht unterboten werden.

Nach Thurneysens „Lehre von der Seelsorge", in der der Begriff der Wiedergeburt ausdrücklich verwendet wird, soll in der Diskussion aktueller Seelsorgekonzeptionen gefragt werden, ob sich die Sache, die mit „Wiedergeburt" bezeichnet war, in neuen, modifizierten Sprachformen auffinden lässt, oder ob der Begriffsverlust auch einen Erkenntnisverlust mit sich bringt. Abschließend sollen einige Kriterien entwickelt werden, wie die theologische Bestimmtheit der Seelsorge aus der Reflexion der Erfahrung von Wiedergeburt beschrieben werden kann.

## 2. „Umdrehen zu einem neuen Leben" – Wiedergeburt in der Seelsorgelehre Eduard Thurneysens

Gottes Handeln am Menschen in der Seelsorge ist die Grundfrage, der sich Thurneysen in seiner „Lehre von der Seelsorge" stellt. Wie ist das theologisch verantwortet zu beschreiben und auch methodisch dann in der Seelsorge zu realisieren, dass Gott am Menschen handelt? Thurneysen fragt zunächst nicht nach der Praxis der Beratung, sondern dezidiert nach der theologischen Bestimmung von Seelsorge. Hier wird für ihn der Begriff der Wiedergeburt leitend, mit der er das Geschehen in der Seelsorge genauer fassen will, das den einzelnen herausführen soll aus den Konflikten und Belastungen und ihn schließlich wieder hinführen soll zum gemeinsamen Leben in der Gemeinde. Seelsorge kann aus diesem Zusammenhang als Weg zur Wiedergeburt bezeichnet werden, der die Buße des Menschen vor Gott korrespondiert. Erst so wird erkennbar, wie Wiedergeburt sich in der

Lebensgeschichte eines Menschen realisiert. Gottes Handeln und menschliches Handeln bleiben so aufeinander bezogen: Indem Gott in seinem Handeln am Menschen immer das Zentrum bleibt, ist Buße gerade nicht Anfang einer Selbstheilung des Menschen oder gar sein eigenwilliger Versuch einer moralischen Erneuerung.[2] Die Antwort des Menschen ist selber Werk des Heiligen Geistes, der die Wiedergeburt wirkt, die zur Bekehrung des Menschen wird.

„Das Wort Buße kann sowohl objektiv den Inhalt des Zuspruchs ausdrücken und ist dann zu verstehen als Ruf zur Buße, wie auch die subjektive Annahme des Rufes durch den hörenden Menschen. So verstanden führt die Buße zur Wiedergeburt und zur Bekehrung. Sie ist als Ganzes eine vom Wort Gottes ausgehende Umdrehung und Erneuerung des Lebens, wobei der Begriff der Wiedergeburt ausdrückt, daß sie von oben gewirkt ist, und der Begriff der Bekehrung, daß der Mensch selbst und ganz beteiligt ist."[3]

Thurneysen greift die Kategorie der Wiedergeburt auf, um den Herrschaftswechsel klar vor Augen zu stellen, der sich in der „wahren, evangelischen Buße"[4] vollzieht. Hier handelt der trinitarische Gott und nicht der Mensch. Pointiert hält Thurneysen fest:

„Es ist in keinem Sinn der Mensch, der sich selbst bekehrt, es ist die Wiedergeburt aus dem Heiligen Geist, die zu seiner Bekehrung wird. Es ist Christus, der den Menschen umdreht, und zwar so völlig, daß er von nun an in einem neuen Leben wandelt."[5]

Wiedergeburt beschreibt die Erfahrung in der Seelsorge als ein „Umdrehen" zu einem neuen Leben, das Menschen dazu befreit, der Ankündigung des Reiches Gottes innewerden zu

---

2 Thurneysen: Seelsorge, 244. Vgl. dazu auch Karle, Isolde: Seelsorge im Horizont der Hoffnung. Eduard Thurneysens Seelsorgelehre in systemtheoretischer Perspektive, EvTh 63 (2003), 165–181.
3 Thurneysen: Seelsorge, 242f. Bei Thurneysen bleibt in den Formulierungen allerdings unklar, wie das Verhältnis von Buße und Bekehrung zu deuten ist; die Gefahr einer methodischen Folgebeziehung ist jedenfalls nicht durchweg ausgeschlossen.
4 Thurneysen: Seelsorge, 243.
5 Thurneysen: Seelsorge, 244.

können.[6] Was vorher den Blick verstellt hat, das wird als neue Möglichkeit im eigenen Leben sichtbar. Dieses Umdrehen ist notwendig, um Menschen aus Verlorenheit, Bindungen und Gefangenschaft herauszuführen: Das aber ist allein in Christus möglich. Thurneysen spricht hier auch von Freispruch, der im Seelsorgegespräch stattfinden muss; er kann aber auch von einem heilsamen Erschrecken sprechen: weil das Gespräch Menschen der Tiefe der Sünde überführt, wird es auch heilsam die Lebensgeschichte des Menschen umfassen und befreien.[7]

Zu dieser theologischen Bestimmung der Seelsorge tritt nun auch ihre methodische Reflexion: Seelsorge vollzieht sich als Gespräch,

> „das herkommt vom Wort Gottes und hinführt zu seiner Verkündigung in der Gemeinde. Wie bei allem Reden des Menschen im Raum der Kirche muß sich auch beim seelsorglichen Gespräche die natürliche Wortkraft des Menschen in Dienst nehmen lassen vom Heiligen Geiste, damit es zur wirklichen Anrede an den Menschen durch das Wort Gottes komme."[8]

Das macht das Spezifische der Seelsorge aus, dass sie ein Sprachraum werden kann, in dem Gott und Mensch und Welt aufeinander treffen; es wird eine Kommunikation eröffnet, die nicht ohne das Wort Gottes geschieht. Das Wort Gottes ist also das Kriterium der Seelsorge; es ist

---

6 Vgl. Karle: Seelsorge im Horizont der Hoffnung, 172, verweist in diesem Zusammenhang auf die Rede vom Bruch im seelsorglichen Gespräch, die für viele Missverständnisse der Seelsorge Thurneysens Anlass war. Mit der Rede vom Umdrehen zum neuen Leben oder aber mit der von Isolde Karle vorgeschlagenen Rede von der Differenzerfahrung in der Seelsorge, kommt das Genuine der Seelsorge Thurneysens in ihrer auch für heute grundlegenden Bedeutung neu zum Tragen: „Es ist eine Differenz, die das alte Selbstverständnis in heilsamer Weise irritiert und gerade so Neues provozieren kann. [...] Psalmen, biblische Geschichten und Gleichnisse provozieren durch dosierte semantische Störungen, die den alltäglichen Erwartungen und Selbstverständnissen zuwiderlaufen und auf diese Weise neue Einsichten und Haltungen ermöglichen." (Ebd.)
7 Thurneysen: Seelsorge, 249f.
8 Thurneysen: Seelsorge, 87.

„diese Kontrolle, diese Schranke, von der her Bevollmächtigung oder Nichtbevollmächtigung unseres geistlichen Redens abhängt, der es sich darum bedingungslos zu stellen, vor der es sich zu verantworten hat."[9]

Dieses Wort ist fremdes Wort an den Menschen, das immer auch dem menschlichen Wort gegenübertritt, das aber zugleich „in Menschengestalt"[10] hier als Wort durch den Seelsorger ergeht. Mit der Kategorie der Wiedergeburt gelingt es Thurneysen, die Ausschließlichkeit des Handelns Gottes am Menschen in der Seelsorge festzuhalten. Das qualifiziert Thurneysen noch genauer: Als Vergebungswort ist es befreiendes Wort, das Lebenshilfe eröffnet und aus Bindungen herausführt, die den Blick für ein neues von Gott begleitetes Leben verstellen. Bezugspunkt in der Seelsorge bleiben die gewöhnlichsten Dinge des Lebens:[11] über allem Miteinanderreden, auch wenn die Gespräche noch so profan sind, liegt nun aber das Wort Gottes als „Verheißung und Gebot"[12] für den einzelnen Menschen. Das qualifiziert die Seelsorge als Seelsorge aus dem Wort Gottes, die aber nicht an der menschlichen Wirklichkeit und Erfahrung vorbei geschieht, sondern „das wirkliche Verstehen der menschlichen Lebenslage"[13] zum Ziel hat:

„Darum ist das seelsorgerliche Gespräch gekennzeichnet durch einen seinen ganzen Verlauf bestimmende Bewegung des Zugreifens und Wegnehmens, des Erfassens und Aufgreifens und Bearbeitens menschlicher Tatbestände und zugleich des Unterstellens dieser Tatbestände unter ein völlig neues, alles Menschliche überbietendes Urteil."[14]

Die Seelsorge arbeitet so darauf hin, ein eigenes Urteil über die „menschliche Lebenslage" zu eröffnen, das aber in der Bezogenheit auf Gottes Wort sich vollzieht und befähigen

---

9 Thurneysen: Seelsorge, 91.
10 Thurneysen: Seelsorge, 92.
11 Thurneysen: Seelsorge, 97.
12 Thurneysen: Seelsorge, 97.
13 Thurneysen: Seelsorge, 115.
14 Thurneysen: Seelsorge, 115.

will, die schwierigen lebensgeschichtlichen Fragen neu beantworten zu lernen.[15] Insofern ist dieses Wort, das die Seelsorge trägt, lösendes Wort, das über alles moralische Urteilen hinaus den Raum eröffnet, in dem Menschen lernen sich vor Gott zu verstehen und sich seinem Urteil zu überlassen.[16]

Das Geschehen der Buße und Hinführung zu einem neuen Verstehen vor Gott durch Gottes Urteil verändert die Sicht auf das je eigene Leben:

„Noch einmal: unvergebene Sünde ist dieses Alte, vergebene Sünde aber ist das Neue, ungeheiligtes Leben das Bisherige, in Gottes Eigentum übergegangenes und das heißt geheiligtes Leben das nun über den Menschen Gekommene."[17]

Dieses neue Leben aus der Wiedergeburt wird im Gespräch zur Ahnung. Darum entspricht der Erfahrung der Wiedergeburt eine Erfahrung des Übergangs im seelsorglichen Gespräch, eines Übergangs, der „in ein neues Leben hinüberführt".[18]

### 3. Neue Sprachformen und Transformationen der Leitkategorie Wiedergeburt in neueren Überlegungen zur Seelsorge

#### 3.1 Seelsorge im Schatten des Kreuzes – Manfred Josuttis

Manfred Josuttis sucht nach der sog. „empirischen Wende" der Praktischen Theologie einen Weg, die religiöse Be-

---

15 Thurneysen: Seelsorge, 124: „Was muß ich tun, um fertig zu werden mit eigener oder fremder Schuld? Wie kann ich in einer bestimmten Lage vor mir selber oder vor einem anderen moralisch bestehen? Wie komme ich in Ordnung mit einem anderen Menschen, der mich nicht versteht, oder den ich nicht verstehe, und mit dem ich doch zusammenleben muß?"
16 vgl. Thurneysen: Seelsorge, 125: „Matth. 18, 12–35, Römer 7 und 8, Psalm 51 werden uns vor Augen sein müssen, sooft wir dieser Situation gegenüber stehen."
17 Thurneysen: Seelsorge, 127.
18 Thurneysen: Seelsorge, 128.

stimmtheit der Seelsorge wiederzugewinnen, wobei auch er die Reserve gegen eine unmittelbar theologisch und dogmatisch bestimmte Seelsorgelehre teilt. Mit der Betonung der Macht des Heiligen begründet Josuttis die Seelsorge religionsphänomenologisch.[19] Nicht die innerpsychischen oder innerpersonalen Faktoren will er als alleinigen Gegenstand der Seelsorge zur Sprache bringen, sondern die religiöse Erfahrung, die er wieder als konstitutiv für menschliches Leben und Handeln ins Bewusstsein bringen will. Dabei negiert Josuttis nicht die Möglichkeiten, „medizinisch, diakonisch, politisch und ökonomisch, pädagogisch und therapeutisch einander zu helfen versuchen."[20] Jedoch betont er aus seinem Grundanliegen heraus besonders pointiert die Differenz zu solchen Methoden, die die „religiösen Verfahren" zu wenig berücksichtigt haben. So versteht er sein Konzept einer energetischen Seelsorge als den Rückgriff auf „die religiöse, die biblische und die kirchliche Tradition."[21] Damit wäre auch zu erwarten, dass das Konzept der „Wiedergeburt" bei Josuttis neu zur Geltung komme.

Josuttis setzt an bei den Symbolen und Ritualen, die leiborientiert und bewusstseinsübersteigend orientiert sind, damit die „Macht des Heiligen" in der Seelsorge wahrgenommen werden kann. Die Seelsorge, die auf die Macht des Heiligen vertraut, hofft auf die Segenskräfte „die dauernd zwischen Menschen fließen, unabhängig von pastoralen Aktivitäten auch und vor allem im Lebenskontext der ‚Gemeinde der Heiligen'."[22] Die Macht des Heiligen identifiziert Josuttis mit der Kraft Gottes, die sich den Menschen im Evangelium mitteilt. Diese Macht wirkt im Seelsorgegeschehen und darf nicht ausgeblendet werden. Ein konfliktfreies Leben kann nicht Ziel solcher Seelsorge sein und sie wird sich auch vor solchen Erwartungen scheuen müssen, dass durch den Kontakt mit dem Heiligen alle Probleme erledigt seien. Darum ist Seelsorge im

---

19 Josuttis, Manfred: Segenskräfte. Potentiale einer energetischen Seelsorge, Gütersloh 2000, 9.
20 Josuttis: Segenskräfte, 9.
21 Josuttis: Segenskräfte, 10.
22 Josuttis: Segenskräfte, 10.

Machtbereich des Heiligen mit Erfahrungen konfrontiert, die „im Schatten des Kreuzes"[23] liegen. Seelsorge geschieht damit aber auch in der Hoffnung, dass die Macht des Heiligen auch heute noch Menschen ergreift und Menschen zu Heil, Heiligung und Heilung, befreit.[24]

Diesen Vorgang, Menschen aus dem Schatten des Kreuzes heraus zu begleiten, oder aber Menschen im Schatten des Kreuzes beizustehen, kennzeichnet Josuttis als die Aufgabe der Seelsorge, die er auch unbefangen und terminologisch wenig differenziert als Wiedergeburt, als Konversion, als ein Geschehen, das den Sinnhorizont des Menschen verändert, bezeichnet. Indem der Macht des Heiligen Raum gewährt wird, indem mit Gottes gestaltendem Handeln im Seelsorgegeschehen gerechnet wird, „geschieht Wiedergeburt auf eine neue Ebene fragmentarischer, von der Lebenskraft Christi erfüllter Existenz"[25]. Damit zeigt sich bei Josuttis ein eigenwilliger Gebrauch von Wiedergeburt, der auf die elementare Lebensform christlicher Existenz verweist, die sich „dann bildet, wenn Menschen vom Geist Gottes erfaßt und gestaltet werden"[26]. Hier findet sich sowohl die Anknüpfung an die theologische Tradition des Redens von Wiedergeburt, als auch der Ansatz für eine Beschreibung lebensgeschichtlicher Konkretionen von „Wiedergeburt" im Blick auf das seelsorgliche Handeln heute.[27]

---

23 Josuttis: Segenskräfte, 77.
24 Manfred Josuttis bezieht sich hier auf Überlegungen von Heiner Keupp, der die Grundbedürfnisse zu beschreiben versucht hat, auf die Seelsorge stößt und um deren Erfüllung es auch der Seelsorge zu tun sein muss; vgl. dazu Keupp, Heiner: Subjektsein heute. Zwischen postmoderner Diffusion und der Suche nach neuen Fundamenten, WzM 51 (1999), 147: „1. Befriedigung elementarer vitaler Grundbedürfnisse; – 2. Ein authentisches Leben führen – unverwechselbar sein; – 3. Für sich einen inneren Lebenssinn finden; – 4. Einen Rahmen sozialer Anerkennung für sich finden; – 5. An der Gestaltung der eigenen Lebenswelt beteiligt sein; – 6. Subjekt des eigenen Handelns sein."
25 Josuttis: Segenskräfte, 77.
26 Josuttis: Segenskräfte, 108.
27 Allerdings stellt sich die Frage, ob in der allgemeinen Rede vom „Heiligen" bei Josuttis die soteriologische Bestimmtheit der Wiedergeburt abgeblendet bleibt oder doch ausreichend zur Geltung kommt.

Die „Kraft und Macht des Heiligen" bildet bei Josuttis den Ausgangspunkt für alle Seelsorge. Das macht nun die Sensibilität für die Kraft und Macht des Heiligen derer erforderlich, die sich selbst davon in Anspruch nehmen lassen. So geschieht in der Seelsorge am einzelnen das, was das Leben und die Existenz im Glauben umfassend ausmacht: die Orientierung und die Gewinnung von Perspektiven für ein Leben, das sich aus Gottes Gegenwart verstehen lernt, die in der Wirkungsmacht des Heiligen gegenwärtig ist. Insofern könnte man bei Josuttis Wiedergeburt als dieses Neuwerden der Existenz beschreiben, das dann zur besonderen Aufgabe in der Seelsorge wird, wenn die Existenz in unheilvollen und destruktiven Bindungen gefangen ist.[28]

Sich der Wirkmacht des Heiligen auszusetzen, ist nach Josuttis zunächst die Aufgabe der Theologinnen und Theologen, indem sie sich in besonderer Weise mit Texten, Worten, Formeln und Riten vertraut machen, die auf das Heilige bezogen sind: „An ihrer Entwicklung kann man exemplarisch studieren, wie sich die Wirkung dieser Macht im Leben von Menschen mehr und mehr durchsetzt".[29] Damit verbindet sich bei Josuttis die Aufgabe, diese christliche Existenzweise auch in der Seelsorge zur Geltung zu bringen; Josuttis spricht darum sehr provokativ davon, dass Theologen Geistliche werden müssen, weil sie nur so diese Wirkmacht des Heiligen weitergeben und von dieser Wirkmacht des Heiligen erzählen können.[30] Als ein pneumatisches Geschehen können

---

[28] Josuttis, Manfred: Von der psychotherapeutischen zur energetischen Seelsorge, in: WzM 50 (1998), 71–84, 84: „Energetisch ist eine Seelsorge dann, wenn sie destruktiven Machtfeldern die Geistesgegenwart des Heiligen entgegenzusetzen vermag. Nur so wird sie auf dem großen Markt therapeutischer Angebote den ‚Erweis des Geistes und der Kraft' (1Kor 2,4) anzutreten vermögen."

[29] Josuttis: Segenskräfte, 108.

[30] Der Vorwurf an Josuttis, er orientiere Seelsorge auf den Seelsorger hin und verliere dabei die Gemeinde in ihrer seelsorglichen Aufgabe aus den Augen, kann so nicht aufrechterhalten bleiben: Zwar sind die Seelsorger diejenigen, die Geistliche werden müssen und in besonderer Weise auch das Evangelium in der Seelsorge vertreten müssen; das evoziert nun aber nicht ein klerikales oder hierarchisches Verständnis von Seelsorge und stellt nun auch den Seelsorger nicht über den Seelsorgesuchenden. Viel-

die Seelsorger selbst die Seelsorge nicht bewerkstelligen: Josuttis verweist hier auf Joachim Scharfenberg, der betont, dass das eigentliche Zentrum der Seelsorge die Gewissheit ist,

> „daß Gottes heiliger Geist durch den Seelsorger hindurch handeln will. Der Seelsorger ist nur das ausführende Organ des Heils- und Rettungswillens Gottes, er stellt sich Gott nur als Handlanger zur Verfügung"[31].

Durch die Macht des Heiligen ist der Raum der Seelsorge atmosphärisch bestimmt. Hier finden sich Personen ein im Gegenüber zu einer unverfügbaren Macht, der Geistesgegenwart Gottes. Unterschiedliche Kraftfelder – destruktive wie nicht-destruktive – stoßen hier aufeinander, die um die Herrschaft über die hier Beteiligten ringen: „Im Untergrund eines seelsorglichen Gespräches lauert immer die Frage, die in den kosmischen Sphären längst beantwortet ist: Wer wird siegen?"[32] Damit reflektiert Josuttis das seelsorgliche Handeln als ein Geschehen, in dem verschiedene Mächte streiten, Mächte der Destruktivität, Mächte des Unfriedens usw. Von der Wirklichkeit christlichen Glaubens ausgehend ist freilich dann auch gerechtfertigt, dass Josuttis den Sieg der Mächte im Sieg Gottes, des Vaters Jesu Christi, festhält. Zugleich wird damit auch von Josuttis das festgehalten, was den theologischen Sachgehalt von „Wiedergeburt" ausmacht, dass er die „kosmische" Dimension nicht abblendet und auch die Differenz zwischen der Gewissheit der Erlösung und ihrem Ausstehen in der Erfahrung reflektiert.

Ein Beispiel sei hier zitiert, um zu zeigen, wie sich nach Josuttis solches Machtgeschehen in der Seelsorge wahrnehmen lässt:

---

mehr betont Josuttis mit dieser Aufgabe des Seelsorgers den Anspruch *christlicher* Seelsorge, dass sie gerade nicht zu einem beliebigen Gespräch unter Menschen werden kann.

31 Scharfenberg, Joachim: Johann Christoph Blumhardt und die kirchliche Seelsorge heute, Göttingen 1959, 59, zitiert nach Josuttis: Von der psychotherapeutischen zur energetischen Seelsorge, 72.
32 Josuttis: Segenskräfte, 171.

„Eine Telefonseelsorgerin erzählt: sie war spät abends von einer jungen Frau angerufen worden, die vor Erregung kaum habe sprechen können. Nach einer Weile erfährt die Telefonseelsorgerin: die Anruferin habe soeben erzählt bekommen, dass ihr Verlobter eine Geliebte habe. Die Atmosphäre dieser Mitteilung lässt die Telefonseelsorgerin sofort denken: ‚Hier geht es um Leben und Tod.' Auf irgendeine Weise teilt sich ihr in den wenigen, abgehackten Worten der jungen Anruferin eine abgrundtiefe, für die Anruferin sprachlose Verzweiflung mit. Übrigens hat die Telefonseelsorgerin bis hierher außer einigen Nachfragen nichts gesagt. Plötzlich hört sie von der Anruferin: heute Nacht werde sie zuerst ihren Verlobten, dann sich umbringen. Was daraufhin am Telefon geschah, konnte die Seelsorgerin, die ich als eine ausgesprochen intellektuelle, emotional eher distanzierte und übrigens aus der Kirche ausgetretene und gegen religiöse Floskeln eine profunde Abneigung hegende Mitarbeiterin kenne, nur schwer wiedergeben. Sie erzählte, sie habe die Mord- und Suizidankündigung der Anruferin unbedingt ernst genommen. Dabei aber sei mit ihr etwas Seltsames geschehen. Sie habe sich plötzlich gleichsam neben sich selbst stehend empfunden und sich dann in Trance die Worte sagen gehört: ‚Mein ist die Rache, spricht der Herr.' Sie erzählte dieses Gespräch jetzt in der Supervisionsgruppe, weil sie absolut unsicher sei, was da eigentlich an dieser Stelle des Gesprächs geschehen sei. Die Anruferin jedenfalls habe nach einer kurzen Zeit vollkommener Stille ergreifend zu schluchzen begonnen und sich dann von der Telefonseelsorgerin mit den Worten verabschiedet, sie habe ihr sehr geholfen."[33]

Die Macht des Heiligen, die hier zum Tragen kommt, teilt sich in der Erfahrung der Seelsorgerin mit: Sie erlebt sich gleichsam in Trance und findet dabei das treffende, die Situation verändernde Wort. Der biblische Satz der Seelsorgerin übernimmt die Wut und die Rache, die die Anruferin bestimmt. Hier geschieht eine Delegation an das Wort Gottes, an Gottes Handeln; die ausweglose Situation der Anruferin wird „anders". Der Anruferin wird die Macht über das eigene Leben, wie über das Leben ihres Verlobten entzogen und durch die Seelsorgerin dem anvertraut, dem die Macht

---

[33] Aus: Weimer, Martin: Die Religion der Traumatisierten. Erfahrungen und Reflexionen aus der Telefonseelsorge; in: G. Heimbrock/H. Streib (Hg.), Katastrophenreligion und Kritik des Glaubens, Kampen 1994, 268.

über das Leben gehört: „Mein ist die Rache, spricht der Herr." Darauf kann sich die Anruferin einlassen: die Krise, in der sie steht, erfährt eine Wendung. Kann hier von Wiedergeburt gesprochen werden, wenn die Seelsorgerin das treffende Wort findet? Für Josuttis ist „Wiedergeburt" in der Seelsorge kein einmaliges und integrales Geschehen, wenngleich hier das Moment des Unableitbaren und Blitzartigen betont ist. Allerdings kann dieses Geschehen im Gespräch als eine Realisation dessen gelesen werden, was Leben aus der Wiedergeburt heißen könnte. „Wiedergeburt" erscheint hier als ein anfängliches Geschehen; sie zeigt sich in der heilsam überraschenden Eröffnung neuer Wege, im unverhofften Aufscheinen des Heiligen. An diesem Beispiel wird deutlich, dass die Leitkategorie der Wiedergeburt dazu geeignet ist, die Erfahrung von etwas Neuen, das sich im Seelsorgegespräch ereignet und das sich nicht methodisch „machen lässt", wahrnehmbar zu machen; zugleich öffnet die Kategorie der Wiedergeburt die Wahrnehmung dafür, dass in der Seelsorge Gott selbst handelt; im Beispiel wird dieses Handeln Gottes selbst manifest in der Einstimmung der Seelsorgerin darauf, dass sie ein Wort auffindet, das die Situation treffend aufgreift und verändert.

## 3.2 Seelsorge als Möglichkeit des Neuwerdens von Beziehungen – Christoph Morgenthaler

War bei Josuttis „Wiedergeburt" ausdrücklich in Gebrauch, so kann Christoph Morgenthalers „Systemische Seelsorge" für die Konzepte stehen, in denen möglicherweise die Sache erscheint, aber nicht die Terminologie. Ausgangspunkt für diese Gestalt der Seelsorge ist eine neue Wahrnehmung für „Vernetzungen, Abhängigkeiten und die soziale Dimension individuellen Leidens"[34]. Morgenthaler geht davon aus, dass Menschen in ihren Beziehungen erstaunliche Kräfte entbin-

---

34 Morgenthaler, Christoph: Systemische Seelsorge. Impulse der Familien- und Systemtherapie für die kirchliche Praxis, Stuttgart 1999, 10.

den können; daraus ergeben sich für ihn zwei Perspektiven für die Seelsorge:

„Wie können Menschen in der Seelsorge vertieft in und aus ihren Beziehungssystemen verstanden werden? Und: Wie können in diesen vielfältigen systemischen Spannungsfeldern die ungelebten Geschichten, ungehaltenen Reden und unerhörten Wünsche einzelner Menschen zum Ausdruck kommen – und die Freiheit, sich so oder anders zu entscheiden? [...] Wie muß andererseits eine Seelsorge beschaffen sein, die Gegenkräfte aufdeckt und schürt, auf heilende Gemeinschaft baut und Hoffnung weckt, die ‚nicht zuschanden werden lässt' (Röm 5,5)."[35]

Seelsorge hat diese Beziehungssysteme in den Blick zu nehmen, die Menschen in ihrer Verwobenheit in Systemen prägen und auch belasten. Charakteristisch für Morgenthalers Konzeption ist dabei, dass diese Beziehungssysteme nur insofern Gegenstand der Seelsorge werden, als dabei religiöse Perspektiven erkennbar werden. Dazu gehört nun aber auch die theologische Fragerichtung, um die Funktion der Religion in solchen Beziehungssystemen wahrnehmen zu können.

„Religiosität ist mit allen Aspekten des Lebens in Familiensystemen verwoben. Sie gerät damit immer auch wieder in familiäre Konfliktfelder, verursacht Konflikte und wird durch Konflikte verformt."[36]

Morgenthaler sucht damit nach der Gestalt einer wahrnehmenden Seelsorge, die aus den Wahrnehmungszusammenhängen von Konflikten und Familienkonstellationen Religiosität aufdeckt und hierfür auch spezifische Möglichkeiten seelsorglich/therapeutischer Hilfe gebrauchen will. Dabei richtet sich das theologische Interesse besonders auf die Wahrnehmung von Gotteskonstrukten, die sich in Seelsorgegesprächen zeigen, die durch eine oft blockierende, bloß monologische Beziehung zu Gott gekennzeichnet ist und die die dialogische Dimension abgeblendet hat. Seelsorge ist hier aufgefordert, Gott gerade nicht den Garanten für bestehende

---

35 Morgenthaler: Systemische Seelsorge, 10.
36 Morgenthaler: Systemische Seelsorge, 76.

Verhältnisse sein zu lassen, sondern als eine „dynamische Realität"[37] im Seelsorgegespräch wirksam sein zu lassen:

„Dann erweist er sich als dynamische Wirklichkeit, die Koalitionen sprengt, jede Monopolisierung der religiösen Wirklichkeit durch einen Teil der Familie in Frage stellt, durch Religiosität zementiertes Leiden in Familien als blasphemisch erscheinen lässt, Gotteskonstrukte verflüssigt und auf ein sich entziehendes, transzendierendes Mehr an Lebensmöglichkeiten hin aufbricht."[38]

Morgenthaler hält fest, dass nicht bloß ein Gottesbild auf menschliche Beziehungsmuster übertragen werden dürfe; vielmehr können, indem Gott als dynamische Realität erfahren wird, verhärtete Gottesbeziehungen aufgebrochen werden. So eignet dem Reden von der Gottesbeziehung im systemischen Kontext eine eigentümliche Offenheit und Unverfügbarkeit, die dazu dienen soll, Systemgrenzen aufzubrechen. Zu fragen ist aber, ob die Differenz von Gotteswirklichkeit und Gottesbild in diesen Zusammenhang hinreichend bewusst wird, damit Gott nicht nur als Symbol für Erfahrungen in Beziehungen oder bloß subjektive Bedürfnisse herhalten muss.

Morgenthaler bestimmt den Vorgang des Loslassens von Gottesbildern und unbewussten Gotteskonstrukten als Umkehr, eine Form von Buße, die zu neuem Leben führt.[39] Er versucht damit die Frage nach Gottes Handeln in der Seelsorge in seinen Überlegungen ausdrücklich wahrzunehmen. Methodisch greift er auf die systemische Seelsorge und Therapie zurück. An einem Beispiel aus einer Seelsorgebeziehung lässt sich zeigen, wie der Rekurs auf die Gottesbeziehung nicht nur im System eine Rolle spielt, sondern über jedes System hinausführt, Systemgrenzen sprengt und in der Seelsorge befreiend zum Tragen kommen kann:

Ein Beispiel sei hier kurz genannt: Es geht um eine alleinerziehende Mutter, die große Mühe hat, die Loslösung ihrer Tochter zu akzeptieren. Die Mutter leidet darunter, dass sich

---

37 Morgenthaler: Systemische Seelsorge, 268.
38 Morgenthaler: Systemische Seelsorge, 268.
39 Vgl. Morgenthaler: Systemische Seelsorge, 269.

ihre Tochter von der Frömmigkeit entfernt, die ihre selbst so wichtig ist. Eine Veränderung im Gespräch von Mutter und Tochter ergibt sich, als der Therapeut ihnen vorschlägt, Gott symbolisch ins Gespräch einzubeziehen.[40]

„Gott" ist hier zunächst ein therapeutisch hilfreiches Symbol. In diesem Gespräch wird die festgefahrene Beziehung zwischen Mutter und Tochter neu wahrnehmbar, indem durch den neuen Gesprächspartner „Gott" symbolisch die Fixierung der Mutter auf die Tochter geweitet wird und sich durch die Realität eines Dritten im Gespräch das Beziehungsgeflecht verändert. So lange „Gott" funktionalisiert wird und in der Erfahrung der Seelsorge sehr äußerlich bleibt, kann hier kaum von einer Erfahrung gesprochen werden, die mit „Wiedergeburt" in Verbindung gebracht werden könnte. Wenn die systemische Seelsorge von Umkehr, Metanoia, Buße spricht, dann soll damit die Wiedergewinnung eines neuen Gottesverhältnisses betont werden, das menschliche Beziehungsverhältnisse aufbrechen kann, damit Veränderungen und Erneuerungen möglich werden. Aber was geht über diese Funktionalisierung hinaus, die hier der symbolisch eingeführten Größe Gott zukommt? „Gott" steht hier freilich ein für ein Neuwerden; insofern ist die Beschreibung der Gotteswirklichkeit als einer lebendigen, dynamischen Gotteswirklichkeit treffend, die gerade nicht festschreibt, wie Gott am Menschen handeln wird. Aber ist die Erfahrung der Wiedergeburt in diesem Kontext wahrzunehmen? Geschieht Wiedergeburt schon im Aufbrechen fixierter Gottesbilder, die menschliches Zusammenleben beschweren? Auch im systemischen Kontext ist hier die Rede vom Bruch und Übergang, der methodisch anvisiert wird: ein Verlassen alter blockierender Vorstellungen von Gott, hin zu neuen, ins eigene Leben neu zu integrierenden Wahrnehmungen von Gott.[41] Beides ist in der systemische Seelsorge im Blick: die geschärfte Aufmerksamkeit auf die ambivalente

---

[40] Vgl. die ausführliche Schilderung bei Morgenthaler: Systemische Seelsorge, 258ff.
[41] Vgl. dazu auch weitere Religiöse Arbeitsformen: Morgenthaler: Systemische Seelsorge, 261ff.

Wirkung von Familienreligiosität wie auch die theologischen Impulse der christliche Tradition, die in die Seelsorge einzubringen sind, damit sie nicht neutralisiert werden, sondern ihre tragende und verändernde Wirkung entfalten, dem ein umfassendes Heilsein entspricht.[42]

So steht ein Seelsorger vor der Aufgabe, in einem Konflikt in einer Familie vermittelnd zu agieren: Die Mutter hatte im Zimmer der 16-jährigen Tochter einen Joint gefunden, der Anlass ist für einen heftigen Konflikt, in dem die Mutter sich an den Pfarrer ihrer Gemeinde wendet. Für die Familie sei es ein Schock, so die Mutter, denn man habe die Kinder „im Glauben" erzogen, und nun so etwas. Als der Konflikt brodelt, und in einem gemeinsamen Gespräch mit dem Pfarrer nicht weiterzukommen ist, äußert der Pfarrer zwei Bitten, die bis zum nächsten Gespräch zu erfüllen er die Familienmitglieder bittet: die eine Bitte ist, jeder solle diese Schwierigkeiten in der Familie ins Gebet hineinnehmen und eine Antwort im Glauben suchen. Die zweite Bitte lautet: bis zum nächsten Gespräch soll in der Familie keiner etwas entscheiden und erst einmal überlegen, was nun zu tun sein. Eine Woche später geht es um diese Bitten: die Tochter hat sich zwar alles überlegt, sei aber nicht weitergekommen. Die Mutter kommt im Nachdenken auf ein ganz anderes Problem, das auch schon lange den Familienfrieden stört – der Ehemann will nicht, dass sie wieder arbeiten geht; ihr geht in dieser Woche das Gleichnis vom verschwundenen Groschen aus Lk durch den Kopf; der Vater erinnert sich an den Satz: „Durch Stillsein und Warten werdet ihr stark sein (Jes 30,15)."[43]

Das Beispiel zeigt die Vielfalt von Möglichkeiten auf, die sich ergeben, wenn den bisherigen Konstellationen im Beziehungsgeschehen nicht entsprochen wird, sondern ein Helfer von außen das System unterbricht. Das Beispiel zeigt auch, wie ein biblisches Wort (Jes 30,15), das erinnert wird, Strukturen in Beziehungen neu sehen lernen lässt. Die Absicht der systemischen Therapie wird mit diesem Beispiel sehr deutlich: die therapeutische Arbeit zielt ab auf eine Besserung der Verhältnisse. Zu fragen ist nun, ob diese Besserung der Verhältnisse auch in spezifisch theologischer Weise wahrgenom-

---

42 Vgl. Morgenthaler: Systemische Seelsorge, 94f.
43 Vgl. Morgenthaler: Systemische Seelsorge, 262ff.

men und reflektiert werden kann. Der Text aus Jes 30,15 kommt als Fremdes in diesen Familienkonflikt hinein; der Vers wird vom Vater erinnert und mit dieser Erinnerung wird der bisherige Umgang miteinander unterbrochen, die Beziehungen dazu befreit, sich neu zu ordnen.

Das Beispiel aus der Seelsorge ist hier aufgegriffen worden, um konkret zu zeigen, wie Umbrüche und Neuorientierungen sich vollziehen. Zeigt sich in solchen Erfahrungen ganz Gott, der durch die Erinnerung (eines Bibelverses) hindurch an den Menschen handelt? Welche Bedeutung kommt eingeprägten Worten der Bibel für die eigene Lebensgeschichte zu? Kann eine solche Erfahrung der Neuorientierung in Beziehungen als Wiedergeburt bezeichnet werden? Aus diesem Seelsorgebeispiel lässt sich zumindest Wiedergeburt wahrnehmen als einer Erfahrung, die an etwas Neuem, vielleicht lange Fremdem, geschieht. Hier in diesem Fall ist es das Bibelwort, der erinnerte Vers aus Jesaja, der eingefahrene Verhaltensweisen aufbricht und bisherige Konstellationen umordnet. Zunächst unbeeindruckt vom Zusammenhang zum Textkontext, in dem Jes 30,15 steht, wird hier ein Vers aufgegriffen, der die Situation neu ausrichtet; auffallend ist nun aber doch, dass damit auch der Textzusammenhang zur Sprache kommt; denn wie es um die Umkehr derer geht, die sich von „Gott dem Herrn, den Heiligen Israels" abgewandt haben, so trifft die Ermahnung zur Umkehr diesen Familienkonflikt. In dieser Um- und Neuorientierung liegt darum eine Verheißung, die dem Konflikt eine neue Wendung gibt: es wird Stärke dem zukommen, der sich auf das Stillesein und Warten einlässt.

Wiedergeburt aus diesem Zusammenhang wahrgenommen verweist auf Erinnertes, das sich im Gedächtnis angesammelt hat und vielleicht seine Kontur gewonnen hat mit und durch eine Predigt, durch eigenes Bibellesen oder auch vielleicht gelernt worden ist. Jetzt, im Augenblick des Konflikts, entfaltet das Erinnerte seine Kraft, das auf Veränderung und Neuorientierung hin wirkt. Wiedergeburt zeigt sich hier in der Erfahrung der Erinnerung, die aus dem Umgang mit der Bibel, mit dem Wort selbst, Hoffnung schöpft auf Heilwerden und Erneuerung.

## 3.3 Seelsorge als Prozess, in dem sich Gott ans Menschliche ausliefert – Anne M. Steinmeier

Anne M. Steinmeier greift in ihrer Habilitationsschrift „Wiedergeboren zur Freiheit" das Thema Wiedergeburt zwar explizit auf, bestimmt aber keinen spezifischen Gebrauch der Kategorie der Wiedergeburt, sondern verwendet ihn weithin austauschbar mit „geboren sein". Die Arbeit stellt eine Skizze des Dialogs zwischen Theologie und Psychoanalyse dar, wobei neuere therapeutische Konzepte als Gesprächspartner der Theologie aufgegriffen werden. Dieser Dialog von Seelsorge/Theologie und Psychoanalyse steht im Vordergrund, den sie als notwendig begreift für ein Verstehen von Seelsorge in der Gegenwart, angesichts des Bedeutungsverlustes christlich-kirchlichen Wirklichkeitsverstehens. Um sich dem „Lebensverstehen" anzunähern, greift sie dezidiert therapeutische Konzepte auf und begründet das mit der Frage: „Weist der Bedeutungsverlust des im christlich-kirchlichen Kontext wahrgenommenen Lebensverstehens auf eine offene Stelle im theologischen Denken selbst hin?"[44] Im Gefolge der Religionskritik Freuds, der die Religion als Verhinderung der Selbstwerdung des Menschen begreift, sucht Steinmeier nach der Beschreibung einer Beziehungswirklichkeit Gottes und des Menschen, die über alle Kritik hinweg auf eine Freiheit der Beziehung Gottes und des Menschen ausgerichtet ist: Dieser Prozess ist

„theologisch zu verstehen als Prozeß, in dem Gott selbst je neu, je anders zur Welt kommt, als Prozeß der Gotteswirklichkeit, wie sie in jedem Leben gegenwärtig ist. In der kontingenten Subjektivität von Menschen schenkt Gott sich Menschen und liefert sich darin ans Menschliche aus"[45].

Die Plausibilität dieser Argumentation ist zunächst bestechend, räumt sie doch scheinbar mit dem Bedeutungsverlust

---

44 Steinmeier, Anne M.: Wiedergeboren zur Freiheit. Skizzen eines Dialogs zwischen Theologie und Psychoanalyse zur theologischen Begründung des seelsorglichen Gesprächs, Göttingen 1998, 14.
45 Steinmeier: Wiedergeboren, 200.

des im christlich-kirchlichen Kontextes wahrgenommenen Lebensverstehens auf und setzt an seine Stelle den Prozess der Gotteswirklichkeit, der in das Individuum selbst hinein verlagert wird. „Gott liefert sich ans Menschliche aus", damit es keine andere Wirklichkeit gebe, „die zu der gelebten, alltäglichen Lebenswirklichkeit noch zusätzlich hinzukäme"[46]. Diese Identifikation von Lebens- und Gotteswirklichkeit führt nun dazu, dass die Selbstwerdung im Brennpunkt aller Seelsorge steht, die in der Erfahrung von Freiheit auf die Subjektwerdung des Menschen ausgerichtet ist. Steinmeier differenziert auf diesem Hintergrund nur undeutlich zwischen Seelsorge und Psychotherapie, die Bestimmung der Identität von Seelsorge unterbleibt dabei. Trotz der hohen Plausibilität, die in den Begriffen Freiheit und Subjektwerdung steckt, ist doch dieser Zugriff auf Gottes Wirklichkeit ein Problem: Die Differenz, die von der Autorin auch immer wieder eingefordert wird, zwischen Gotteswirklichkeit und der Wirklichkeit der Menschen, wird in solchen Identifikationen übergangen oder zumindest undeutlich, wenn die Wirkungen, die von Menschen erfahren werden, mit Gottes Wirklichkeit selbst identifiziert werden. Undeutlich wird auf diese Weise auch, wie solche Wirkungen dann selbst bezeichnet werden können: Wie können sie noch auf den biblischen Gott, den Vater Jesu Christi, verweisen? Die funktionalisierte und damit ungenaue Rede von Gottes Heil führt zu einer Indifferenz im Blick auf den „Ort", von dem Hilfe kommt. „Wiedergeboren zur Freiheit" favorisiert damit eine Freiheit zur Subjektwerdung, die ihres Grundes nicht inne wird, weil sie die Wirklichkeit Gottes mit der des Menschen zu sehr in eins setzt. So bleibt die Antwort undeutlich, ob die Erfahrung, „Neues eröffnen, Altes verwandeln und verändern, Leben im Alltäglichen lebendiger, freier werden"[47] ausreichend die theologische Identität von Seelsorge beschreiben kann, die zudem noch inmitten eines Bedeutungsverlustes christlich-kirchlichen Lebensverstehens auszumachen ist.[48]

---

46 Steinmeier: Wiedergeboren, 200.
47 Steinmeier: Wiedergeboren, 201.
48 Vgl. Steinmeier, Anne M.: Schöpfungsräume. Auf dem Weg einer prak-

## 3.4 Seelsorge als Prozess interkultureller Kommunikation – Christoph Schneider-Harpprecht

Mit dem Versuch der „Entdeckung der Kultur als Kontext von Seelsorge und Beratung"[49] kommt ein neuer Akzent in die Frage nach einer theologisch verantworteten Gestalt von Seelsorge. Dieser Ansatz bricht gleichsam eine enge, reduzierte Konzentration auf das Subjekt in der Seelsorge auf. Zunächst ist auch in dieser Perspektive das Zusammenspiel von Evangelium und Lebensgeschichte in der Seelsorge festgehalten und kann als Grundstruktur des Seelsorgegeschehens gelesen werden:

„Seelsorge und Beratung sind ein narratives Geschehen, in dem die Botschaft des Evangeliums einerseits indirekt durch die Glaubenshaltung und die in ihr vorausgesetzten theologischen Grundannahmen der Gesprächspartner präsent ist, und die andererseits konkret im Prozeß des Erzählens und Darstellens der Geschichten des Lebens einer Person oder einer Gruppe und ihre Verbindung mit den Geschichten der jüdisch-christlichen Überlieferung als eine Hilfe zur Deutung und Umgestaltung von Lebenssituationen zur Geltung kommen kann."[50]

Das seelsorgliche Handeln erfährt nun aber im Kontext der neuen Fragestellung eine Erweiterung und Vertiefung:

„Seelsorger und Berater gehen im Verhältnis zu ihren Interaktionspartnern aus von einer Hermeneutik des Unverständnisses, die es nicht länger sinnvoll erscheinen läßt, die Wahrnehmungseinstellungen von Seelsorgern und Beratern mit Begriffen wie ‚Empathie' und ‚Einfühlung' zu beschreiben. [...] Diese Beschreibungen sind in hohem Maße individuell und müssen im Dialog mit dem Gesprächspartner überprüft werden."[51]

---

tischen Theologie als Kunst der Hoffnung, Gütersloh 2003; Steinmeier zeigt am Dialog von Theologie und Kunst dieses Unterscheidende von Gotteswirklichkeit und der Wirklichkeit des Menschen im ästhetischen Kontext auf und macht hier das deutlich, was in „Wiedergeboren zur Freiheit" noch undeutlich bleibt.
49 Schneider-Harpprecht, Christoph: Interkulturelle Seelsorge, Göttingen 2001, 13ff.
50 Schneider-Harpprecht: Interkulturelle Seelsorge, 149f.
51 Schneider-Harpprecht: Interkulturelle Seelsorge, 150f.

Seelsorge weist sich darum in der Perspektive der Hermeneutik des Unverständnisses als ein „Prozeß interkultureller Kommunikation"[52] aus, in der die

„Gesprächspartner befähigt werden, ihre stories, ihr Wissen, ihre Version der Wirklichkeit möglichst umfassend zu artikulieren und daß sie die Möglichkeit finden, kulturell stimmige Konfliktlösungen und Möglichkeiten der Lebensgestaltung zu finden."[53]

Nun ist auf diesem Hintergrund zu fragen, ob sich auch in diesem Kontext eine Beschreibung der Seelsorge findet, die auf den Erfahrungshorizont von Wiedergeburt verweist: Wie selbstverständlich ist in diesem Konzept einer interkulturellen Seelsorge von der spirituellen Dimension der Seelsorge die Rede. Wie schon bei Josuttis angelegt, wird das seelsorgliche Geschehen damit auch in seiner theologischen Perspektive wahrgenommen und reflektiert, freilich im brasilianischen Kontext, auf den sich Schneider-Harpprecht besonders bezieht. Die Vielfalt kultureller Erfahrungshorizonte wird hier in das Seelsorgegeschehen einbezogen; damit gelingt eine Erweiterung des Bezugsrahmens der Seelsorge selbst. Diese religionsphänomenologische Öffnung der Seelsorge trägt einer kulturellen Erfahrung in Brasilien Rechnung, in der eine Vielfalt religiöser Praktiken lebendig ist, denen sich die christliche Seelsorge gegenüber sieht und die sie in einen für die Seelsorge selbst heilsamen Diskurs aufgreifen muss, will sie das Handeln Gottes, des Vaters Jesu Christi, in der Seelsorge nicht aus den Augen verlieren, sondern in seiner heilsamen Geltung festhalten.

### 3.5 Seelsorge als Praxis leidenschaftlichen Erbarmens – Erfahrungen in Brasilien

Mit den Erfahrungen in Brasilien stellt sich die Frage nach einer verantworteten theologischen Gestalt der Seelsorge in eigener Weise. Die Seelsorgelehre steht in Lateinamerika und

---

52 Schneider-Harpprecht: Interkulturelle Seelsorge, 151.
53 Schneider-Harpprecht: Interkulturelle Seelsorge, 153.

insbesondere in Brasilien gegenwärtig vor der Herausforderung, angesichts des religiösen Pluralismus neue Konzeptionen von Seelsorge zu entwerfen. Mit der Kategorie der Wiedergeburt kommt die spirituelle Perspektive der Seelsorge in den Blick, die geeignet erscheint, eine Vielfalt religiöser Phänomene aufzugreifen um in Übereinstimmung wie Differenz das Eigene einer evangelischen Seelsorge erkennbar zu machen. Es hat sich gezeigt, dass die stark am Individuum orientierte Seelsorge im europäischen und auch amerikanischen Kontext nicht problemlos in den brasilianischen Kontext eingefügt werden kann, sondern neu vom kulturellen Kontext ausgehend reflektiert werden muss.

Das führt zu Seelsorgeansätzen, die gerade nicht das isolierte Individuum in den Vordergrund stellen, sondern das Beziehungsgefüge betonen, in denen der Einzelne sich erlebt. Unter der Aufnahme befreiungstheologische Akzente geht es vor allem um die Wahrnehmung von Gemeinschaft, die „sich wie ein Netz der Solidarität bis in den Alltag hinein erstreckt"[54]. Von daher lässt sich die Aufgabe der Seelsorge in Brasilien beschreiben als ausgerichtet auf ein Heilen, das sich nun aber nicht unbedingt darauf ausrichtet, Wunder zu vollbringen, sondern auffordert, Solidarität in der Schwachheit zu üben. Hierin liegt der besondere und eigene Akzent einer christlichen Seelsorge in Brasilien, die vor allem die Solidarität mit den Schwachen und Armen zum Gegenstand der seelsorglichen Reflexion macht. Aus dieser Solidarität erwachsen dann Formen der Seelsorge und Hilfe am Nächsten, die in den unterschiedlichen Zusammenhängen je eigene Konturen finden muss. Damit kommt den Kirchengemeinde eine eigene und besondere Aufgabe der Seelsorge zu: freilich bleibt der Bedarf an individueller Seelsorge gegeben; aber es besteht die Notwendigkeit, dass auch die gemeinschaftliche

---

54 Hoch, Lothar C.: Gott im Körper erfahren. Das Phänomen religiöser Heilungen in den Pfingstkirchen und den afrobrasilianischen Kulten als Herausforderung für Medizin und Kirche, in: C. Schmid/M. Keiper (Hg.), Heilung in Mission und Ökumene. Impulse zum interkulturellen Dialog über Heilung und ihre kirchliche Praxis, Hamburg 2001, 153–166, 162.

Aufgabe von Seelsorge erkannt wird. Im Kontext der befreienden Praxis, zu der das Evangelium Jesu Christi führt, heißt das zu erkennen, dass die ganze Gemeinde berufen ist, an der Überwindung des Leidens mitzuwirken.[55]

Vor allem gegenüber solchen religiösen Strömungen, die das Heil der Menschen vermarkten und von ihren Mitgliedern finanzielle Gegenleistungen erwarten wie etwa bei den „autonomen Pfingstkirchen", ist diese Solidarität zu betonen; so werden in „autonomen Pfingstkirchen" Gottesdienste als „Schlachtfeld" zwischen guten und bösen Mächten inszeniert, in denen auserkorene Gottesmänner (interessanterweise keine Frauen) in Beanspruchung der Macht des Heiligen Geistes das Böse austreiben – und sich dafür gut entlohnen lassen. Seelsorge, die sich in dieser Situation von der Solidarität für die Armen und Schwachen her versteht, erweist sich auf diesem Hintergrund als eine „Praxis leidenschaftlichen Erbarmens" (com-paixao), für die nicht bezahlt werden muss und die keine Unterordnung verlangt. Vielmehr geschieht eine solche Praxis der Seelsorge aus dem Evangelium Jesu Christi heraus, das sich als „Evangelium des Erbarmens" im brasilianischen Kontext bewähren muss.

Bezogen auf das Leitmotiv der Wiedergeburt heißt das nun, dass es in der Hilfe für die Schwachen (das sind nicht nur die Armen) darum gehen muss, Menschen teilhaben zu lassen an dem „befreienden Evangelium von Jesus Christus"; daraus ergibt sich die Aufgabe für die Seelsorge, aus dem Evangelium des Erbarmens heraus in der Seelsorge die Welt neu zu entwerfen: Es geht nicht um eine Welt, in der das Heil verdient werden muss, indem man dafür bezahlt, sondern es geht um eine neue Erfahrung der Welt und des Lebens, die hoffnungsvoll macht und befreiend wirkt.

Auch in diesen Zusammenhängen lässt sich mit der Leitkategorie der Wiedergeburt das seelsorgliche Handeln theologisch genauer wahrnehmen: das Neuwerden der je eigenen Lebensgeschichte wie des gemeinsamen Lebens von Men-

---

55 Vgl. Hoch, Lothar C.: Seelsorge und Befreiung. Problemanzeige aus lateinamerikanischer Sicht, WzM 42 (1992), 132–144.

schen im Lichte des Evangeliums Jesu Christi. Seelsorge wird damit zur Hilfe, das Leben neu sehen zu lernen, Widerstand dort üben zu lernen, wo Unterdrückung und Bevormundung herrschen, sich der Erlösung inne zu werden, die in Christus geschehen ist und das wieder zu erinnern, was die je eigene Geschichte ausmacht und bestimmt. Zusammenfassend ist festzuhalten, dass im Leitmotiv der Wiedergeburt sich ein neues Verstehen der Seelsorge anbahnt. Seelsorge wird auf diesem Hintergrund dann nicht nur als Hilfe am Einzelnen verstanden, sondern auch zu einer Hilfe, bei der Menschen gemeinsam „strukturell Neues" wagen und Menschen zu humanen gemeinsamen Leben befähigt werden.[56] Die Hoffnung auf eine Erneuerung von Strukturen wird darin zum Ausdruck für die Hoffnung auf Gottes Handeln.

### 4. Heilwerden aus Gottes Zukunft: Seelsorge als Befähigung zur Ahnung vom guten Leben

Die bisherigen Überlegungen zeigten Versuche, im Geschehen der Seelsorge die Erfahrungen wahrzunehmen, die mit Wiedergeburt verbunden werden können. Eduard Thurneysen zeigt Wiedergeburt als Ausdruck des Handelns Gottes am Menschen in der Seelsorge: Menschen widerfährt in der Seelsorge Gottes Handeln, auf das sie in der Umkehr in der je eigenen Lebensgeschichte antworten. Manfred Josuttis erhebt die Forderung der Aufmerksamkeit auf die Macht des Heiligen in der Seelsorge: Diese Macht ergreift sinnstiftend Lebensgeschichten, lässt Menschen neue Perspektiven für das eigene Leben zukommen. Christoph Morgenthalers Entwurf einer systemischen Therapie, „nützt" die Gegenwart Gottes im „System", um verstrickte Beziehungen zu befreien und neu auszurichten. Er markiert lebensgeschichtliche Veränderungen, die nicht nur durch die Methode der Seelsorge, sondern im dynamischen Geschehen der Gegenwart Gottes ihren

---

56 Ein Besuch bei der sog. „Landlosenbewegung", die aus der gemeinsamen Bibellektüre die Kraft zur politischen Aktion und dem wirtschaftlichen Neuanfang gewonnen hat, war hier besonders eindrücklich.

Grund haben. Analogien zur Wiedergeburt erscheinen hier in dem unverfügbaren Aufbrechen geschlossener Beziehungen, die „von oben her" erfahren werden und neue Anfänge ermöglichen. Anne M. Steinmeier sucht nach einer Begründung der Seelsorge, die die Erfahrung der Freiheit thematisiert und die Menschen im Prozess der Gotteswirklichkeit zur Subjektwerdung führt. Wiedergeburt fungiert hier als Ausdruck des Prozesses der Subjektwerdung, die einem Geborenwerden gleichkommt.

Gemeinsam ist diesen Überlegungen die Suche nach der angemessenen Wahrnehmung und Beschreibung von Gottes Handeln am Menschen in der Seelsorge, die auf die Erfahrung heilvollen Lebens ausgerichtet ist. Was hier als Umkehr, Unterbrechung und Neuwerdung wahrgenommen wird, sind die Schritte, die in einer Lebensgeschichte möglich werden. Diese in den Konzepten wahrnehmbare Sensibilität für Neuwerdung widerspricht einer Vorstellung von Wiedergeburt, die Wiedergeburt als einmalige Bekehrung zu Jesus Christus als einer „Lebensübergabe" deutet und verstehen will. Theologisch kommt es darauf an, jeweils die Passivität der Erfahrung der Wiedergeburt festzuhalten: Es ist Gottes Handeln am Menschen und keine willentliche Entscheidung.

Die psychologische Inanspruchnahme von Wiedergeburt als intendierter Neuanfang wie die evangelikale Verankerung von Wiedergeburt in der Selbsterfahrung stehen in der Gefahr, aus dem Widerfahrnis der Wiedergeburt ein „Wiedergeboren-werden-wollen" zu machen, zu dem ich mich selbst verpflichte und dessen Realisierung ich selbst verantworte. Das verbindet die evangelikale und dann auch die in der Aufklärung bestimmend gewordene Wiedergeburtskonzeption mit den mühevollen Versuchen das eigene Leben als Material zur Selbstgestaltung[57] zu verstehen. Diese Ambivalenzen der Kategorie der Wiedergeburt könnten der Grund dafür sein, dass von Wiedergeburt inzwischen nur noch am Rande und gar nicht mehr ausdrücklich gesprochen wird.

---

57 Der Begriff „Gestaltung" macht die eigenwillige Verfügung über das Leben offensichtlich.

Um die vita passiva, der die Erfahrung von Gottes Handeln am Menschen entspricht, als konstitutives Merkmal seelsorglichen Handelns zu betonen und damit die Identität von Seelsorge, wird mit der Kategorie der Wiedergeburt Entscheidendes transparent: Mit Wiedergeburt wird eine praktisch-theologische Beschreibung der Erfahrung von Gottes Handeln in der Seelsorge eröffnet. Darum stellt sich durch die Kategorie der Wiedergeburt die Aufgabe, die theologische Bestimmtheit von „Wiedergeburt" mit der Erfahrungsnähe zu verbinden, die der Praxis/Erfahrung der Seelsorge eignet. Insofern soll nun mit Bezug auf die bisherigen Überlegungen nach einer genaueren Beschreibung von Wiedergeburt in der Erfahrung der Seelsorge gesucht werden: wie also lässt sich die theologische Bestimmtheit von Seelsorge mit der Leitkategorie der Wiedergeburt erläutern. Dazu sollen vertiefend Überlegungen aufgegriffen werden, die im story-Konzept Dietrich Ritschls formuliert sind:

*4.1 Der neue Mensch und die Erfahrung der Rechtfertigung – Dietrich Ritschl*

Dietrich Ritschl begründet seine Überlegungen zum Neuwerden der je eigenen Lebensgeschichte mit der Rede von der Eröffnung von Zukunft auch angesichts einer trostlosen Vergangenheit, die in der Erfahrung der Rechtfertigung gründet. Dabei ist die geschöpfliche Unverwechselbarkeit des Menschen „Voraussetzung für bleibende mitmenschliche Partnerschaften, die im Verständnis der Gläubigen Abbild von Gottes Identität und Treue sind"[58]. Was Menschen in der Bezogenheit aufeinander erfahren, ist nicht nur das Gleichbleibende und Unveränderliche, das sich in ihrer Geschöpflichkeit ausspricht, sondern auch die, dem Leben zugehörige Erfahrung, dass Menschen sich verändern, und dass sie nicht von anderen auf eine je und je spezifische Iden-

---

58 Ritschl, Dietrich: Zur Logik der Theologie. Kurze Darstellung der Zusammenhänge theologischer Grundgedanken, München ²1988, 258f.

tität behaftet werden dürfen. Darum ist es auch die Aufgabe der Seelsorge, sorgsam unterscheiden zu lernen zwischen gleichbleibenden Charakteristika, die einen Menschen ausmachen, und veränderbaren, wachsenden und auch abnehmenden Komponenten, die u. a. etwa im Altwerden erfahren werden, durch das Zukommen neuer Rollen in unterschiedlichen Lebensaltern, durch die Erfahrung von Krankheit, Trauer und Leiden, oder aber durch die Entdeckung des Glücks gemeinsamen Lebens. Festzuhalten ist gerade in diesen Erfahrungen des Veränderlichen einer Lebensgeschichte immer die prinzipielle Unveränderbarkeit, die die geschöpfliche Identität des Menschen ausmacht.

Was ist nun aus dieser Wahrnehmung für die theologische Rede vom Neuwerden des Menschen zu gewinnen? Ist hier bei Ritschl das im Blick, was traditionell als Wiedergeburt gefasst worden ist? Für Thurneysen galt der Übergang ins neue Leben auch als Erfahrung, die aus der Seelsorge kommt und befähigen soll zum Hören des Wortes Gottes und zum Leben in der Gemeinde: Menschen werden durch Gottes Urteil und Handeln dazu befreit, in Gottes Wirklichkeit leben und handeln zu lernen. Was nun diese neue Wirklichkeit ausmacht wird in Ritschls Rede vom neuen Menschen deutlich. Die Rede vom neuen Menschen muss sich, so Ritschl, messen lassen an der Erfahrung der Spannung, die ein Menschenleben ausmacht:

„Sich selbst akzeptieren und Mitmenschen über Jahre und Jahrzehnte lieben heißt die Ambivalenz aushalten, daß ein Mensch ein unvollendetes Wesen und zugleich doch unveränderlich immer derselbe ist. Der enge Spielraum zwischen diesen beiden Polen markiert das Feld, in dem Lernfähigkeit, Wachsen und Lebenserfahrung und mitmenschliche Gewährung von persönlicher Freiheit ihren Ort haben muß."[59]

Das Reden vom neuen Menschen fordert eine genaue Wahrnehmung der Erfahrungen von Menschen, die sich selbst als solche „Neugewordenen" beschreiben. Die theologische Rede vom neuen Menschen ist darum überzuführen in die kon-

---

59 Ritschl: Logik der Theologie, 260.

krete Frage nach der je eigenen Lebensgeschichte, in der solches Neuwerden erfahren wird. Ritschl führt dazu aus:

„Unvergeßlich konkret haben mich diese Gedanken beschäftigt, als ich bei einer theologischen Konferenz Gast in einem Dominikanerinnen-Kloster war, dessen Angehörige nahezu alle in ihrem ‚früheren Leben' Kriminelle oder Prostituierte gewesen waren. Beim Essen und im Gottesdienst versuchte ich in ihren Gesichtern das ‚Neue' zu finden und meinte es auch gesehen zu haben. Und doch werden die Primärpersönlichkeiten dieser Menschen nicht wirklich zerstört und ersetzt worden sein."[60]

Das neue Leben teilt sich in der Begegnung von Menschen mit, wenn sie ihre Lebensgeschichte erzählen: hier bleibt das neue Leben nicht in reiner Unanschaulichkeit, sondern wird ansichtig. Diese Geschichten sind nicht austauschbar, sondern zeigen sich in der je besonderen Begegnung mit Menschen als einmalig. Was in den je einzelnen Geschichten erfahren wird und wie solche Erfahrungen die eigenen Geschichte neu verstehen lernen lassen, hat Ritschl im Bild des Kaleidoskops gefasst: Veränderung, Verwandlung, neu Werden, Heilung erfahren, das sind Beschreibungen für eine Erfahrung, die die Bewegung wahrnimmt, die sich beim Drehen eines Kaleidoskops vollzieht: „Durch die Bewegung können die Elemente in neue Kombinationen fallen und eine begrenzte Zahl von neuen Bildern ergeben."[61]

In diesem Drehen spielen Identität und Veränderung ineinander; das neue Bild, das jeweils entsteht, ist das Bild der Lebensgeschichte, das dann auch von Menschen erzählt werden kann. Dieses Bild spiegelt nun auch das Geschehen in der Seelsorge wieder: es werden Wege gesucht, die eine Bewegung der Steinchen im Kaleidoskop zulassen; neue Lebensbilder können entstehen; neue Facetten einer Lebensgeschichte sich auftun oder aber sich sehr bestimmende Teilchen aus der Mitte an den Rand verlagern. Um dieses Geschehen theologisch zu erläutern, folgt Ritschl der Sprachlogik der Rechtfertigungslehre. Sie benennt den Zusammenhang zwischen der

---

60 Ritschl: Logik der Theologie, 261.
61 Ritschl: Logik der Theologie, 261.

Geschöpflichkeit des Menschen und seinem Neuwerden: Ausgangspunkt ist das Reden von Gottes Vergebung, als Ausdruck der Hoffnung, aus der die Gläubigen leben; es ist die Hoffnung, dass die bisherige Lebensgeschichte gerade nicht bestimmend werden muss für die Zukunft, sondern dass neue Bilder für je meine Zukunft entstehen können:

„Die Hoffnung, daß Gott die Elemente der Vergangenheit, aus denen unsere Gegenwart besteht, nicht zur Zerstörung unserer Zukunft verwenden, sondern vielmehr zu ihrer Ermöglichung umgestalten möge. Damit ist nicht direkt gesagt, daß Gott die Vergangenheit ändern kann, wohl aber, daß er die Anteile, die als Bausteine der Zukunft verwendet werden können, so oder so gestalten kann."[62]

Mit diesem Bild wird der Vergangenheit die Macht auf die Lebensgeschichte und ihrer Zukunft entzogen, indem die Erfahrung der Vergebung als Aufrichtung einer neuen Hoffnung auf Zukunft verstanden wird. Das ist die Logik des christlichen Glaubens, die zu einer je neuen Zukunft aus Gottes Vergebung befreit. Diese Verheißung der neuen Zukunft und der Befähigung ein neuer Mensch zu werden, lässt sich nicht auf einen Moment fixieren, sondern lässt das Leben im Glauben umfassend wahrnehmen als einen Weg, auf dem je meine Zukunft im Lichte der Verheißungen Gottes neu wird. Ist die Taufe ein einmaliges Geschehen, das Menschen in Gottes Wirklichkeit und Nähe hineinstellt, so ist das Leben aus dem Glauben ein je und je neues Anfangen in der Erfahrung der Rechtfertigung, dass meine Vergangenheit meine Zukunft nicht prädestiniert, sondern Gott in meiner Lebensgeschichte dabei ist und meine Lebensgeschichte je neu interpretiert.[63] Im Glauben finden Menschen so neue Perspektiven; diese Perspektiven sind freilich je und je neu

---

62 Ritschl: Logik der Theologie, 300.
63 Die Frage nach Gottes Handeln in meiner Lebensgeschichte stellt sich immer wieder neu; hier gibt Dietrich Ritschl zu denken auch im Blick auf eine, nicht nur auf die Lebensgeschichte bezogene, Interpretation von Geschichte: Wie gelingt eine verlässliche Interpretation bzw. Kritik der je eigenen Lebensgeschichte von Gott her? Vgl. dazu Ritschl, Dietrich: Gott als Kritiker der Geschichte, KZG 9 (1996), 155–163, bes. 162.

interpretationsbedürftig; das geschieht im gemeinsamen Lesen in der Bibel, in der Feier des Gottesdienstes, im Diskurs um die tragenden Zusammenhänge des Lebens aus dem Glauben, in der Seelsorge und in vielfältig anderen Anlässen, die die Praxis der Kirche ausmachen. Im Lernen dieser gemeinsamen Praxis wird die Lebensform des Glaubens realisiert.[64]

*4.2 Gottes Zukunft in der eigenen Lebensgeschichte*

Ritschls Überlegungen zeigen die Konturen eines Verständnisses von Wiedergeburt, das ohne Ermäßigung der theologischen Bestimmtheit die Wahrnehmung lebensgeschichtlicher Erfahrungen eröffnet. Da Gottes Handeln sich auf die je spezifische Lebensgeschichte bezieht, kann hier nicht allgemein gesprochen werden von einer einheitlichen Existenzform des Christen, die zu erfüllen wäre; wenn Menschen nur zu genau zu wissen meinen, wie das Leben aus dem Glauben nun aussehen müsste, dann resultiert daraus in aller Regel die Unfreiheit, die den Glauben zum Menschenwerk macht.[65] Darum scheint es mir angemessener bewusst unscharf von der „Ahnung" des guten Lebens zu sprechen, in der die Bezogenheit der je einzelne Lebensgeschichte auf die Gottesgeschichte eine neue Gestalt dieses „neuen/guten Lebens" aufscheinen lässt. Dieses neue Leben ist gerade nicht definierbar, sondern nimmt Menschen hinein in einen Anfang des Lebens mit Gott. Mit dem Ausdruck „Ahnung" wird festgehalten, dass Gott es ist, dessen Handeln auch wei-

---

64 Ritschl: Logik der Theologie, 302: Die Gläubigen „müssen sich um das Erlernen dieser Grundhaltung bemühen, um Barmherzigkeit, kritische Zärtlichkeit, Bereitschaft zur Vergebung und zum Verstehen, Ehrlichkeit und Verläßlichkeit und manche andere".
65 Vgl. dazu auch Josuttis: Segenskräfte, 173: Dieses Problem erörtert Manfred Josuttis sehr genau in kritischem Bezug auf die Nuthetische Seelsorge, die Störungen in einem Gespräch nicht zu integrieren, sondern durch ein biblisch fundiertes Verhaltenprogramm zu beseitigen versucht. Vgl. dazu Adams, Jay E.: Befreiende Seelsorge, Gießen [8]1988, 41.

terhin in der je eigenen Lebensgeschichte erhofft wird; zugleich wird damit festgehalten, dass ich probieren und Phantasie entwickeln kann: Ich weiß zwar nicht wie das Leben gelingen kann, aber ich beginne diese Wege zu gehen – anfänglich. Von Joh 3,1–21 lassen sich Perspektiven dieser Ahnung vom guten Leben ausfindig machen.[66] Diesen Perspektiven will ich nun in einigen Schritten abschließend nachgehen; sie lassen sich verstehen als Annäherung an die Kontur einer Erfahrung von „Wiedergeburt", die auch das seelsorgliche Handeln qualifiziert.

### 4.2.1 Die Erfahrung von Wiedergeburt in der Seelsorge hat eine eschatologische Kontur

Die Existenzform der Christen ist charakterisiert durch ihre Ausrichtung auf Gottes Zukunft, auf Gottes Reich. Seelsorge steht in dieser Ausrichtung, indem sie sich nicht mit dem Unabänderlichen zufrieden gibt, sondern die Perspektive der neuen Zukunft – wie anfänglich und klein sie auch in der eigenen Lebensgeschichte Platz greift – festhält. Ihr korrespondiert die Hoffnung, die auch angesichts von Schmerz und Leiden nicht aufgibt, des guten Endes bei Gott zu warten. Dieses Warten qualifiziert meine Lebenszeit; das Warten ist nun aber nicht bloß Vertröstung, sondern mit dem Wissen um ihre Zukunft bei Gott finden Menschen ihren Ort in der Welt. Sie können befreit leben, weil sie um eine Zukunft wissen, die sie lernen lässt, Abhängigkeiten zu durchschauen, die ihr eigenes Leben gefährden. Peter Bukowski betont dabei gegen alle falsche Vertröstung eine „humorvolle" Le-

---

66 Vgl. dazu auch Thurneysen, Eduard: Rechtfertigung und Seelsorge, in: ZZ 6 (1928), 197–218. Der Bezug auf die Leitkategorie Wiedergeburt bleibt bei Thurneysen bestimmend: Thurneysen erkennt mit der Begegnung von Jesus und Nikodemus, dass das Wiedergeborenwerden „der einzige Weg sei zum Himmelreich" (Thurneysen: Rechtfertigung, 200). Thurneysen grenzt sich dabei vor allem gegen eine Seelsorge ab, die sich ausschließlich auf die Vorfindlichkeit des Menschen bezieht und „Gottes Verhältnis zu mir, Gottes Anspruch an mich" (Thurneysen: Rechtfertigung, 199) nicht ausreichend in den Blick nimmt.

bensbewältigung: „Humorvolle Lebensbewältigung ist ein Gleichnis des Himmelreiches, sie vertröstet nicht mit Illusion, sondern malt uns die Vision einer von Gott ins Dasein gerufenen, von ihm gehaltenen und seinem Ziel entgegengehenden Welt vor Augen, die wirklicher ist als alle Wirklichkeiten dieser Welt."[67] Das hoffnungsvolle Lachen wie aber auch die Klage an Gott geben diesem Leben seine Gestalt, einem Leben, das um seine Zukunft bei Gott anfänglich in dieser Welt und dann über den Tod hinaus weiß. Die Abendmahlsliturgie greift leiblich und sinnlich auf diese Zukunft bei Gott aus in der Einladung „Schmecket und sehet, wie freundlich der Herr ist".

### 4.2.2 Die Erfahrung von Wiedergeburt in der Seelsorge unterstellt die eigene Lebensgeschichte dem Urteil Gottes

Die Aufgabe der Seelsorge erstreckt sich darauf, dass sie Hilfe gibt zur Anerkennung der eigenen Lebensgeschichte. Dazu gehört neben dem Glück der Erfahrung gelingenden Lebens auch die Erfahrung der Brüchigkeit und Fragmentarität der eigenen Geschichte. Heilsein zielt darum gerade nicht ab auf den homo perfectus und richtet sich auch nicht auf das „Ideal der vollständigen und dauerhaften Ich-Identität"[68]. Diesem Ideal entspräche die Verfügung über das eigene Leben, dem man umfassend habhaft werden wollte. Vielmehr lässt sich das je eigene Leben immer nur als ein fragmentarisches Leben wahrnehmen; insofern ist auch Christus exemplarischer Mensch darin, dass er diese Fragmentarität in seinem Leben annimmt, wie Henning Luther mit Recht herausstellt:

---

67 Bukowski, Peter: Humor in der Seelsorge. Eine Animation, Neukirchen 2001, 34.
68 Luther, Henning: Identität und Fragment. Praktisch-theologische Überlegungen zur Unabschließbarkeit von Bildungsprozessen, in: ders., Religion und Alltag. Bausteine zu einer Praktischen Theologie des Subjekts, Stuttgart 1992, 170.

„Im Glauben an Kreuz und Auferstehung erweist sich, daß Jesus nicht insofern exemplarischer Mensch ist, als er eine gelungene Ich-Identität vorgelebt hätte, gleichsam ein Held der Ich-Identität wäre, sondern insofern exemplarischer Mensch, als in seinem Leben und Tod das Annehmen von Fragmentarität exemplarisch verwirklicht und ermöglicht ist."[69]

Dieser Orientierung auf Christus widerspricht der Versuch, mit sich identisch sein zu wollen. In diesem Versuch spiegelt sich das wieder, was biblisch mit Sünde bezeichnet wird: „Sünde ist [...] das Aus-Sein auf vollständige und dauerhafte Identität, das die Bedingungen der Fragmentarität nicht zu akzeptieren bereit ist."[70] Gegen diesen Zwang, identisch sein zu müssen, betont Henning Luther die Rede von der fragmentarischen Identität, die die Verrechenbarkeit und Planbarkeit des Lebens aufgibt und erst damit eigentlich von der Identität des Menschen sprechen kann: „Glaube heißt dann, als Fragment zu leben und leben zu können."[71]

Mit der Anerkennung der Fragmentarität der eigenen Lebensgeschichte wird die Lebensgeschichte nun gerade nicht als defizitär bewertet; es stehen zwar Erfahrungen aus, nach denen sich Menschen immer wieder ausstrecken und die Hoffnung auf Erneuerung und Heilwerden des eigenen Lebens bleibt im je eigenen Leben bestimmend; gerade darum sind eigene Lebensgeschichten nicht irgendwann fertig und ganz; vielmehr ist das Urteil über die je eigene Geschichte davon unabhängig; wie vollständig oder fragmentarisch je meine Geschichte auch sei, hängt nicht von dem Grad seiner

---

69 Luther: Identität und Fragment, 173.
70 Luther: Identität und Fragment, 172.
71 Luther: Identität und Fragment, 172. Vgl. Christ-Friedrich, Anna: Der verzweifelte Versuch zu verändern. Suizidales Handeln als Problem der Seelsorge, Göttingen 1998. Die Grundaufgabe für die Seelsorge, die aus diesen Überlegungen erwächst, stellt sich besonders eindringlich am Problem des Suizids. Hier ist der ambivalente und riskante Zusammenhang zwischen Brüchigkeit und neuen Möglichkeiten in der eigenen Lebensgeschichte besonders tiefgreifend erkennbar. Wird die eigene Fragmentarität und Verletzlichkeit riskiert, werden neue Lebensmöglichkeiten in der seelsorglichen Kommunikation Raum finden können. (Christ-Friedrich: Der verzweifelte Versuch, bes. 34).

Vollkommenheit ab. Vielmehr hält theologische Anthropologie fest, dass das Urteil über je mein Leben und Geschichte vom Menschen selbst immer wieder verfehlt wird. Um zu einem eigenen Urteil zu gelangen und um die eigene auch noch so fragmentarische Geschichte als die je eigenen wahrnehmen zu lernen, bedarf es des theologischen Gedankens, dass der Mensch im Urteil Gottes sich erst wahrhaft erkennen kann:

„Wer sich in Gott erkennt, wird von sich, dem Resultat seiner Lebensleistung losgerissen. Er bekommt sich zu sehen, indem sein altes Leben ihm gegenüber gestellt wird. Seine Identität zerbricht, dadurch wird er erlöst. Er erkennt, daß er sich allein aus dem Handeln Gottes an ihm erkennen kann".[72]

Insofern führt christliches Leben in eine Abhängigkeit vor Gottes Angesicht; nicht die Ganzheit und Vollkommenheit, nicht die eigene Leistung im Blick auf meine Geschichte lässt meine Geschichte wahrhaft beurteilen, sondern Gottes Urteil über meine Geschichte führt mich erst selbst in das Urteil über mein Leben. Und das hängt gerade nicht an solchen Kriterien, die ich selbst aufstelle, oder die von außen an mein Leben herangetragen werden. Insofern erfahren Menschen in Gottes Urteil ein Urteil über sich selbst, das nicht notwendig mit dem eigenen Urteil übereinstimmen muss: es ist gerade der sündige Mensch, der vor Gott gerechtfertigt ist; es ist gerade der auf Hilfe angewiesene und nicht der besonders starke Mensch, dessen sich Gott erbarmt; es ist gerade der Gebrochene und Hoffnungslose, der um Gottes Nähe wissen darf. In dieser biblischen Perspektive eröffnet sich die Wahrnehmung der je eigenen Lebensgeschichte als einer fragmentarischen als angemessene Rede von der je eigenen Geschichte, die dann auch in der Seelsorge ihren Ort hat und hier um solche Urteile ringt. Wiedergeburt in der Erfahrung der Seelsorge weist sich darin

---

72 Sauter, Gerhard: Erkenne, daß du dich nicht erkennen kannst! Die Aporie menschlicher Selbsterkenntnis als innerer Grund der Seelsorge, in: R. Landau/G. R. Schmidt (Hg.), „Daß allen Menschen geholfen werde" – Theologische und anthropologische Beiträge für M. Seitz zum 65. Geburtstag, Stuttgart 1993, 223–238, 232.

aus, dass Menschen sich in der Seelsorge dieser Abhängigkeit von Gottes Urteil inne werden, wie sie auch hier lernen darauf zu verzichten ganz sein zu wollen.

4.2.3 Die Erfahrung von Wiedergeburt in der Seelsorge eröffnet anfänglich die Erfahrung von Leben, das zum Licht kommt

Leben, das zum Licht kommt wird sich der Ahnung vom guten Leben anvertrauen; sie bewährt sich, indem Menschen vor Gottes Angesicht unterscheiden lernen, was das Gute und Wohlgefällige und Vollkommene ist (Röm 12,2); in dieser Ausrichtung erfahren Menschen, dass bisherige Orientierungen ihre Kraft verlieren und neue Orientierungen und Ausrichtungen bestimmend werden. Das Leben aus dem Glauben bleibt darum nicht unterbestimmt, sondern findet seine konkrete Gestalt und wird auch öffentlich in der Lebensform des Glaubens selbst. Diese Lebensform drückt sich aus in einer spezifischen Praxis gemeinsamen Lebens und Glaubens, gemeinsamen Gebetes und gemeinsamer Aufmerksamkeit für den Nächsten. Mit der Metapher „vom Leben, das zum Licht kommt" drückt sich einmal mehr die Hoffnung aus, dass Menschen lernen das für das eigene Leben Notwendige von Gott zu erwarten und sich gerade nicht in eigenmächtigen Wegen zu verstricken und selbst Herr der eigenen Geschichte sein zu wollen, koste es was es wolle. Die Ahnung vom guten Leben, das entdecken, was gut ist und wohlgefällig und vollkommen, beginnt dort, wo Menschen anfangen, schon kleinen Veränderungen zu trauen, die in ihrer Orientierung auf Gottes Gegenwart und Zukunft das eigene Leben verwandeln.

## 5. Zusammenfassung

Am Leitfaden Wiedergeburt ergibt sich aus dem Diskurs der verschiedenen Konzeptionen ein Fragehorizont, der die Realität von Gottes Handeln in der Seelsorge neu fokussieren lässt. Damit wird zugleich die Frage angestoßen, was christliche Seelsorge ausmacht und worin sie sich etwa von der Therapie oder anderen Formen der Suche nach Heil unterscheidet. Der Leitfaden Wiedergeburt eröffnet eine Fragestellung, auf die sich jede christlich verantwortete und christlich konturierte Seelsorgelehre beziehen muss. Die Absicht dieser Überlegungen zur Leitkategorie Wiedergeburt ist nicht, einen biblischen und kaum noch gebrauchten Begriff wieder in die Seelsorge einzutragen, sondern von ihm geleitet das Genuine christlicher Seelsorge wieder in den Blick zu nehmen.

Wie sich für das Leben aus dem Glauben die Leitkategorie der Wiedergeburt als tragfähige Beschreibung erwiesen hat, die neue Existenz des Christen aus seiner Zugehörigkeit zu Christus wahrzunehmen, so eröffnet die Kategorie Wiedergeburt ebenso eine eigene seelsorgliche Perspektive: auf ihrem Hintergrund wird es möglich die Erfahrungen von Heilwerden und Erneuerung des eigenen Lebens wahrzunehmen und sie als Erfahrung von Gottes Handeln am Menschen zu thematisieren. Dass dabei unterschiedliche Sprachformen in den Seelsorgekonzeptionen auftauchen, ist nur zu verständlich. Mit dem Leitmotiv der Wiedergeburt wird so die Seelsorge in ihrem Handeln betrachtet, das sich der eigenen Machbarkeit immer auch entzieht, will sie sich selbst verstehen als ein Ort an dem Gott selbst von Menschen erfahren wird. Aus dieser Perspektive heraus führt die Kategorie Wiedergeburt zur Erinnerung der Verheißung, dass Gott heilsam an dieser Welt und den Menschen handelt. Wie sich das in der je eigenen Lebensgeschichte realisiert, wie viel ausdauernde Gespräche das braucht und wie viel gemeinsames Engagement für ein Leben aus Gerechtigkeit das nötig macht, muss sich von Fall zu Fall entscheiden.

Auch im Kontext einer interkulturellen Seelsorge wird darum immer neu zu fragen sein, wie in aller Erfahrung der Differenz und kulturellen Herkunft der in der Seelsorge Beteiligten, das Handeln Gottes selbst wieder zum Tragen kommen kann; wenn Eberhard Hauschildt das „kulturelle Miteinander unter Gleichberechtigten betont", das dadurch gefördert wird, „dass deutlich wird: Gott relativiert die Unterschiede"[73], dann ist hier eine Spur gelegt, die dem Nachdenken über Kontur und Gestalt einer christlichen Seelsorge neu zu denken gibt. Mit der Kategorie der Wiedergeburt kommt damit eine Fragestellung in den Blick, die gerade das Bestimmende des Handelns Gottes in der Seelsorge nicht ausblendet, sondern neu zur Disposition stellt und nach der Erfahrung fragen lässt, die das eigene Leben im Lichte Gottes neu zu sehen aufgibt.

---

73 Hauschildt, Eberhard: Interkulturelle Seelsorge als Musterfall für eine Theorie radikal interaktiver Seelsorge, in: Handbuch interkulturelle Seelsorge, 241–261, 261.

# Herausgeber- und Autorenanhang

## Über den Herausgeber

*Reinhard Feldmeier*, geb. 1952, Professor für Neues Testament an der Universität Göttingen.
Forschungsschwerpunkte: Geschichte und Theologie des Neuen Testaments, Inkulturation des Frühchristentums in die hellenistische Welt, Katholische Briefe und Aposteltraditionen, Religionsgeschichte der späteren Antike (v. a. Plutarch).

## Autorinnen und Autoren

*Frances Back*, geb. 1965, Dr. theol., Inspektorin des Theologischen Stifts der Universität Göttingen.
Forschungsschwerpunkte: Paulusbriefe, Johannesevangelium, antikes Judentum und hellenistisch-römische Religionsgeschichte.

*Martin Engelbrecht*, geb. 1962, Dr. phil., Mitarbeiter am Institut zur Erforschung der religiösen Gegenwartskultur in Bayreuth; zuständig für den Entwurf, die Organisation und die methodische Begleitung von qualitativen Forschungsprojekten.
Forschungsschwerpunkte: Methoden der qualitativen Sozialforschung, religiöse Gegenwartsphänomene, Kultur- und Religionskontakt.

*Andreas Grünschloß*, geb. 1957, Professor für Religionswissenschaft an der Universität Göttingen.
Forschungsschwerpunkte: Früher Buddhismus, Neue Religiöse Bewegungen, interreligiöse Fremdwahrnehmungen und Beziehungen, Theorie- und Begriffsbildung in systematischer Religionswissenschaft.

*Martin Hailer*, geb. 1965, Dr. theol., Privatdozent für systematische Theologie, Wissenschaftlicher Assistent an der Universität Bayreuth. Forschungsschwerpunkte: Fundamentaltheologie, Gotteslehre, ökumenische Theologie.

*Ingrid Schoberth*, geb. 1958, Professorin für Praktische Theologie an der Universität Heidelberg. Forschungsschwerpunkte: Praktische Theologie und Ästhetik, Biblische Didaktik, die religiöse Wirklichkeit der Schüler.

*Wolfgang Schoberth*, geb. 1958, Professor für Systematische Theologie an der Universität Bayreuth. Forschungsschwerpunkte: Schöpfungstheologie, Theologische Ethik, Theologische Ästhetik, Religionsphilosophie, Religiöse Gegenwartskultur.